중국과 일본의 악수

BK21 Plus 중일언어문화교육연구단 학술총서 02

중국과 일본의 악수

1972년 국교정상화의 진실

핫토리 류지服部 龍二 지음 | 서승원·황수영 옮김

역락

시대를 막론하고 일본의 입장에서 볼 때 중국이 갖는 존재감은 비할 바 없이 크다. 중국이 눈부신 발전을 거듭하고 있는 오늘날 그 모습은 갈수록 이채를 띠어가고 있으며 중국과의 관계가 향후 일본의 국운을 좌우할 가능성도 있다. 서로에게 뗄래야 뗄 수 없는 이웃나라일 뿐만 아니라 중일관계 그 자체는 세계 정세에도 적지 않은 영향을 미칠 것으로 보인다.

그러한 중일관계에 있어서 1972년 9월의 양국 간 국교정상화가 획기적인 전환점을 제공해 주었다는 점에 이의를 제기하는 이는 아마 없을 것이다. 같은 해 9월 25일 중국을 방문한 다나카 가쿠에이 수상과 오히라 마사요시 외상은 저우언라이 총리 등과의 논쟁을 거쳐 그로부터 나흘 후인 29일 중일공동성명에 조인하였다. 그 5일 동안 긴박한 정상회담이 계속된 것은 말할 나위도 없다.

다나카 수상, 오히라 외상, 저우언라이 총리 등에 의한 교섭은 중일관계의 핵심 쟁점을 망라한 것이었다. 중국의 배상청구 포기,

다나카의 '폐' 발언에서 드러난 과거사 인식, 중일공동성명 대만조항, 그리고 센카쿠열도(중국명 댜오위다오-역자주) 문제 등이 그것이다. 다나카 수상과 오히라 외상은 미일 안보체제와 중일관계의 양립을 꾀함과 동시에 대만(중화민국-역자주)과는 국교를 단절한 이후에도 민간교류를 계속해 나갈 생각이었다.

호방하고 활달한 다나카와 치밀하고 섬세한 오히라는 거의 정반대 성격을 갖고 있었다. 그런 까닭에 이 두 사람은 맹우盟友가 될 수 있었고, 서로를 잘 이해하면서 관료들을 다룰 수 있었다. 국교정상화 과정을 외교기록이나 인터뷰 등을 통해 재구성하면서 다나카 수상과 오히라 외상의 정치적 리더십을 고찰하는 것이 본서의 목적이다.

다나카 수상과 오히라 외상이 양지의 주역이라 한다면 음지의 주역은 외무성 관료들이라 할 수 있다. 중일국교정상화 과정에서 외무성 관료들은 자신의 역할을 제대로 수행하고 있었다. 다카시마 마스오 조약국장 이외에 하시모토 히로시 아시아국 중국과장, 구리야마 다카카즈 조약국 조약과장 등을 비롯한 실무진이 핵심적인 역할을 수행했다. 한편, 대만 쪽을 담당한 것이 나카에 요스케 아시아국 외무참사관이었다. '폐' 발언을 중국어로 번역한 이는 홍콩총영사관에서 급거 귀국 한 뒤 다시 중국으로 향한 오하라 이쿠오였다.

이 책의 집필에 즈음하여 하시모토, 구리야마, 나카에, 오하라 등을 비롯한 외교관 이외에 시이나 에쓰사부로의 대만 방문을 위해 사전 준비를 담당한 미즈노 기요시 전 중의원 의원, 다나카 내각 당시 통산상을 역임한 나카소네 야스히로, 대장성 관료에서 중의원이 된 노다 다케시, 다나카 수상 비서관을 지낸 기우치 아키타네와 고나가 게이치, 오히라 외상 비서관 모리타 하지메, 하시모토의 부하였던 와타나베 고지와 오구라 가즈오, 시이나의 대만 방문에 동행했던 와카야마 교이치 등과 인터뷰를 실시했다.

본서에서는 중국과 대만의 외교문서, 관계자의 일기 등도 참고하면서 다나카 수상과 오히라 외상, 외교관, 자유민주당 정치인, 그리고 저우언라이 총리 등이 엮어내는 일련의 과정을 추적해 보고자 한다. 그것은 현대 중일관계 뿐 아니라, 미일 안보체제를 고찰하는데 있어서도 빼놓을 수 없는 작업일 것이다. 중일 국교정상화에 즈음하여 일본 측이 미일 안보조약을 견지하고자 부심했기 때문이다.

중일 국교정상화에 대해 논하는 것은 동아시아 국제정치의 유래를 되짚어보고 정치적 리더십의 본 모습을 모색하는 일이기도 하다.

중일 양국이 1972년 9월 국교를 정상화한 지도 거의 반세기가 지났다. 하지만 최근 10여 년 동안 중일관계는 악화일로를 치달았다. 중대한 분기점이 된 것은 2009년 중국 어선의 일본 순시선 충돌사건, 2010년 일본 민주당 정권의 센카쿠열도(중국명 댜오위다오) 국유화 조치였다. 그 후 동중국해 영유권 문제를 둘러싼 갈등은 2012년 말 중국 시진핑 정권과 일본 아베 정권의 출범 이후 거의 분쟁 수준으로까지 격상되었다. 두 정권 모두 국내 민족주의 감정, 외교 • 안보 정책 변화 등을 의식하여 강경론, 비타협적 자세로 일관했기 때문이다.

게다가 2017년 1월 현재 또 하나의 시한폭탄이 수면 위로 떠올랐다. 일본 정계의 보수우파, 특히 친대만파 의원들의 대만 접근이 활발해 지는 가운데 일본 • 대만 정부 간 관계에도 미묘한 기류가 감지되고 있는 것이다. 새로 들어선 미 트럼프 정권이 대중 견제의 일환으로 대만 카드를 만지작거리고 있는 가운데 아베 정권이 이에 동조할 개연성도 전적으로 배제할 수 없는 상황이다.

중일공동성명 3항은 다음처럼 기술하고 있다. "중화인민공화국 정부는 대만이 중화인민공화국 영토의 불가분의 일부인 점을 거듭 표명한다. 일본국 정부는 이러한 중화인민공화국 정부의 입장을 충분히 이해하고 존중하며 포츠담선언 제8항에 근거한 입장을 견지한다." 이른바 '하나의 중국' 원칙이다. 미국, 그리고 일본은 중국과 수교하는 대신 대만과의 외교관계를 단절했다.

하지만 미일 양국은 사실상 대만을 미일안보조약의 적용 범위 내에 그대로 두었다. 대만과 단교는 하지만 중국이 무력으로 통일을 시도할 경우에는 이를 용인할 수 없다는 의미다. 당장 대만이 독립을 선언하고 중국이 이에 무력을 동원하며 미일 양국이 군사적으로 개입하는 사태는 없을 것으로 보인다. 하지만 동중국해와 남중국해에 이어 대만으로 대립 전선이 확대되고 있는 점은 심히 우려하지 않을 수 없다.

1952년 연합국과 패전국 일본이 체결한 샌프란시스코평화조약, 그에 이어 성립된 샌프란시스코체제의 구조적 결함이 또 다시 드러난 것이라 할 수 있다. 중일공동성명은 동아시아 냉전의 긴장 완화에 다대한 기여를 했으나, 그럼에도 불구하고 샌프란시스코체제의 본질적인 성격까지 바꾸지는 못했다. 중국 측은 소련 위협에 대응하기 급했으며, 일본 측은 미일동맹을 대신할 수 있는 전략을 강구할 의도를 전혀 갖고 있지 않았다. 결과적으로 양측 모두 기존 체제의 유지·강화에 직간접적으로 공헌한 셈이다.

본서는 동아시아의 강대국 정치, 동맹, 영유권, 과거사 인식 문제를 비롯한 현 시점의 여러 문제들에 대해 다시 한번 숙고하게 한다. 저자 핫토리 류지 교수의 당시 상황을 재구성하는 탁월한 능력 덕분이다. 그는 본서 외에도 오히라 마사요시, 나카소네 야스히로, 그리고 나카에 요스케 등 전 수상이나 외교관을 대상으로 적지 않은 구술사oral history 연구에 천착해 왔다. 앞으로 중일관계 연구에 빼놓을 수 없는 참고 문헌으로 자리매김할 것임에 틀림 없다. 동시에 그의 저서는 생생한 현장감을 느낄 수 있어 일반 독자들이 접근하기도 매우 용이하다. 연구서와 대중서라는 두 마리 토끼를 모두 잡은 역저다.

물론 본서는 일본 측의 내부 상황을 중심으로 추적한 것이기에 중국 측 상황까지 면밀하게 논증한 것은 아니다. 그 당연한 귀결로 다나카나 오히라의 정치적 리더십을 높이 평가한다. 닉슨 쇼크로 상징되는 급변하는 국제정세, 국내 정치세력의 강력한 반대, 관료정치의 제약, 대만의 동향 등 수많은 암초가 곳곳에 도사리고 있었다. 가히 다나카·오히라 콤비가 아니었다면 실현 불가능 했었을 것이다.

이들이 드라마의 주인공이었다고 한다면 중일국교정상화의 실질적 연출자는 역시 저우언라이였다. 대 소련 전략 차원에서 키신저를 불러들이고, 이어 다나카와 오히라를 중국에 오도록 한 당대 최고의 전략가. 지금 우리에게 요구되는 것은 대립구도를 전환시켜 새로운 지형을 만들어 낼 수 있는 바로 그러한 리더십이 아닐까.

본서의 원저명은 〈日中国交正常化 : 田中角栄, 大平正芳, 官僚たちの挑戦 [일중국교정상화 : 다나카 가쿠에이, 오히라 마사요시, 관료들의 도전])이다. 한국 독자들의 중일관계에 대한 주의를 환기시키고 현재와는 정반대되는 우호관계가 이전에 존재했음을 강조하기 위해 역서 제목을 변경했다. 원저자와 독자들의 양해를 부탁드린다.

　끝으로 번역을 흔쾌히 허락해 준 저자 핫토리 류지 교수, 그리고 원저 간행사인 쥬오코론신사에게 감사말씀 드린다. 핫토리 교수의 구술사와 관련된 그 외의 저서들 또한 한국 학계의 일본 외교 연구에 적지 않은 보탬이 될 것으로 기대된다. 본서의 번역·출판을 전면적으로 지원해 준 고려대학교 BK21Plus 중일언어문화교육연구단, 그리고 동 연구단의 정병호 단장께도 깊은 사의를 표하고 싶다. 사실 본서 번역은 정병호 단장의 제안이 없었다면 시작되지 않았을 것이다. 마지막으로 늦어진 원고 제출에도 편집·출판에 애써주신 도서출판 역락의 이태곤님께 고맙다는 말씀을 전한다.

　이 역서를 사랑하는 서승원의 아내 김희정과 아들 서동현, 그리고 황수영의 남편 최동현과 딸 최지유에게 바친다.

역자

목차

일러두기

1. 이 책은 핫토리 류지服部龍二의 〈日中国交正常化 : 田中角栄, 大平正芳, 官僚たちの挑戦 [중일국교정상화 : 다나카 가쿠에이, 오히라 마사요시, 관료들의 도전]〉(中公新書, 2011)을 완역한 것이다.

2. 원서에서는 지은이 주가 책 끝부분에 미주로 되어 있었으나 번역을 하면서 편의상 각주로 처리했으며, 옮긴이 주를 본문 안에 괄호로 처리했다.

3. 인명과 지명은 외래어표기법에 맞추어 표기했다.

4. 인명과 지명의 한자는 책 끝부분의 색인으로 확인할 수 있다.

5. 국명 표기순은 한국에서 일반적으로 통용되는 방식에 따랐다(예: 일중관계는 중일관계, 일미관계는 미일관계 등으로 표기). 단, 일중의원연맹 등 고유명사는 원문 대로 표기했다.

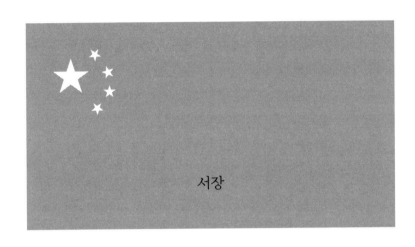

서장

베이징으로 가는 길

샌프란시스코체제

중일 강화(講和:싸움을 그치고 평화로운 상태가 됨-역자주), 즉 1972년 중
일국교정상화를 논하기 전에 먼저 전후 동아시아 국제정치에 대
해 개괄적으로 살펴볼 필요가 있다.

제2차 세계대전(원문은 태평양전쟁-역자주)에서 패배한 일본이 독립
을 되찾은 것은 1951년 9월 샌프란시스코회의를 통해서였다. 이
회의에는 일본, 미국, 영국 외에 소련, 폴란드, 체코슬로바키아 등
사회주의 국가를 포함하여 52개국이 참가했다. 샌프란시스코 오
페라하우스에서 일본은 소련을 비롯 사회주의 국가 3개국을 제외
한 48개국과 강화조약(평화조약을 의미-역자주)을 체결했다.

전쟁의 최대 피해당사자인 중국과 대만은 샌프란시스코강화
회의에 초대받지 못했다. 영국이 중국의 출석을 상정했던 데 반해
미국은 일본에게 대만과 국교를 수립하도록 요청하는 등 연합국

내부의 의견이 일치하지 않았기 때문이다.

샌프란시스코강화조약 체결과 동시에 일본은 미국과 안전보장조약을 체결하여 대미협조를 전후 외교의 기축으로 설정했다. 냉전 하에서의 대미기축은 샌프란시스코체제로도 불린다. 미국 주도의 냉전 전략에 편입된 일본은 1952년 4월 대만의 중화민국정부, 즉 장제스의 국민정부國府와 일화日華평화조약(일본과 대만 사이의 평화조약-역자주)을 체결했다. 전문과 14개조로 이루어진 일화평화조약은 전쟁상태를 법적으로 종결시키는 것으로 여기서 대만은 배상청구권을 포기했다.

중국 측이 이러한 일화평화조약이 불법이라며 비난한 것은 물론이다. 일본의 입장에서 보더라도 일화평화조약의 적용 범위에 중국을 포함시킬 수 있는지는 미묘한 문제였다. 대만이 유엔안전보장이사회에서 대표권을 장악하고 있는 상황에서 한국전쟁(6·25)에 참전한 중국은 1951년 2월 유엔총회에서 '침략국'이란 낙인이 찍혔다. 중국과의 국교 수립은 일본으로선 최대의 외교적 과제였으나 미중 간 대결이 중일국교정상화를 가로막았다.

중국과는 정경분리 원칙 하에 무역이 지속되었으며 자유민주당이나 일본사회당 의원들도 종종 중국을 방문했다. 1950년대 후반부터 1960년대, 대약진운동(1958년~1960년 초. 마오쩌둥이 주도한 대중적 경제부흥 운동-역자주)이나 문화대혁명(1966년~1976년. 마오쩌둥이 주도한 극좌 사회주의 운동-역자주)으로 혼란이 거듭되고 있던 중국은 기시 노부스케 내각이나 사토 에이사쿠 내각에 대해 비판 성명을 발표했다.

정경분리 원칙 아래에서 중일관계의 긴밀화를 꾀하는 것에 한계가 있음을 드러낸 것이었다.

중일관계를 규정하는 국제정세는 1960년대 후반부터 점차 변화하여 중소대립이 보다 선명해졌다. 1971년 7월에는 미국 닉슨 대통령이 중국 방문을 발표했다. 이 닉슨쇼크(1971년 7월 닉슨 대통령의 전격적인 중국방문 발표 및 동년 8월 금-달러 교환정지 발표가 국제사회에 준 큰 충격을 말함-역자주)가 전환점이 되어 10월에는 유엔에서의 중국 대표권이 대만에서 중국으로 넘어갔다.

충격을 받은 일본을 외면한 채 닉슨 대통령은 1972년 2월 중국을 방문했다. 소련과의 대립이 격화되고 있던 중국도 미국 및 일본과의 관계개선이 필요했다. 그리고 9월 다나카 가쿠에이 수상과 오히라 마사요시 외상이 중국을 방문하여 일본은 중국과 국교를 수립하고 대만과는 관계를 단절한다.

세 가지 과제

다나카 수상과 오히라 외상이 중일국교정상화를 달성할 수 있었던 것은 닉슨쇼크가 상징적으로 드러낸 바와 같이 국제정세 변화에 기인한 바가 크다. 본래 대만을 선택한 것이 냉전의 산물이었으며 중일국교정상화의 기운은 무르익고 있었다. 중일국교정상화를 다룬 이 책의 중심적인 과제는 다음 3가지다.

첫번째 과제는 중일국교정상화를 둘러싼 외교교섭이다. 여기에서 특히 대만을 어떻게 처리할 것인가의 문제가 중요하다.[01]

일본과의 국교정상화에 즈음하여 저우언라이는 '국교회복 3원칙'을 제시했다. 첫째는 중화인민공화국이 중국 유일의 합법정부라는 점, 둘째는 대만은 중국 영토의 불가분의 일부라는 점, 그리고 셋째는 '일장日蔣조약'(일본과 장제스가 맺은 조약이란 의미-역자주), 즉 일화

---

01 중일국교정상화에 대한 대표적 연구로는 다음과 같은 것들이 있다. Haruhiro Fukui, "Tanaka Goes to Peking : A Case Study in Foreign Policymaking," in T.J. Pempel, ed., Policymaking in contemporary Japan (Ithaca : Cornell University Press, 1977), pp.61-102 ; 別枝行夫,「日中国交正常化の政治過程 : 政策決定者とその行動の背景」,『国際政治』第66号(1980年) pp.1-18 ; 田中明彦,『日中関係 1945-1990』(東京大学出版会, 1991年), pp.61-83 ; 緒方貞子 / 添谷芳秀訳,『戦後日中・米中関係』(東京大学出版会, 1992年), pp.69-98 ; 添谷芳秀,『日本外交と中国 1945—1971』(慶應義塾大学出版会, 1995年), pp.187-254 ; 王泰平主編,『中華人民共和国外交史』第3巻(北京 : 世界知識出版社, 1999年), pp.19-25 ; 田村重信・豊島典雄・小枝義人,『日華断交と日中国交正常化』(南窓社, 2000年) ; 羅平漢,『中国対日政策与中日邦交正常化 : 1949-1972年 中国対日政策研究』(北京 : 時事出版社, 2000年) ; 池田直隆,『日米関係と「二つの中国」: 池田, 佐藤, 田中内閣期』(木鐸社, 2004年), pp.407-457 ; 若月秀和,『「全方位外交」の時代 : 冷戦変容期の日本とアジア 1971-80年』(日本経済評論社, 2006年), pp.39-54 ; 毛里和子, 『日中関係 : 戦後から新時代へ』(岩波新書, 2006年), pp.49-94 ; 倪志敏,「田中内閣における中日国交正常化と大平正芳(その一)(その二)(その三)(その四)」,『龍谷大学経済学論集』第45巻第5号, 第46巻第5号, 第47巻第3号, 第48巻第三・四号(2006-2009年), pp. 19-51, 45-68, 33-68, 63-96 ; 殷燕軍,『日中講話の研究 : 戦後日中関係の原点』(柏書房, 2007年), pp. 243-300 ; 小池聖一,「『大平外交』の形成 : 日中国交正常化をめぐる日本外交の相剋」,『国際協力研究誌』第14巻第2号(2008年), pp.103-116 ; 井上正也, 『日中国交正常化の政治史』(名古屋大学出版会, 2010年).

평화조약은 불법이며 파기되어야 한다는 점이었다.

일본은 대만문제 처리에 관한 중국의 주장에 따르지 않으면서도 그러한 상황에서 짧은 기간 내에 교섭을 타결시켰다. 대만문제는 중일공동성명 제3항으로 결실을 맺는다.

대만문제 외에도 배상 포기에 이르는 중국 측의 정책과정, 상호불신의 진원지라고 할 만한 다나카 수상의 '폐' 연설의 진상, 중일공동성명 전문에 기술된 사죄, 센카쿠열도(중국명 댜오위다오-역자주)를 둘러싼 교섭 등은 오늘날에도 시사하는 바가 크다.

중국의 국교회복 3원칙

제1원칙. 중화인민공화국은 중국 유일의 합법정부이다.
제2원칙. 대만은 중화인민공화국 영토의 불가분의 일부이다.
제3원칙. '일장조약'(일화평화조약)은 불법이며 파기되어야 한다.

일본측의 주요인사

1972년 9월

다나카 가쿠에이 수상

오히라 마사요시 외상

호겐 신사쿠 외무사무차관

다카시마 마스오 조약국장 　　　 – 요시다 겐죠 아시아국장

　　　　　　　　　　　　　　– 나카에 요스케 아시아국 외무참사관

구리야마 다카카즈 조약국 조약과장 – 하시모토 히로시 아시아국 중국과장

　　　　　　　　　　　　　　– 오구라 가즈오 아시아국 중국과 수석사무관

두번째 과제는 다나카 수상과 오히라 외상의 정치적 리더십이다.[02] 중국과의 극적인 국교정상화를 완수할 수 있었던 것은 다나카와 오히라의 리더십에 의한 바가 크다. 미국은 닉슨 대통령이 방중한 후에도 미중 국교를 수립하지 않았고, 자민당 내에서도 대

---

02 최근의 전기적傳記的 연구로는 다음을 참조. 福永文夫, 『大平正芳 : 「戦後保守」とは何か』(中公新書, 2008年) ; 若月秀和, 「田中角榮 : 『自主外交』の追求とその限界」佐道明広・小宮一夫・服部龍二編, 『人物で読む現代日本外交史 : 近衛文麿から小泉純一郎まで』(吉川弘文館, 2008年), pp.224-239 ; 佐道明広, 「大平正芳 : 『保守本流』の使命感」(同前), pp.256-268.

만파의 자세가 쉽사리 바뀌지 않았다.

호겐 신사쿠 사무차관을 비롯한 외무성 간부들 역시 중국과 서둘러 국교를 수립하려 하지 않았다. 국제적 환경의 변화가 있었다 할지라도 중일국교정상화를 이뤄 낸 것은 다나카 수상과 오히라 외상의 강력한 리더십 덕분이었다.

세번째 과제는 일본 외무성의 내부 과정이다. 베이징 교섭에 즈음하여 외무성 관료들이 중심이 되어 중일공동성명 초안을 작성하게 되었다. 그 중에서도 중심이 된 인물이 다카시마 마스오 조약국장, 하시모토 히로시 아시아국 중국과장, 구리야마 다카카즈 조약국 조약과장이었다. 외무성의 관료들은 다나카와 오히라를 잘 따랐으며 다나카와 오히라는 그런 관료들을 북돋아 주었다.

인터뷰

정책과정이나 대외 인식은 공문서에 직접적으로 그 내용을 나타내기 어렵다. 그렇기 때문에 이번 장에서는 외교 기록이나 간행된 문헌 등을 참조하여 인터뷰를 싣고자 한다.

다나카 수상에 대해서는 수상 비서관 기우치 아키타네와 고나가 게이치와 인터뷰를 가졌다. 기우치는 외무성, 고나가는 통산성(통상산업성-역자주)에서 수상관저로 파견되었다.

오히라 외상에 관해서는 대장성(현 재무성-역자주)에서 파견되어 외상 비서관이 된 모리타 하지메와 인터뷰했다. 오히라 외상과 같은 가가와香川 출신으로 후에 운수상(현 국토교통상-역자주)이 되는 모리타는 오히라의 사위이기도 하다.[03] 모리타가 작성한 일기도 참조했다.

시이나 에쓰사부로의 대만 방문에 관해서는 시이나파 중의원 의원이었던 미즈노 기요시와 인터뷰했고 다나카 내각에서 통산상을 지낸 나카소네 야스히로와의 면담을 통해 중일관계에 대해 많은 이야기를 들을 수 있었다.[04] 또한, 대장성 관료를 지내다가 중

---

03 2009년 9월 5일, 9월 19일, 10월 3일, 10월 24일에 행한 인터뷰는 다음 책에 수록되어 있다. 森田一 / 服部龍二・昇亜美子・中島琢磨編, 『心の一燈 回想の大平正芳 : その人と外交』(第一法規, 2010年).

04 나카소네 전 수상과는 총 29회에 걸쳐 인터뷰를 진행했으며 2009년 8월 6일의 10회째 인터뷰에서 중일 국교정상화를 다루었다. 다음 참조. 中曽根康弘 /中島琢磨・服

의원 의원이 된 노다 다케시와의 인터뷰를 통해 노다 다케오 중의원 의원과 호리 시게루 자민당 간사장과의 관계 등에 대해서도 들을 수 있었다.

외교관에 대해서는 하시모토 히로시, 구리야마 다카카즈, 나카에 요스케를 통해 중요한 내용들을 인터뷰할 수 있었다. 중국과장이었던 하시모토는 요시다 겐조 아시아국장 이상으로 중일국교 정상화 과정에 중요한 역할을 맡고 있었으며 다나카, 오히라와도 긴밀한 관계를 갖고 있었다. 중국 측이 누구보다도 신뢰한 사람도 하시모토였다. 1992년 국교수립 20주년에 하시모토는 주중대사로서 일왕 방중을 이끌어 냈다.[05]

중국과中國課의 움직임에 대해서는 하시모토의 부하로 중국과 수석사무관이었던 와타나베 고지, 오구라 가즈오와 인터뷰했다. 중국과 수석사무관은 하시모토 과장을 잇는 중국과의 2인자를 의미한다. 와타나베는 중국과에 있는 동안 닉슨 쇼크를 경험했고 오구라는 하시모토와 함께 저우언라이 총리에게 보내는 다나카 수상의 친서나 전보 전달을 담당했다.

아시아국 외무참사관이며 하시모토의 상관이었던 나카에 요스케와도 인터뷰했는데 외무참사관이란 국장에 이은 아시아국 2인

部龍二・昇亜美子・若月秀和・道下徳成・楠綾子・瀬川高央編,『中曽根康弘が語る戦後日本外交史』(仮)(新潮社, 2011年 刊行予定).

05 졸저,『日中歴史認識 :「田中上奏文」をめぐる相剋 1927-2010』(東京大学出版会, 2010年), pp.275-276.

자를 의미한다. 나카에는 대만과 교섭을 맡고 있었기 때문에 시이나와 함께 대만을 방문했다.[06]

시이나의 대만 방문에 대해서는 시이나와 나카에를 보좌한 차이나·스쿨의 와카야마 교이치와 인터뷰했다. 차이나·스쿨이란 중국어로 연수를 받은 외교관들을 가리킨다. 대만에서 중국어를 배운 와카야마는 4년 간의 타이베이 근무를 마치고 외무성연수원에 있던 와중에 대만정책과로 불려가 일본과 대만의 관계를 담당하게 되었다.

아시아국과 함께 외무성에서 중추적인 역할을 수행한 곳이 조약국이다. 주권을 회복한 일본은 전후 처리나 국교정상화를 향후 풀어나가야 할 과제로 설정했고 우수한 인재들을 조약국에 모으려고 노력했다. 그런 조약국에서는 다카시마 마스오 조약국장과 그 아래 구리야마 다카카즈 조약과장이 중심이 되어 움직이고 있었다. 이후 외무차관, 주미대사를 역임하게 되는 구리야마는 다카시마, 하시모토와 함께 중일공동성명 초안을 집필하게 된다.[07]

---

06 2009년 1월 24일, 2월 21일, 3월 21일의 인터뷰는 다음 참조. 中江要介/若月秀和・神田豊隆・楠綾子・中島琢磨・昇亜美子・服部龍二編,『アジア外交 動と静 : 元中国大使中江要介オ ーラル・ヒストリー』(蒼天社出版, 2010年).

07 2008년 9월 3일, 9월 17일, 2009년 3월 10일, 10월 15일, 2010년 4월 8일에 행한 인터뷰는 다음 책에 수록되어 있다. 栗山尚一 / 中島琢磨・服部龍二・江藤名保子編,『外交証言録 沖縄返還・日中国交正常化・日米,「密約」』(岩波書店, 2010年). 다음 책도 중일 국교정상화에 대해 약간 언급하고 있다. 『政策研究大学院大学C・O・Eオ ーラル・ヒストリー : 転換期の日米関係』(政策研究大学院大学, 2005年), pp.10-11.

다나카의 '폐' 발언에 대해서는 오하라 이쿠오를 통해 이야기를 들을 수 있었다. 하얼빈에서 태어나 중국어를 자유자재로 구사하는 오하라는 하시모토 중국과장이 집필한 원고를 중국어로 번역했고, 홍콩 총영사관에서 급거 귀국한 뒤 다시 중국으로 향했다.

현재적 의의

40년 전에 이루어진 중일국교정상화를 지금 시점에서 다시금 검토하는 것은 어떠한 의미가 있는가? 3가지 중요한 요점을 지적해 두고자 한다.

첫째, 중일국교정상화는 현대 동아시아 국제정치의 모토가 되었다. 중일관계의 기초는 1972년 중일공동성명에 있으며, 정상화 교섭에는 대만을 둘러싼 미일관계도 연동되고 있었다. 또한, 중일국교정상화를 검토하는 것은 미일안보체제나 일본과 대만의 관계에 대해 논의하는 일이기도 하다. 따라서 본서에서는 대만조항의 내막, 센카쿠 열도(중국명 댜오위다오-역자주)를 어떻게 다룰 것인가, 미일안보조약 제6조 극동조항에 관련된 문제 등을 고찰하고자 한다.

둘째, 이상적인 정치적 리더십의 모습이다. 중일국교정상화에서는 다나카와 오히라에 의해 이상적인 정치적 지도력이 발휘되었다. 전쟁 전 중국에 간 경험이 있는 다나카와 오히라지만 정치가로서 중국정책에 대한 관여는 대조적이었다. 다나카는 국내 정치에 집중하며 외교에 대해서는 큰 계획만을 가지고 있었고 구체적인 내용은 외상을 지낸 오히라에게 전부 일임했다. 오히라 외상의 경우 이케다 하야토 내각에서도 외상을 지낸 경험이 있고 외교에 일가견이 있었다. 그 후 중일 항공협정을 체결하고 수상이 되어 중국에 대한 엔 차관을 단행한 것도 오히라 외상이었다.

셋째, 외무성의 역할이다. 대중 매체는 차이나·스쿨이 대 중국 외교를 좌지우지한다고 보도하는 경향이 있다. 당시 차이나·스쿨 내에서는 베이징과의 관계가 중시되었으며, 이러한 베이징파에는 요시다 겐죠 아시아국장, 오카다 아키라 홍콩총영사, 오가와 헤이시로 외무성 연수소장 등이 포진하고 있었다. 오가와는 초대 주중대사, 요시다는 제3대 주중대사가 되었다. 한편, 러시아·스쿨이던 호겐 차관처럼 저우언라이 총리와의 관계를 중요시하는 대만파도 있었다.[08]

그렇다면, 베이징파가 중일국교정상화를 이끌었는가 하면 전혀 그렇지 않다. 오히려 베이징파는 교섭에서 제외되었다. 하시모토와 함께 중일공동성명을 집필한 구리야마 조약과장은 대미관계를

---

08 중국파, 베이징파, 대만파에 대해서는 다음도 참조. 永野信利, 『外務省研究』(サイマル出版会, 1975年), pp.61-62.

중시하는 외무성 내 친미파였고, 그는 머지않아 외무차관을 거쳐 주미대사가 되었다. 이처럼 친미파가 중일공동성명안을 마련했던 점에 일본 외교의 특징이 망라되어 있다.

　중일관계에는 항상 미국의 그림자가 따라다니며 앞으로도 그 점은 변하지 않을 것이다. 외무성의 내부과정이나 인적 관계를 분석하면 여전히 미국을 중시하는 외교가 중심이 되기 때문이다.

　중일국교정상화는 현대 동아시아 국제정치의 모토가 되었을 뿐만 아니라 정치가나 관료들이 취해야 할 자세가 무엇인지도 시사해 주고 있다.

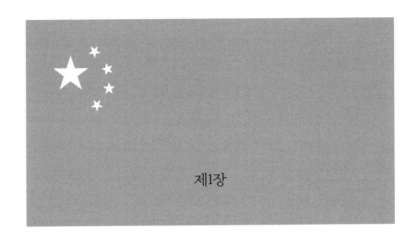

제1장

다나카 가쿠에이와 오히라 마사요시
: 두 종류의 리더십

다나카 가쿠에이

본서의 주인공인 다나카 가쿠에이 보다 널리 알려지고 강한 개성에 관한 이야기가 끊이지 않으며 또한 그처럼 평가가 극명하게 갈리는 정치인은 아마 없을 것으로 생각된다. 우선 그의 경력부터 살펴보기로 하자.

1918년 5월 4일 니가타현 가리와군 후타다촌(현 가시와자키시) 출생. 1933년 후타다 고등소학교 졸업. 그 후 상경하여 이노우에공업 도쿄지점 등에 근무하면서 야학으로 쥬오공학교 토목과 졸업. 해군 사관학교를 지원하지만 꿈을 이루지 못하고 교에이건축사무소 창설. 그 후 모리오카기병 제3여단 제24연대에 입대하여 만주국 후진(현 헤이룽장성 후진시)으로 전출. 병으로 송환되어 다나카토건공업 사장 취임.

미군 점령 하에 일본진보당에 입당하여 1947년부터 중의원 의원. 우정상(기시 노부스케 내각), 대장상(이케다 하야토 내각, 사토 에이사쿠 내각), 통산상(사토 내각) 이외에 자민당 정무조사회 회장과 간사장을 역임. 사토파. 사토 내각 후반부에 〈일본열도개조론〉 간행.[01]

1972년 7월, 54세의 젊은 나이로 수상에 취임하여 '이마타이코 (今太閤. 우리 속담의 "개천에서 용난다"와 비슷한 뜻. 도요토미 히데요시처럼 비천한 신분이나 입신출세하여 타이코 [太閤 : 최고실력자]가 된 인물을 말함-역자주)로 불린다. 중일국교정상화를 이뤄냈지만 정치자금 문제로 1974년 11월 퇴진. 1976년 록히드사건으로 체포된 다음에도 '어둠의 장군'으로서 영향력을 발휘했다. 1990년 정계 은퇴. 1993년 사망.

다나카 수상의 교과서적인 약력은 이상과 같다. 하지만 이 남자의 생애는 사전적 프로필로는 다 담을 수 없는 영광스럽고 파란만장한 것이었다.

그는 그다지 유복하다고는 할 수 없는 마·소 장사꾼의 장남으로 태어나 이렇다 할 학력도 없었다. 하지만 그는 능란한 연설과 특유의 쉰 듯한 목소리로 대중들을 사로잡았다. '컴퓨터 달린 불도저'로 불리운 두뇌와 행동력으로 정치가와 관료들까지도 잘 다루었다.

---

01 田中角栄, 『日本列島改造論』(日刊工業新聞社, 1972年).

다카나는 2살 때 급성 감염에 걸려 생사를 헤맨 적이 있었다. 유소년 시절에는 "말을 심하게 더듬어 내성적이 되었다." 하지만, 노력을 거듭한 끝에 말을 더듬는 것도 내성적인 성격도 극복했다.[02]

소년기 다나카에 대해서는 다나카 가쿠에이 기념관이 편집한 책 〈내 안의 다나카 가쿠에이〉에 수많은 급우들의 추도문이 실려 있다. 동창생들의 회상에 따르면 성적이 우수한 다나카가 반장을 지낸 점에 의견이 일치했다. 말더듬이를 교정하여 학예회에서 주연인 무사시보 벤케이 역을 맡기에 이른 다나카는 만주사변 직후 출정 병사들을 배웅하는 고적대에서 지휘봉을 쥐었다.

소년 다나카의 하루 일과는 아버지가 시킨 말을 운동시키는 일이었다. 집에서 가까운 사카타천의 얕은 개울가로 말을 끌고가 수세미로 묵묵히 목욕시키는 모습은 동네 여자아이들의 동경의 대상이 되었다. 말 발굽 소리가 가까워지면 여자아이들은 그늘 속에서 몰래 다나카를 바라보곤 했다. 지금도 그 곳에는 사가타 천이 조용히 흐르고 있어 당시의 모습을 떠올리게 한다.

다나카는 아버지의 사업 실패로 중학교에 진학하지 못하고 15살이 되던 해에 도쿄로 간다.[03] 이노우에공업 도쿄지점 등지에서 일하며 밤이 되면 자전거를 타고 쥬오공학교에 다녔다.

---

02 田中角栄, 「私の履歴書」岸信介・河野一郎・福田赳夫・後藤田正晴・田中角栄・中曽根康弘, 『私の履歴書 保守政権の担い手』(日経ビジネス人文庫, 2007年), p.323, p.331, pp.343-344.

03 田中角栄記念館編, 『私の中の間中角栄 』(田中角栄記念館, 2005年), pp.189-244.

전쟁 전에는 2년 동안 병사로서 중국 땅을 밟았다. 1939년 3월, 21살의 다나카는 모리오카기병 제3여단 제2연대에 입대, 한반도를 거쳐 늦은 봄을 맞이한 만주국 북부의 후진으로 향했다.

하지만 다나카는 폐렴에 걸려 실제 전투는 경험하지 못한 채 중국 내 야전병원에 수용되었다가 본국에 송환된다. 다나카는 당시 일을 다음과 같이 적고 있다. "폐렴 때문에 본국으로 돌아올 줄은 꿈에도 생각하지 못했던 만 2년에 걸친 세월을 되돌아보고 실로 감개무량했다."[04]

미군 점령기에 28세의 나이로 국회의원에 첫 당선된 다나카는 요시다 시게루, 시데하라 기쥬로 등을 존경했다.

> 나처럼 요시다의 계보를 잇는 사람은 이케다 하야토, 사토 에이사쿠, 이런 사람들을 비롯하여 그 시절에 우리 모두는 혼연일체가 되어 있었다. [중략] 나는 바로 보수본류의 길을 걸어온 것이지.[05]

다시 말하면 다나카는 요시다의 계보를 의식하여 스스로를 이케다나 사토를 잇는 보수본류로 자리매김했다. 사토파를 이은 것이 다나카이며, 한편 이케다파는 오히라파로 이어진다. 1970년대에 다나카와 오히라는 보수본류의 양대 축을 형성한다.

---

04 田中角栄, 「私の履歴書」, p.413, p.424, pp.426-436.

05 早坂茂三, 『早坂茂三の「田中角栄」回想録』(小学館, 1987年), pp.35-39.

사토파에 속하면서 이케다의 저택에도 출입하는 등 다나카는 가히 파격적인 행보를 보였다.[06] 비서였던 하야사카 시게조에 의하면 다나카는 사토보다도 이케다에게 더욱 친근감을 느끼고 있었다.

의부 다나카는 우연히 사토파가 되었지만 정치가의 계보로 말하자면 분명히 이케다 하야토의 흐름을 잇고 있었죠. 의부는 인간적으로도 이케다 상을 무척이나 따랐습니다. 다만 단추를 잘못 끼웠다고 해야 할까, 기묘한 인연으로 사토 에이사쿠 상 쪽에 정착했습니다. 그런 상태가 정권을 잡을 때까지 계속됩니다.[07]

---

06 木村貢, 『総理の品格—官邸秘書官が見た歴代宰相の素顔』(徳間書店, 2006年), p.33.
07 早坂茂三, 『オヤジとわたし』(集英社文庫, 1993年), pp.79-83.

'말더듬이 가쿠'에서 명연설가로

다나카는 명연설가이다. 연단에 올라 일장연설을 시작하면 그 능란한 연설로 인해 164센치의 단신이 훨씬 크게 보였다.[08] 이따금 다나카에 앞서서 유세를 한 적이 있는 가이후 도시키 전 수상은 다나카에 대해 다음처럼 말한다.

> 그 사람의 연설은 천하일품. 가두연설에서 그처럼 순식간에 사람의 발길을 멈추게 하고, 웃음을 이끌어내고, 청중을 매료시키는 정치가는 또 없었습니다. 논리 전개는 엉망진창이었습니다만, 마지막에 다나카 상이 그 특유의 쉰 목소리로 "어떻습니까 여러분, 그렇죠. 그렇게 생각하지 않으십니까?"라고 물으면 대중들은 "와-!" 하고 응하며 묘하게 설득되어 버리는 것이죠.
>
> 다나카파(이후의 다케시타파를 포함하여)에서 다나카 상의 연설 기술을 이어받은 정치가는 단 한사람도 없을 겁니다.[09]

웅변가란 인상이 강한 다나카지만 앞에서도 언급한 바와 같이 유소년 시절에는 매우 심하게 말을 더듬었다. '말더듬이 가쿠'라고

---

08 田中角栄,「私の履歴書」. 동 394페이지에 따르면 그의 신장은 164cm였다고 한다.

09 海部俊樹,「三たび交えた私が感じるどうしょうもない小沢の性癖」,『新潮45別冊「小沢一郎」研究』(2010年4月号), p.125.

놀림을 당해 어린 마음에 상처를 입은 다나카는 모든 방법을 써서 말더듬이를 극복했다. 시를 읊는 모임에 나가고 경서나 한시를 외웠을 뿐 아니라 로쿄쿠(샤미센을 반주로 한 일본식 창-역자주) 레코드를 사모아 산속에서 몇 번이고 소리 내어 부르곤 했다. 난해한 법률서 음독도 계속했다.

하여간 필사적이었다. 다나카는 "그 당시 맹렬하게 공부한 것이 그 후 나 자신의 학문적 기초가 된 것 같다"고 전한다.[10]

건설업자에서 정치가로 변신한 다나카는 언제부터인지 모르게 고우타(小歌 : 옛날 민간에서 부른 7·5조(調) 4구(句) 등의 속요를 상류층에서 불렀던 노래-역자주)나 도도이쯔都々逸까지 체득하기에 이르렀다. 고우타에서는 카스가파春日派에 적을 두고 '도요토시즈미豊とし澄'라는 예명을 받았다. 도도이쯔란 에도시대 후기부터 퍼진 속요로서 7·7·7·5의 4구로 남녀의 정을 구어로 부르는 것이다.

일도 잘하고 잘 노는 다나카는 유곽에서 게이샤의 샤미센 연주에 맞추어 도도이쯔를 흥얼거리며 술자리의 흥을 돋구었다.

　　밟혀도, 차여도, 따라갑니다, 나막신의 눈[11]

10　田中角栄, 『わたくしの少年時代 』(講談社, 1973年), p.36,　p.78.
11　早坂茂三, 『オヤジの遺言』(集英社インターナショナル, 2004年), pp.16 - 20. 다음도 참조. 辻和子, 『熱情 : 田中角栄をとりこにした芸者』(講談社, 2004年).

다나카는 오랫동안 말을 더듬어 괴로움을 당한 만큼 소년 시절부터 서예에 몰두하여 단련을 거듭했다. 출세한 후에도 붓을 놓지 않았고 사랑하는 고향을 마음 속에 떠올리며 호號를 고시야마越山로 정했다. 생

다나카 가쿠에이

가에서 도보로 10분 정도의 거리에 위치한 다나카 가쿠에이 기념관에는 지금도 '고시지교'(越路橋 : 니가타현 나가오카시의 사나노가와을 건너는 다리-역자주)', '유콘'(雄魂 : 사내다운 용감한 정신-역자주), '이와센키'(以和為貴 : 쇼토구태자[聖德太子]가 만들었다고 전해지는 17조의 법문-역자주), '신시칸토'(真摯敢鬪 : 진지하고 용감하게 싸운다는 뜻-역자주), '이노루힛쇼'(祈心勝 : 싸움에 참가한 사람들을 위해 격려의 의미를 담아 선물을 줄 때 쓰는 글-역자주) 등과 같은 힘이 넘치는 휘호들이 전시되어 있다.

비서였던 아사카 아키라에 의하면 다나카는 곧잘 젊은이들에게 다음과 같은 붓글씨를 써주었다고 한다.

마침내 바다가 되어야 할 산수山水도, 잠시 나뭇잎 아래를 빠져나

가고

큰 바다로 흘러 들어가는 산의 물도 처음에는 나뭇잎 사이를 빠져나가는 작은 시내물이었을 지도 모른다. 즉, 지금은 작은 일밖에

할 수 없을지라도 이윽고 대성하여 사회의 중심으로 자랐으면 좋겠다. 배려심이 많고 청년들에게 희망을 주는 메시지였다. 그런 다나카가 록히드사건 이후에는 오직 '부동심不動心'이란 글 밖에는 쓰지 않게 된다.[12]

오히라 마사요시

다나카가 맹우盟友로 선택한 인물은 역시 보수본류로 자처하는 오히라였다. "내가 보수본류다"라고 자주 입에 올리던[13] 오히라의 경력은 다음과 같다.

> 1910년 3월 12일 가가와현 미토요군 와다마을(현 간온지시) 출생. 미토요 중학교, 다카마츠 고등상학교, 도쿄상과대학 졸업. 대장성에 입성하여 요코하마 세무서장 등을 거쳐 1939년에 신설된 흥아원에 전출되어 내몽고 장쟈커우에서 근무. 미군 점령기 요시다 시게루 내각에서 이케다 하야토 대장상의 비서관이 되어 미국에서 과학기술을 조사.

12 朝賀昭,「人間・田中角栄の実像」,『新潮45』(2010年7月号), p. 119.
13 森田一,『心の一燈 回想の大平正芳』, p.74.

1952년 중의원 의원이 되어 내각관방장관(이케다 내각), 외상(이케다 내각, 다나카 내각), 통산상(사토 내각), 대장상(다나카 내각, 미키 다케오 내각)을 역임하고 다나카 내각의 외상으로서 중일국교정상화를 추진. 자민당에서는 정무조사회장, 간사장을 맡은 것 외에 이케다파를 계승하여 고치카이宏池会 회장에 취임. 1978년 12월 수상에 취임. 재임 중이던 1980년 6월 급서.

밝고 활동적인 다나카와는 대조적으로 제3자가 보기엔 종잡을 수 없어 '둔우'(鈍牛 : 둔한 소-역자주)로 불릴 정도로 수수한 성격의 오히라였지만 사려 깊고 경건한 기독교신자, 과묵한 독서가, 문장가로도 알려진다.

대장성 출신인 오히라도 전쟁 전에 중국 땅을 밟았다. 다나카가 병사 신분으로 만주국을 경험한 데 비해 오히라는 1년 반 정도 내몽고 장쟈커우에 위치한 흥아원 연락부에서 근무했다. 흥아원이란 중일전쟁 하에서 중국 점령지를 통치하는 기관으로 베이징, 상하이, 장쟈커우, 아모이에 연락부를 설치하고 있었다.

그 장쟈커우에 대장성이 사람을 파견하게 되었는데 오히라가 특별히 뽑히게 되었다. 오노 류타 대장성 차관은 오히라를 불러 다음과 같이 현혹시켰다.

"거기에 가면 음 필경 자네는 대장상과 같은 지위를 갖게 될 걸세. 자신이 재량권을 갖고 백지에 그림을 그리는 것처럼 재정이나 경제에 관한 일을 할 수도 있을 것이네."

신혼 2년차였으나 오히라는 혼자 가기로 결심했다. 오히라가 가슴 설레이며 부임한 장쟈커우는 "정말로 그 동안 들은 것과는 완전히 딴판이었다." 전갈이 출몰하는 광활한 대지, 그리고 일본 육군의 냉대가 오히라를 기다리고 있었다.

> 장쟈커우라는 마을은 나무가 전혀 없는 이른바 '흙의 마을'이었다.
> (중략) 현지 행정에 압도적인 실권을 쥔 것은 뭐니뭐니 해도 군사령부
> 였고, 젊은 위관이나 영관급 참모들이 그 권력을 과시하고 있었다.[14]

다나카와 마찬가지로 오히라의 경우도 전쟁 전 중국 체험은 고통스러운 기억밖에 없었다. 오히라는 이케다 대장상 비서관 등을 거쳐 1952년에 중의원 의원에 처음으로 당선된다.

그렇다면 정치가로서의 오히라는 어떠한가? 달변가로 시원시원한 성격이며 잰 걸음으로 돌아다니는 다나카에 비해 오히라는 그 후 수상이 된 뒤에도 "아-우- 재상"이란 야유를 받을 정도로 연설에 서툴렀다. 그러나 모든 사람들이 인정하 듯이 활자로 읽으면 오히라의 변설弁舌은 그 누구보다도 논리정연하여 그에 대한 평가가 높아진다.

---

14 大平正芳, 『私の履歴書』(日本経済新聞社, 1978年), pp.46-48.

비범한 연설로 청중을 들썩이게 하는 다나카에 비해 오히라는 투철한 철학으로 지식인 인상을 갖게 한다. 그렇다면 이 두 사람은 언제 만났을까?

다나카의 오히라 인물평, '만만치 않은 사람'

첫 당선 직후 다나카는 아직 대장성 관료였던 오히라와 우연히 만났다.

> 나는 오히라와는 (이케다 대장상의) 비서관이 되기 전부터 알고 있었다. 그건 오히라가, 내가 우시고메미나미쵸 5번지에 살고 있을 때, 그도 우리 집 근처에 살고 있었기 때문이다. 당시 오히라는 경제안정본부 공공사업과장을 맡고 있었다. 그건 점령군의 창구였다.
> 나는 (쇼와) 22년(1947년-역자주) 의원이 되었을 때부터 곧바로 법률을 담당했기 때문이다. (중략) 오히라와는, 따라서 업무상으로도 관계가 있었던 셈이지.

중의원 의원이 된 오히라에 대해 다나카는 "술 마실 때 흐리터분한 구석이 있는 이케다에 비해 오히라라는 인간은 치밀하다. 지나치게 치밀하다고 할 정도로 치밀하다"고 평한다. 진지하고 수수한 오히라이기에 말주변은 어눌하다. 다나카는 오히라가 하는 연설에 대해 안타깝게 생각하고 있었다.

> 그가 하는 연설은 정말로 졸렸고, 마치 샤미센을 켜지 않은 채 노래를 부르는 것 같았죠. 에- 라든가 우- 라든가. 하여튼 간에 남녀가 다정다감하게 나누는 얘기 같은 건 기대할 수 없지요 (웃음). 하지만 이를 문장으로 기록하면 확실히 수미일관된 부분이 있어서 그대로 옮겨 실어도 무방할 정도였지요. 그런 사람은 또 없을 겁니다.

어느 날 다나카가 "문장으로 하면 자네 쪽이 센텐스가 정확하고 틀림이 없지만 연설하는 것을 듣고 있으면 자네는 너무 졸린게 문제야"라고 오히라에게 말했다.

오히라는 "어쩐지 자네 말이 설득력이 있네"라고 인정하며 "그래서 모두 자네에게 속는 것이겠지"라면서 쓴 웃음을 지었다. 그러자 다나카가 "그건 짬이 있기 때문이야, 내 연설엔"이라며 연설하는 요령을 가르쳐 주었다.

어느덧 두 사람은 파벌을 넘어 서로 둘도 없는 친구가 되었다. 다나카는 다음과 같이 술회한다.

> 오히라는 여러가지 의미에서 친구로서는 얻기 힘든 사람이었습니다. 도움을 주기도 하고 도움을 받기도 했습니다. 그는 힘들거나 할 땐 늘 나한테 전화를 걸곤 했습니다. 편지도 써주었고 말이죠.

다나카는 자신보다는 오히라가 '만만치 않았다'고도 말한다. "오히라는 문인이었다. 게다가 마에오〔시게사부로〕보다도 고된 인생을 겪었기 때문에 만만치가 않다. 나 같은 사람은 어림도 없다." 다나카는 오히라에게 말했다.

오하라 마시요시

니가타현 사람이 만만치 않다는 것은 눈이 많이 내리기 때문에 맨발로 눈 위를 걷지 않으면 안 되네. 그 정도의 얘기야. 하지만 자네는 시코쿠순례길에 깔려있는 디딤돌과 비슷해. 천 년 동안이나 선남선녀들이 밟아서 다져온 길이니 자네가 나 보다 더 만만치 않아.

오히라가 세상을 떠난 뒤 다나카는 "오히라는 나를 십분 활용했지"라고도 말했다.[15]

---

15 田中角栄,「わが戦後秘史」,『現代』(1994年2月号), pp.28-46.

"이 사람은 장차 총리가 될 것"

한 사람은 건설업, 또 한 사람은 대장성 관료 출신으로 성격도 정반대인 두 사람이 가까워진 계기는 무엇일까?

　대장성 관료로서 오랫동안 오히라 비서관을 지냈고 오히라의 장녀 요시코와 결혼한 모리타 하지메. 그에 의하면 다나카와 오히라의 만남은 역시 1947년 다나카가 처음 당선된 이후라고 한다. 그무렵 오히라는 경제안정본부 공공사업과장이었는데, 그 후 중의원 의원에 입후보한다. 오히라의 선거를 도운 것이 다나카였다.

　모리타는 다음과 같이 말한다. "오히라가 1952년 선거에 출마했을 때 다나카 가쿠에이가 응원차 왔습니다. 그 때였다고 생각합니다만, 두 사람은 서로 '이 사람이 장차 총리가 될 것'이란 점을 알아보았습니다." 다나카와 오히라는 서로 "이 사람은 총리가 될 것이다. 이 사람과 친해 놓으면 나중에 이득을 볼 것"이란 생각이 들었다.[16]

　오히라는 다나카 보다 8년 연상이었지만 의원으로서는 2기 5년 후배였다. '에쓰잔카이'(越山会 : 다나카를 후원하는 정치단체로 주된 회원은 건설업자. 공공사업과 선거를 거래하는 자민당정치의 전형을 보여주는 사례이기도 함-역자주)의 여왕'으로 불린 다나카의 비서 사토 아키코에 따르면 정치신인 오히라는 다나카를 '형님'이라 불렀다고 한다. 오히라가 '형님 계신가?'라며 중의원 의원회관 210호실의 다나카 집무실에

16　森田一,『心の一燈　回想の大平正芳』, p.39.

들러 두 사람은 종종 스키야키를 먹으러 나가곤 했다.

다나카와 오히라 두 사람 모두 스키야키를 좋아한 터라 뭔가 먹으러 갈라 치면 항상 스키야키로 정해져 있었다. "단 것을 좋아하는 오히라는 설탕을 듬뿍 넣었고, 매운 것을 좋아한 다나카는 간장을 많이 넣었다. 두 사람이 설탕과 간장을 너무 많이 넣어 음식을 못 먹게 된 적도 있었다."

다나카는 주변 사람에게 이렇게 말했다.

> "오히라는 시코쿠 사누키 출신인데 전국시대부터 본토의 군화에 짓밟혀 살아 온 그 현민성縣民性인 씩씩함이 있었다. 시코쿠의 돌과 같은 구석 말이야."

다나카는 오히라를 진심으로 신뢰하고 있었다. 매스컴에서는 "오히라는 대부(다나카)만큼 사람이 좋지는 않아. 언젠가는 배반할 때가 반드시 올 것이야"라며 험담하는 사람도 있었다. 하지만 다나카는 전혀 개의치 않았다.

> "그리 된다면 그건 내가 사람을 보는 눈이 없었다는 것이지. 나는 어디까지나 오히라를 맹우라고 믿고 있어."[17]

---

17 佐藤昭子, 『田中角栄』(経済界, 2005年), pp.134-136.

이케다 내각 하의 '오카쿠大角 콤비'

이 두 사람이 정국을 움직이기 시작한 것은 기시 노부스케 내각 무렵부터였다. 다나카가 기시 내각 우정상(정보통신부 장관-역자주)으로 처음으로 입각하자 오히라는 기시 내각에 이은 이케다 내각의 관방장관, 그리고 더 나아가 외상에 취임했다.

이케다 내각 당시 자민당 정무조사회장을 맡은 다나카는 사토 에이사쿠의 지시에 따라 오히라와 긴밀히 연락을 주고받게 된다. 하타 쓰토무 전 수상은 "이것이 그 후 다나카-오히라 간 맹우관계로 발전해 간 전환점이었다"고 지적한다.[18]

다나카가 내정에 전념한 것에 비해 오히라는 외교에도 눈을 돌렸다. 일찍이 오히라는 첫 선거 출마를 앞두고 장기간 미국 여행을 다녀왔으며, 이케다 내각에서 관방장관을 역임하는 과정에도 외교적 식견을 넓히고 있었다. 모리타는 다음처럼 회고한다.

오히라가 외교를 가장 피부로 느끼게 된 계기는 관방장관이 되었을 때부터입니다. 다케우치 류지 외무차관이 매주 한 번씩 한두 시간 정도 국제문제를 가르쳐주었기 때문입니다. 그 무렵 그는 이미 확실히 관방장관을 그만둔 다음에 외상이 될 생각을 하고 있었던 것으로 생각됩니다.

---

18 羽田孜, 『小說 田中学校』(光文社, 1996年), pp.58-59.

외상 지위를 원하던 오히라는 1962년 7월 이케다 내각의 개조에 즈음하여 행동에 나섰다. 그는 사위인 모리타와 함께 메지로에 위치한 다나카 저택으로 향했다. 각료직 인사를 얻기 위한 물밑작업과 다름 없었다. 게다가 오히라는 모리타에게 과자 박스 안에 500만 엔을 채우도록 지시했다. 오히라와 모리타는 다른 정치인이나 신문기자의 눈에 띠지 않도록 "담장을 넘어 집안으로 들어갔다."

다나카가 모습을 드러내자 오히라는 "자네, 조금 놀랄지는 모르지만, 대장상을 맡아주게"라며 다가섰다. 다나카를 재무상에 앉히고 자신은 외상이 되려는 게 오히라의 속셈이었다.

이 당시 다나카는 정조회장을 맡은 지 일년 정도밖에 되지 않은 상태로 재임할 수도 있었다. 실제로 마에오 시게사부로와 아카기 무네노리는 각각 간사장과 총무회장 직에 머물렀다. 다나카는 재무상 직을 원치 않았지만 오히라의 구상을 받아들여 필사적으로 공부하기 시작했다.

다나카가 500만 엔이 들어있는 과자 박스를 받은 것은 물론이다. 모리타는 그 모습을 보고 "그까짓 500만 엔은 다나카 상으로선 새 발의 피 같은 돈인데 말이죠," "500만 엔이란 것은 결국 그러한 구상에 자네도 찬성해주게 라고 하는 일종의 의례금과 같은 느낌이었습니다" 라고 증언한다.

그러자 이케다 수상이 오히라를 수상관저로 불러 "내각조직 명부를 만들어 주게"라고 부탁했다. 오히라는 "대장상 다나카 가쿠에이"라고 적어 이케다 수상에게 건네주었는데 다소곳하게도 본인이 원하는 외상 자리만큼은 공란으로 비워두었다.

오히라의 내각조직안을 받은 이케다 수상은 "자네 이름은 아무데도 없지 않은가… 아, 여긴가"라고 중얼거리며 외상 자리에 "오히라 마사요시"라고 써넣었다. 다나카 대장상, 오히라 외상의 탄생이었다.[19] 오히라와 다나카 '오카쿠 콤비'가 이케다 내각을 견인하기 시작했다.[20]

같은 해 11월 30일에는 워싱턴에서 제2회 미일무역경제합동위원회가 개최되어 다나카 대장상과 오히라 외상이 함께 미국을 방문했다.

기내에서 다나카는 "어이 오히라"라고 부르면서 창 밖에 펼쳐진 광대한 미대륙을 유심히 내려다보았다. 다나카가 "우린 이렇게 큰 나라와 잘도 전쟁을 치루었군"이라고 말하자 오히라는 웃음을 머금으며 고개를 끄덕였다. 오히라의 장녀 요시코는 "아버지의 입장에서 다나카는 일 이외의 이야기도 나누면서 함께 웃을 수 있는 진정한 파트너였습니다" 라고 말한다.[21]

오히라는 다나카처럼 파벌 역학을 좋아하지는 않았지만 "오히라는 파벌에 대해 긍정적이라고나 할까, 비교적 플러스와 마이너

---

19 森田一, 『心の一燈 回想の大平正芳』, pp.51-54. 다나카의 회상이 이와 다른 점에 대해서는 다음 참조. 田中角栄, 『大臣日記』(新潟日報事業社, 1972年), pp.10-12.

20 羽田孜, 『小説 田中学校』, p.60.

21 『日本経済新聞』(2010年4月8日/夕刊).

스를 공평하게 보려고 하는 느낌"이었다.[22] 오히라는 파벌을 악으로 규정하지 않았으며, 오히려 정책을 실현하기 위해서는 파벌의 뒷받침이 필요했다. 1978년 오히라는 후쿠다 다케오 수상에게 도전하여 자민당 총재선거에서 승리했는데, 이는 다나카의 지원이 없었다면 불가능에 가까운 것이었다.

중일국교정상화에 이르기까지 중국을 여러 차례 방문했고 오히라의 조언자이기도 했던 자민당 내 친중파 후루이 요시미 중의원 의원은 다음처럼 말한다.

> 다나카란 사람은 내정에 대해서는 풍부한 경험을 갖고 있습니다만 외교에는 분명히 약했습니다. 그래서 스스로 생각해보라거나 스스로 판단해보라고 말해 봤자 될 성싶지 않다고 나는 생각했습니다. 〔중략〕 다나카 신임 총리는 모든 일은 오히라 자네가 생각해 주게 라는 식이었던 셈이죠. 그런 점은 다나카의 훌륭한 점이었습니다. 알지도 못하는 주제에 이래라저래라 간섭하려 하지 않고 오히라 자네가 판단하게 라는 식이죠. 그래서 오히라가 모든 책임을 지게 된 것이죠.[23]

22　森田一, 『心の一燈 回想の大平正芳』, p.139.

23　時事通信社政治部編, 『日中復交』(時事通信社, 1972年), pp.62-63. 다음도 참조. 古井喜実, 「日中国交正常化の秘話」, 『中央公論』(1972年12月号), pp.145-146 ; 同, 『日中18年 : 一政治家の軌跡と展望』(牧野出版, 1978年) ; 同, 『山陰生れ : 一政治家の人生 』(牧野出版, 1979年) ; 古井喜実・井出一太郎・田林政吉編, 「訪中所見」(1959年12月) 松尾

다나카와 오히라는 좋은 대조를 이루었던 만큼 서로를 필요로 했다. 다나카는 천하를 얻게되는 날 오히라를 외상으로 앉히려고 작정하고 있었다.

중국의 유엔 가입 이후를 대비

다나카나 오히라는 중일관계를 타개하기 위해 의욕을 보이는데, 요시다 내각에서 사토 내각에 이르기까지 일본은 중국이 아닌 대만을 승인하고 있었다.

1952년 일화평화조약으로 대만과 국교를 수립한 일본이지만 대만 승인은 정치적으로는 대륙을 포함하지 않는 '제한 승인'이라고도 불렸다. 그러나 중국과 대만이 모두 중국 전역의 유일한 합법정부라고 주장하는 이상 '제한 승인'이라는 것은 국제법적으론 있을 수 없는 일이었다.

일화평화조약에 대한 일본 측의 설명은 일관되지 못했으며, 중

尊兌編,『古井喜實遺文集 : 一政治家の直言』(日中友好会館, 1997年), pp.180-239 ; 居安正,『ある保守政治家 : 古井喜實の軌跡』(御茶の水書房, 1987年) ; 鹿雪瑩,「古井喜実と1968年の日中LT貿易交渉」,『史林』第91卷第5号(2008年), pp.99-131 ; 同,「古井喜実と1970年の日中MT貿易交渉」,『20世紀研究』第9号(2008年), pp.51-72 ; 同,「古井喜実と日中国交正常化 : LT・MT貿易の延長線から見る日中国交正常」,『史林 』第93卷第2号(2010年), pp.310-345.

국과 대만은 그러한 점에 대해 비난했다. 그렇다고는 하더라도 일본을 일방적으로 비판하는 것은 타당하지 않다. 근본적인 원인은 중국과 대만이 모두 자신이 중국 전체를 통치하는 유일한 합법정부라고 주장하는데 있다. 대만이 중국 전체를 통치한다고 주장한 것은 허구이며, 다른 한편으로 중국이 대만을 실효 지배하고 있지 않는 점도 분명한 사실이었다. 중국과 대만이 '하나의 중국'을 주장하는 한 일본은 어려운 판단을 강요당할 수밖에 없었다.

미국이 대만을 선택하도록 일본에 압력을 가한 점에 더하여 한국전쟁 당시 유엔은 중국을 '침략국'으로 규정하고 있었다. 그와 같은 국제정세가 중국과의 국교수립을 곤란케 했다.

다나카와 오히라 가운데 대중관계의 측면에서 먼저 책임 있는 지위를 맡은 것은 오히라였다. 앞서 말한 바와 같이 오히라는 이케다 개조내각에서 외상을 역임했다. 1964년 1월에는 드골이 이끄는 프랑스가 중국 승인을 발표했고, 대만은 2월10일 프랑스와의 국교를 단절한다.

오히라 외상은 2월 12일 중의원 외무위원회에서 호즈미 시치로 사회당 의원의 질문에 대해 다음과 같이 논했다.

> 유엔에서 중공 정부가 유엔에 가입된다. 세계가 축복하는 가운데 그러한 일이 일어난다면 우리나라(일본-역자주)도 당연히 중대한 결심을 하지 않으면 안 된다는 점은, 이는 당연한 이치라고 나는 생각합니다.

'세계가 축복하는' 가운데 중국이 유엔에 가입한다고 하면 일본
도 중국과의 국교정상화를 검토해야 한다는 것이다.

　또 다시 호즈미가 중국의 유엔에서의 대표권 획득을 반대하지
는 않을 것인가 라며 집요하게 따지자 오히라는 다음과 같이 일축
했다.

　　　일본정부에 대해 매우 무례한 질문이라고 생각합니다만, 일본정
　　　부는 유엔헌장의 정신에 기초하여 공정하게 유엔 활동을 전개해 나
　　　가고 있습니다.[24]

　이 답변에서 오히라가 대륙과 대만에 의한 '두 개의 중국'이라는
사고방식에 부정적인 견해를 갖고 있는 점은 주목할 만하다. 오히
라의 입장에서 보면 "앞으로 인생을 걸고 중일국교정상화를 추진
해 나갈 것입니다"라는 메시지였다.[25]

---

24 「第46回国会衆議院外務委員会議録」第2号(1964年2月12日), pp.4-5.

25 森田一, 『心の一燈 回想の大平正芳』, pp.66-67, p.97.

오히라 통산상과 사토 수상

이케다 내각이 도쿄올림픽으로 퇴진의 마지막 무대를 장식한 뒤 1964년 11월 사토 에이사쿠 내각이 출범한다. 다나카는 오히라와 연락을 취하며 이케다에 이어 사토를 차기 총리로 옹립하는 운동을 전개했다.[26] 사토 정권은 1972년 7월까지 이어지는 역대 최장기 내각이 되었다.

이케다 내각 후반기에 자민당의 필두 부간사장이 된 오히라는 사토파가 아니었음에도 불구하고 사토 내각을 탄생시키기 위해 진력을 다했다. 오히라의 측근 모리타는 다음처럼 말한다.

> 오히라의 입장에서 보자면 이케다의 뒤를 잇는 적임자는 사토 밖에 없다는 생각이었습니다. 이케다 상이 병을 앓고 있는 동안 오히라 부간사장은 매일 병문안을 다녔습니다. 거기서 면회를 온 사람들의 명부를 살펴보고 이들이 이러저러한 조언을 하고 있을 지도 모른다는 생각이 들자 오히라는 매일 이케다와 잡담을 나누면서 그러한 조언들을 수정하여 이케다의 머리 속에 사토 에이사쿠를 각인시키려고 노력했습니다.

오히라는 이케다의 후계자 지명에 즈음하여 사토를 이케다에

---

26 羽田孜, 『小説 田中学校』, pp.61.

게 추천한 것이다. 사토는 자신과 마찬가지로 요시다에서 이어지는 보수본류에 속했다. 그런데 모리타에 따르면 사토는 수상에 취임한 뒤에 오히라를 멀리했다고 한다.

> 사토 상의 입장에서 보면 오히라를 싫어한 이유는 다음 두 가지였다고 생각합니다. 하나는 후쿠다 다케오와 다나카 가쿠에이는 본인(사토) 마음대로 다룰 수 있다는 것. 하지만 오히라는 만만치 않은 놈이라 다루기는 좀 쉽지 않다고. 다른 하나는 마에오와 오히라를 갈라놓으면 고치카이(宏池会 : 이케다의 개인후원회 조직으로 이후 이케다파의 대명사로 일컬어지게 됨-역자주)의 힘이 약해질 것이다. 따라서 이들을 갈라놓자는 것. 그리고 다나카 가쿠에이와 오히라가 서로 가까워지지 않도록 하는 것.

사토는 맹우인 다나카와 오히라가 결탁하는 것을 두려워했고, 따라서 이 둘을 갈라놓으려고 한 것이다.[27] 사토 내각에서 대장상에 유임된 다나카는 자민당 간사장이나 통산상과 같은 주요 포스트에도 기용되었다. 출발이 늦은 오히라도 자민당 정조회장이나 통산상을 역임했고 마에오에 이어 고치카이 회장에 취임한다.

그 무렵의 중일관계는 얼어붙은 상태였다. 문화대혁명이란 이름의 권력투쟁으로 날을 지새던 중국이 사토 내각에 대해 '중국 적

---

27 森田一, 『心の一燈 回想の大平正芳』, pp.78-79.

대시 정책'을 펼치고 있다고 비난했기 때문이다. 대중관계에 진전이 없는 가운데 사토는 오키나와 반환을 최대의 외교적 과제로 내걸었고, 1969년 11월에는 미국을 방문하여 닉슨 대통령과 공동성명을 발표한다.

닉슨·사토 공동성명은 "총리대신은, 대만 지역의 평화와 안전 유지도 일본의 안전에 극히 중요한 요소라고 말했다"는 내용을 담았다.[28] 이는 대만을 미일안보조약의 대상으로 한다는 조항으로 중국은 이에 격렬히 반발했다. 사토 내각에 실망한 중국은 중일국교정상화를 차기 정권으로 미루었는데, 특히 다나카에게 많은 기대를 걸게 되었다.

미일 양국 사이엔 오키나와 반환 전망이 보이기 시작했지만, 섬유무역에 관한 마찰은 격화되었다. 오키나와 반환에 즈음하여 사토 수상이 미국과 오키나와 반환과 섬유마찰을 거래했다는 소문이 떠돌았다. 당시 통산상이었던 오히라는 섬유문제를 해결해야 하는 입장이었다. 만약 미국과 거래가 있었다고 한다면 오히라가 가장 먼저 알아야 했다.

그러나 오히라가 "무슨 일이 있었습니까?"라고 물어도 사토는 그런 거래 같은 것은 "전혀 없었다"고 부정했다. 오히라를 경계하던 사토는 사실을 밝히지 않으면서 어디까지나 거리를 두고자 한

---

28 細谷千博·有賀貞·石井修·佐々木卓也編, 『日米関係資料集 1945-97』(東京大学出版会, 1999年), p.786.

것이다. 이런 상황이라면 오히라로서도 전혀 손을 쓸 수가 없다. '기다리는 정치', '인사人事의 사토'로 불린 사토의 수법은 오히라의 눈으로 보면 무정無情한 것으로 비춰졌다.

오히라가 보면 "그토록 사토를 총리로 만들려고 노력했는데"라는 생각이 있었다. 그러나 대국적인 관점에 뛰어난 오히라는 섬유마찰을 해결하지 못한 채 통산상을 물러났다. 후임 미야자와 기이치 역시 섬유교섭을 진전시킬 수 없었다.[29]

다나카 통산상과 사토 수상

1971년 7월 5일 사토 수상은 간사장을 맡고 있던 다나카를 통산상에 임명했다. 게다가 사토는 다나카에겐 미국과의 거래 문제의 진상을 알려주었다. 다시 말하면 사토 수상은 오히라 보다는 자신의 파벌에 소속되어 있던 다나카를 더욱 신뢰한 것이다.[30]

---

29 森田一,『心の一燈 回想の大平正芳』, pp.88-89；佐藤榮作/伊藤隆監修,『佐藤榮作日記』第3卷(朝日新聞社, 1998年), p.355, p.389, p.395, p.432, p.515, pp.527-528, p.533；第4卷(1997年), p.113, pp.315-316；第5卷(1997年), p.160, p.164. 섬유마찰에 대해서는 다음도 참조. 石井修,「第二次日米繊維紛争(1969年-1971年)：迷走の1000日(1)(2)」『一橋法学』第8卷第2号、第9卷第1号(2009-2010年), pp.3-33, pp.1-46.

30 森田一,『心の一燈 回想の大平正芳』, p.89；佐藤榮作,『佐藤榮作日記』第4卷, pp.368-370, p.423, pp.425-427, p.429, pp.432-433, p.440, pp.442-445.

그러자 다나카는 대미 수출을 자주규제로 함과 동시에 섬유업계에 구제자금을 투입하는 방식으로 문제를 한꺼번에 해결했다. 통산상 비서관으로 후에 통산성 차관이 된 고나가 게이치의 증언을 바탕으로 당시 상황을 재현해 보겠다.

고나가에 따르면 다나카는 9월에 미국을 방문하여 코널리John Bowden Connally 재무장관과 회담을 갖고 "통산성 사무당국이 시킨 대로 '피해 없는 곳에 규제도 없다'는 사고방식으로 큰 논진을 펼쳤다." "통산성 사무당국자들은 이젠 완전히 존경하는 눈으로 통산상을 바라보게 되었습니다. 이는 결과적으로 보면 다나카 상의 능수능란한 인심장악술의 첫번째 발걸음이었던 셈이죠."

코널리 재무장관도 양보하지 않았으므로 다나카의 미국 측과의 회담은 성과 없이 종료되었다. 귀국한 뒤 다나카는 모로즈미 요시히코 통산성 차관 등에게 물었다.

> "나는 자네들이 시키는 대로 하고 왔네. 그런데 일은 전혀 해결되지 않는군. 그러니 이 문제를 해결하려면 뭔가 좀 더 새로운 방식을 취해야 할 것으로 보네."

통산성 간부들도 "피해 없는 곳에 규제도 없다"는 주장만으로는 해결하기 힘들다는 점은 알고 있었다.

거기서 떠오른 것이 대미 수출을 자주규제하면서 국내에서 구제조치를 강구하는 방안이었다. 그 예산은 2,000억 엔으로 부풀어

오른다. "통산성 사무당국도 적잖이 겁내면서 조심스럽게 이 마지막 방안을 제기했습니다만 다나카 상은 이미 그 방안을 덥석 물었던 것입니다."

다나카는 몸을 앞으로 쑥 내밀며 "이것의 문제점은 무엇인가? 이 안의 문제점은 무엇인가?"라고 물었다.

통산성 간부는 "문제는 단 하나 예산을 확보할 수 있느냐 하는 것입니다. 통산성 전체 예산이 5,000억 엔인데 그 중에서 2,000억 엔을 섬유산업에만 돌리는 것은 사실상 불가능합니다"라며 비관적이었다.

다나카가 "문제는 그것뿐인가"하고 다그치자 간부는 "그것만 해결되면 문제는 없습니다"라고 대답했다. 그러자 다나카는 "그렇다면 그 문제는 내게 맡겨주게"라고 즉답했다.

사무당국자들을 면전에 두고 다나카가 사토 수상과 미즈타 미키오 대장상에게 전화를 걸었다.

"미일 섬유교섭을 해결하려면 이 방법밖에 없다. 그러려면 2,000억 엔이 필요하다. 국가예산 전체에서 보면 그다지 큰 돈은 아니다."

다나카의 박력에 밀린 사토 수상은 하는 수 없이 이를 수락했다. 미즈타 대장상도 "총리가 그렇게 말씀 하신다면"이라면서 인정하지 않을 수 없었다. 여기부터가 꼼꼼한 연기가 필요한 부분으로 미즈타와 전화를 마친 다나카는 바스락거리며 자신의 명함에 "2000억 엔 모쪼록 잘 부탁하네"라고 써서 고나가 비서관을 시켜 대장성 주계관에게 보냈다.

고나가에 따르면 "정치적 결착을 꾀하면서 사무당국자들 사이의 관계에 대한 배려도 잊지 않았다. 사무당국자들 사이에서도 다나카가 그렇게까지 세심하게 배려해 준 덕분에 그다지 크게 말다툼을 하지 않으면서 일을 진행시킬 수 있었다."[31]

다나카 추도문집에서 고나가는 "정치적 결단에서 최종 결착까지 약 오십일 동안 그 처리방식은 마치 전광석화 같았다"고 적고 있다.[32] 민완가로서의 다나카의 면목을 생생하게 볼 수 있는 대목이다.

게다가 다나카는 사회당, 공명당, 민사당의 서기장을 호텔로 불러 물밑작업을 벌여 "어제까지 서기장·간사장으로 잘 지내왔지 않은가"라며 설득했다. 사회당 서기장이었던 이시바시 마사시는 "가쿠에이가 초래한 폐해도 적지 않았으나 적어도 함께 일하면서 배신당한 적이 없었던 것도 사실이다"라고 쓰고 있다.[33]

눈에 띄게 두각을 나타낸 다나카는 후쿠다와 함께 차기 수상 유력후보로 급부상했다. 그런 와중에 사토 정권을 뒤흔든 것이 이른바 닉슨 쇼크이다. 그것은 악몽과도 다름 없었으나 다나카 내각의

---

31 고나가 게이치 인터뷰(2010년 6월 11일). 다음도 참조. 小長啓一, 「日本列島改造論とりまとめと田中内閣の軌跡」総合研究開発機構, 『戦後国土政策の検証』下巻(総合研究開発機構, 1996年), pp.173-175.

32 小長啓一, 「日米繊維交渉：電光石火の裁」田中角栄記念館編, 『私の中の田中角栄』, p.91.

33 石橋政嗣, 『石橋政嗣回想録：「55年体制」内側からの証言』(回畑書店, 1999年), pp.96-97.

탄생, 더 나아가 중일국교정상화의 서곡이기도 했다.

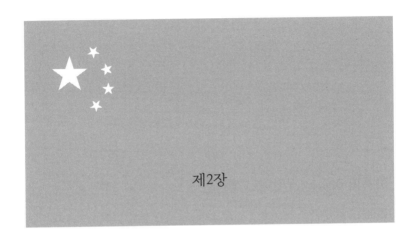

제2장

닉슨 쇼크 : 사토 정권 이후

"어차피 미국은 제멋대로 행동한다"

1971년 7월 15일 야심한 밤이었다. 주미 일본대사관 일등서기관 무라타 료헤이의 자택 전화벨이 울렸다. 백악관에서 걸려온 것이었다. 이후 외무차관까지 오르는 무라타는 부재 중이었는데 한시가 급했던 백악관 담당관은 조심성 없이 "닉슨 대통령 베이징 방문 건이다"라며 무라타의 아내에게 비밀을 누설해 버렸다.

로저스William P. Rogers 국무장관의 지시에 따른 전화였다. 미국은 필사적으로 우시바 노부히코 주미대사를 찾고 있었다.[01]

---

01 村田良平, 『村田良平回想録: 戦いに敗れし国に仕えて』上巻(ミネルヴァ書房, 2008年), pp.219-220. 미중접근에 대해서는 다음을 참조. 増田弘編著, 『ニクソン訪中と冷戦構造の変容：米中接近の衝撃と周辺諸国』(慶應義塾大学出版会, 2006年); 菅英輝, 「米中和解と日米関係：ニクソン政権の東アジア秩序再編イニシアティブ」菅英輝編著, 『冷戦史の再検討：変容する秩序と冷戦の終焉』(法政大学出版局, 2010年), pp.301-332; 佐橋亮, 「米中和解プロセスの開始と台湾問題：アメリカによる信頼性と安定の均

리처드 닉슨 미 대통령의 중화인민공화국 방문 (1972년 2월 21일)

오후 10시쯤 지나서 비로소 우시바 대사가 전화를 받자 로저스
는 서둘러 다음처럼 말했다.

키신저Henry A. Kissinger 보좌관이 7월 9일부터 11일까지 베이징
을 방문, 저우언라이 총리와 회담을 갖고 저우언라이 총리의 초청에
응하여 닉슨 대통령이 내년 5월 이전의 적당한 시기에 베이징을 방
문할 예정이다. 〔중략〕 오늘 오후 10시 30분에 닉슨 대통령이 TV 방
송을 통해 발표할 예정인데 미리 연락을 주는 것이다.

衡の追求」, 『日本台湾学会報』 第12号(2010年), pp.173-179.

경천동지할 만한 연락을 받은 우시바 대사는 곧바로 도쿄에 있는 야스카와 다케시 외무심의관에게 전화를 걸었다. 도쿄가 연락을 받은 지 30분 만에 닉슨 대통령은 전격적으로 중국방문을 발표한다.[02]

사토 수상은 당시의 일을 일기에 다음처럼 적었다. "상세한 내용은 모르지만 베트남전쟁을 하루빨리 종결시키는 점에 주안점이 놓여 있는가? (중략) 어찌됐든 간에 중공의 태도도 유연해졌다는 증거인가?" 닉슨의 중국 방문으로 허를 찔렸을 뿐 아니라 중국이 미국을 받아들인 점 또한 예상 밖이었다. 사토 수상에겐 이중의 충격이었다.[03]

7월 17일의 국회 소신표명연설을 앞두고 있던 사토 수상은 연설 원고의 일부분을 고쳐 썼다. 사토 수상이나 외무성이 얼마나 경악을 금치 못했는지는 상상하고도 남는다. 미국이 일본과는 일체의 협의도 하지 않은 채 닉슨 방중을 결정하고, 게다가 닉슨 방중 발표 직전에 통보한 것은 외무성으로선 최대의 오점으로 남는다.

닉슨 쇼크는 일본에게 깊은 그림자를 드리웠다. 무라타는 다음

---

02 1971년 7월 15일, 우시바 노부히코 대사가 후쿠다 다케오 외상에게 보낸 전보(정보공개법에 따른 외무성공개 문서, 02-1234-1, 外務省外交史料館所藏). 다음도 함께 참조. 政策研究大学院大学C·O·Eオーラル・政策研究プロジェクト, 「股野景親(元駐スウェーデン大使)オーラルヒストリー」(政策研究大学院大学, 2000年), pp.219-221 ; 石井修,「ニクソンの『チャイナ・イニシアティヴ』」,『一橋法学』第8巻第3号(2009年), pp. 53-87.

03 佐藤榮作,『佐藤榮作日記』第4巻, p. 377.

처럼 회상한다.

닉슨 방중 통보가 늦어진 점에 대해 일본 측(특히 자민당, 외무성)
의 일부는 중국문제와 대만문제에 대해 미국과 충분히 협의할 필요
는 없다, 어차피 미국은 제멋대로 행동한다는 인상을 심어주었다.
다나카 가쿠에이 수상도 그런 인상을 가진 사람 가운데 한 명일 것
이다. 일본 국내에서 대중 국교정상화의 목소리가 커지자 좀더 냉
정하게 대응해야 한다거나 대만 일을 조금은 고려해야 한다는 등의
정론은 위축되어 버렸다. 그런 의미에서 불행한 쇼크였다.[04]

일본에 대한 통보는 왜 방중 발표 직전에 이루어졌는가? 우시
바는 다음처럼 말한다.

닉슨씨는 차치하더라도 닉슨 주변의 사람들 가운데 일본의 입장
을 고려하여 무언가 조치를 취해야 한다고 생각한 이는 분명히 단
한 사람도 없었습니다. 그게 왜 그런가 하면 섬유문제로 결국 (미국
측이-역자 삽입) 배신을 당했다는 느낌을 강하게 갖고 있었기 때문이
라고 생각합니다.[05]

---

04 村田良平,『村田良平回想録』上卷, p. 220.
05 다음도 참조. 牛場信彦 / 聞き手・山本正,『牛場信彦 経済外交への証言』(ダイヤモン
ド社, 1984年), p. 77；アーミン・H・マイヤー / 浅尾道子訳,『東京回想』(朝日新聞社,
1968年), pp.100-101.

대중정책의 전환

닉슨의 방중 성명을 보고받은 다나카 통산상은 고나가 게이치 비서관에 말했다. "세상이 바뀌었군"이라고.[06]

한편, 꼼꼼하게 이치를 따지기 좋아하는 오히라는 닉슨 쇼크 직후엔 신중한 자세를 유지하지만 머지않아 중국 승인 방침을 천명하게 된다. 1971년 9월 1일 하코네의 한 호텔이 그 무대였다.

고치카이 의원연수회에서 오히라는 "일본 신세기의 개막 : 물길을 바꾸자"라는 제목의 연설을 행했다.

> 지금 우리나라(일본-역자주)는 전후의 총결산이라고도 할 만한 전환점을 맞이하고 있다. 그 동안 오로지 풍요함을 추구하여 노력해왔지만 손에 넣은 그 풍요함 속에서 반드시 진정한 행복과 보람을 발견할 수 있는 것은 아니다.

당시 아무런 직책을 맡고 있지 않던 오히라는 모두가 주목하던 중국문제에 대해 강한 어조로 말했다.

> 지난 가을 이래 유엔의 대체적인 분위기는 베이징을 중국의 대표권을 가진 주체로 인정하자는 방향으로 급속하게 기울었다. 또한 베

---

06 고나가 게이치 인터뷰(2010년 6월 11일).

이징과 외교관계를 맺는 국가들도 그 후 계속 늘고 있을 뿐 아니라 우리나라의 여론도 그러한 방향으로 크게 움직이고 있다. 나는 정부가 이러한 정세를 올바르게 평가하여 이른바 중국문제에 있어서 결판을 내야 할 시기가 드디어 무르익었다고 판단한다.[07]

베이징과 접촉을 개시할 것을 주장하는 오히라의 연설은 분명 차기 자민당 총재 자리를 의식한 것이었다. 대만을 고집하던 사토 수상에 대한 비판이기도 했다. 〈아사히신문〉은 그 다음날인 2일 "오히라의 '반 사토 선언' 중국 정책 전환을 서둘러야"라는 기사를 1면 톱으로 실었다.[08]

공세로 전환한 오히라를 지원하듯 10월 25일엔 중국의 유엔 가입이 승인되었고 대만은 유엔 탈퇴를 표명했다. 중일국교정상화를 위한 국제환경이 마련되고 있었던 셈이다.[09]

중국과의 관계를 다루는 외무성 아시아국 중국과도 닉슨 쇼크를 심각하게 받아들였다. 하시모토 히로시 중국과장은 "아-, 역시

07 大平正芳回想録刊行会編, 『大平正芳回想録 : 資料編』(大平正芳回想録刊行会, 1982年), pp.206-212 ; 大平正芳回想録刊行会編, 『大平正芳回想録 : 伝記編』(大平正芳回想録刊行会, 1982年), pp.310-313 ; 森田一, 『心の一燈 回想の大平正芳』, pp.92-95도 참조.

08 『朝日新聞』(1971年9月2日), 大平正芳回想録刊行会編, 『大平正芳回想録 : 伝記編』, p.313.

09 柳田邦男, 『日本は燃えているか』(講談社, 1983年), p.260, p.273 ; 東郷文彦, 『日米外交30年』(中公文庫, 1989年), p.192.

그런 식으로 하는군"이라며 불만을 토로했다.[10]

당시 중국과는 26명의 관료들로 이루어진 큰 조직으로 하시모토 과장 아래에 와타나베 고지 수석사무관, 중국어를 전공하는 상급직, 전문직을 중심으로 움직이고 있었다. 상급직은 캐리어(외무고시를 패스한 엘리트 관료를 말함–역자주)라고도 불린다. 와타나베는 중국어 전공이 아닌 점도 있고 해서 미중관계를 담당했다. 중국과에는 과장, 수석사무관 아래에 캐리어가 중심이 되는 총무과가 있었고, 그 외에 전문직이 중심이 된 정무반, 경제반, 대만반 등이 있었다.

중국과장에겐 미국대사관 서기관이 거의 매주 찾아왔다. 일본의 대중정책 동향은 동아시아 정세에 커다란 영향을 미치기 때문에 미국은 큰 관심을 보이고 있었다. 그런 까닭에 미국의 사전통보가 없었던 점은 충격적이었다.[11]

---

10 하시모토 히로시 인터뷰(2008년 11월 1일).
11 와타나베 고지 인터뷰(2009년 4월 18일).

미노베 도지사 방중과 호리서한

닉슨 정권에게 배반당한 사토 내각은 큰 맘을 먹고 대중 접근을 시도하려 한다. 무엇보다 중국을 둘러싸고 사토 내각과 자민당의 입장은 일치하지 않았다. 사토내각에서 외상이었던 후쿠다 다케오는 "사토 체제 하에서는 호리 시게루가 중일문제에서는 적극파, 나는 신중파였다"고 논하고 있다.[12] '적극파'인 호리는 당시 자민당 간사장이었다.

그러한 후쿠다는 "정부는 중일관계 정상화에 대해 열의가 없다"는 야당 및 자민당 비둘기파로부터의 압력에 대해 "오리는 물 위에 머리를 내밀고 가만히 있는 것처럼 보이지만 물밑에서는 격렬하게 발을 동동거리고 있다"며 국회나 기자회견 석상에서 언급하고 있었다. 후쿠다는 물밑 작업을 '오리의 발길질'에 비유한 것이다.[13]

대중 접근의 움직임으로는 자민당 친중파 의원인 가와사키 히데지나 후지야마 아이치로 일중국교회복촉진의원연맹 회장의 제3차 방문도 있었지만 가장 대표적인 것은 호리서한이었다고 할 수 있다.

호리는 저우언라이 앞으로 보내는 서한을 미노베 료키치 도쿄

---

12 福田赳夫, 『回顧90年』(岩波書店, 1995年), p. 205.

13 保利茂, 『戦後政治の覚書』(毎日新聞社, 1975年), pp. 128-129.

도지사에게 맡겼다. 미노베는 1971년 11월 중국을 방문하기로 되어 있었다.[14] 노다 다케시 중의원 의원에 따르면 의부義父 노다 다케오 중의원 의원이 호리로부터 "국교정상화 문제로 여러 가지 상담을 받고 있었다"고 한다.[15]

호리는 저우언라이에게 보낸 서한과 관련하여 다음처럼 적고 있다.

> 나는 예전부터 중국은 하나이며 중화인민공화국이 중국을 대표하는 정부이고 대만은 중국 국민의 영토라는 이해와 인식을 갖고 있었습니다. (중략) 양국 관계를 조속히 정상화할 수 있도록 한층 더 노력하고 상호 협력하여 아시아와 세계의 평화를 확립해 나갈 것을 강력하게 염원하고 있습니다.[16]

하지만 기이하게도 호리서한의 날짜는 중국의 유엔 가입이 결정된 10월 25일로 되어 있었다. 호리서한은 중국에 편향되는 자세를 보였으나 11월 10일 미노베와 베이징에서 회견를 가진 저우언라이는 이를 안중에도 두지 않았다. 저우언라이는 "사토 수상과 같

---

14 호리(保利茂) 서한 작성 경위에 대해서는 다음도 참조. 中嶋嶺雄, 「『保利書簡』の想い出」保利茂伝刊行委員会編『追想保利茂』(保利茂伝刊行委員会, 1985年), pp.347-348; 同, 『「日中友好」と幻想』(PHP新書, 2002年), pp.83-99.

15 노다 다케시 인터뷰(2010년 9월 28일). 保利茂, 『戦後政治の覚書』, p.129도 참조.

16 岸本弘一, 『一誠の道 : 保利茂と戦後政治』(毎日新聞社, 1981年), pp.143-147.

은 사고방식으로는 중일국교정상화는 불가능하다"며 냉대했다.

미노베는 그런 모습을 보고 "저우언라이가 사토를 너무나도 싫어해서 말이지. 너무나 싫어하길래 그런 말도 악의로 받아들이지 않았나 하는 생각이 들었죠"라며 회상했다. "내가 받은 인상은 사토와는 힘들다. 무슨 말을 해도 말이지, 사토 상이 있는 한 성공하긴 힘들다는 느낌을 받았습니다."[17]

저우언라이의 입장에서 보면 사토가 유엔에서 대만의 지위를 지키려고 했던 기억이 생생하게 남아 있었다. 정권이 바뀌지 않는 이상 중일국교정상화는 있을 수 없다고 마음먹고 있었다.

하시모토 리포트

사토내각 이후의 정국을 내다보면서 중일국교정상화에 대해 본격적으로 논의하려고 한 정치인이 있었다.

다나카와 오히라였다. 먼저 다나카의 움직임을 추적해보기로 하자.

외상을 지낸 바 있는 오히라에 비해 다나카는 외교에서는 아마추어였다. 외교에 정통하지 못하다는 점을 자각하고 있던 다나카

---

17 時事通信社政治部編, 『日中復交』, pp.76-78.

는 1971년 여름 무렵부터 중국문제를 다루는 연구회를 만들었다. 연구회라고는 해도 하시모토 중국과장이 찾아와서 강의하는 형식이었다.

하시모토는 1966년 중국과에 배속되어 1968년 1월에는 중국과장 직무대리, 같은 해 4월 중국과장이 되었다. 이례적으로 오랫동안 중국과장을 지낸 하시모토는 메구로의 다나카 저택을 방문하여 여러 차례 중국문제에 관해 조언해 주었다. 하시모토는 다나카와의 관계를 다음처럼 말한다.

> 내가 다나카 상을 처음 만난 것은 다나카 상이 자민당 간사장을 지낼 때였습니다. 〈도쿄타임즈〉의 하야사카〔시게루〕군과 함께 말이죠. 그리고 교도통신에서 근무하던 중 다나카 상이 비서로 채용한 후모토〔구니아키〕군. 이 두 사람이 나를 설득해서 자신들의 보스에게 중국문제에 대해 브리핑해 달라고 부탁했습니다. 다나카 상도 확실하고 명확한 생각을 가져야 할 시기라고 생각하고 있다는 것이었습니다.

하시모토가 처음 만났을 때 당시 다나카는 자민당 간사장이었다는 것이다. 다나카가 간사장을 맡다가 통산상에 취임한 것이 1971년 7월 5일, 닉슨 쇼크가 같은 달 15일이었으니 다나카는 닉슨 쇼크가 발생하기 전부터 중국문제에 대해 관심을 갖고 있었던 셈이다. "그때를 시작으로 여러 차례 다나카를 만나 주로 중국에 관련된 이야기를 했다"고 하시모토는 술회한다.

다나카가 간사장을 지낼 때 자민당 총무회에서 그를 본 하시모토는 그가 걸물傑物이라는 직감이 들었다.

> 자민당 총무회에 불려가 중국문제에 대해 이야기를 해주었으면 좋겠다는 것이었다. 30-40명 있었다. 사람 숫자가 굉장히 많았다. 〔중략〕 그런 곳에 획 하고 바쁜 듯이 다나카가, 다나카 간사장이 들어왔다. 그 순간 따뜻한 봄볕을 쬐고 있는 것 같은 나른한 분위기가 가득한 가운데로 한바탕 바람이 불어 닥치면서 차가운 공기를 실어 나른 듯한 느낌이었다. 한 순간에 공기가 쩽하는 듯한 긴박감이 생겼다. 다나카가 들어오자, 참으로 대단한 사람이란 느낌이 들었다.

하시모토는 1972년 1월, 즉 닉슨 대통령이 중국을 방문하기 한 달 전에 다나카에게 보고서를 제출했다. 이른바 '하시모토 리포트'로 불리는 것이다. 하시모토가 다나카 저택에 다니면서 정리해서 전달한 리포트는 국제정세를 분석하면서 중일국교정상화를 주장하는 내용이었다고 한다.

> 중국과 일본의 국교정상화가 왜 필요한가 하는 얘기부터 시작했다. 그리고 중국과 일본이 국교정상화를 할 경우 대체적인 모양은 이렇게 된다고. 미국은 오랜 기간, 전후 20년 동안 일본에게 베이징 근처에 가지 마라, 대만 쪽만을 보고 있으라고 줄곧 얘기하면서도

자신은 획 하고 키신저 방중, 그리고 닉슨 방중을 해버렸다. 그런 미국이 불평을 늘어놓을 여지는 없을 것이다. 아니나다를까 불평은 나오지 않았다. 대미 관계에 대해 염려할 필요는 없다고 썼다.

한 발 더 나아가 하시모토는 소련이나 아시아 국가들의 반응을 감안해 다나카에게 다음처럼 전했다. "총론적으로 말하자면 중일 국교정상화로 인한 부정적인 영향이라는 것은 그다지 신경 쓸 정도는 아니라는 것이 결론입니다." 대만에 관해서는 어떠했는가?

대만에 대해서는 최대한의 성의를 마지막의 마지막까지 보여야 한다고 생각한다. 하지만 말이지, 중국과 국교정상화를 한다는 것은 곧 대만과 단교 방향으로 움직인다는 것. 최대한 예의를 갖추면서 간절하고 정중하게 설명하고 동시에 예의를 다할 필요가 있다. 이에 대해선 다나카도 오히라도 이미 나와 같은 생각이었을 것으로 생각한다.

하시모토는 이 보고서를 3부 전달했다. 하시모토 보고서에 공감한 다나카는 한 부를 같은 사토파 소속인 아이치 기이치에게 건냈고 남은 한 부는 하야사카에게 보관하도록 했다.

하시모토에 따르면 다나카는 수상 취임 후 아이치를 '외교문제에 관한 조언자'로 삼으려고 생각하고 있었다.[18] 아이치는 사토내각 당시 외상을 지냈는데 오키나와 반환 과정에 공헌을 했다.

하시모토 보고서가 다나카에게 영향을 미친 것은 틀림이 없다. 총리 의자에 앉으려고 한 다나카는 아이치나 하시모토에게 조언을 구하면서 외교 분야에서의 불안감을 불식시키고 싶었다. 아이치는 제2차 다나카 내각에서 대장상에 취임한다.

'죄책감'

한편, 오히라도 하시모토에게 의견을 구했다. 하시모토는 다음처럼 회상한다.

> 오히라 상이 사토 내각의 마지막 시기, 음 사토에게 찬밥 신세가 되어, 그는 고치카이 회장이었는데, 이런 식으로 말하는게 어떨지는 모르겠지만 좀 경원시되어 아무런 직책도 맡지 못하고 있었습니다. 그래서 한가하게 지내고 있었기 때문에 자주 전화를 주었습니다. 나

---

18 하시모토 인터뷰(2008년 11월 1일). 다음도 참조. 早坂茂三, 『政治家田中角栄』(中央公論社, 1987年), p.363 ; NHK取材班, 『周恩来の決断 : 日中国交正常化はこうして実現した』(日本放送出版協会, 1993年), pp.66-68 ; 矢吹晋, 『激辛書評で知る 中国の政治・経済の虚実』(日経BP社, 2007年), p.134.

에게 말이죠.

그 무렵 그는 중국문제에 대해 진지하게 생각하고 있었기 때문이죠. 중일국교정상화를. 그래서 그 문제에 대해 나는 "언제든지 말씀드리러 찾아가겠습니다"라고 대답했는데, 한 번인가 두 번은 직접 만나서 설명한 적도 있지만 대부분은 전화로 했습니다.

이처럼 다나카와 오히라는 중국과의 국교수립을 검토하고 있었다. 그런 두 사람에 서로 다른 점은 있었는가?

다나카 상과 오히라 상 사이에 어떤 점이 다른가 하면, 다나카 상도 오히라 상도 음 당시 일본인의 한 사람으로서 중국에 대해서 말이죠, 중국인들에게 상당한 곤욕을 치르게 했다고 하는 이른바 길티 콘셔스니스(죄책감)를 공통적으로 갖고 있었습니다. 하지만 중국에 대한 이런 죄책감이 가장 강했던 것은 오히라 상이었다고 나는 생각합니다.[19]

대개 당시 일본 사람들은 중일전쟁으로 헤아릴 수 없는 피해를 끼쳤던 점에 죄책감을 갖고 있었던 것 같다. 그런 경향이 오히라에게 더욱 뚜렷했던 것이다.

---

19 하시모토 인터뷰(2008년 11월 1일).

3자 회담과 중국문제

1972년 3월 22일 일중국교회복촉진의원연맹의 후지야마 회장이 4번째로 중국 여행을 떠났다. 그 직전 후지야마가 다나카를 방문했는데 "나는, (수상이 되면) 곧바로 (중국에) 갈 생각이다"라고 다나카는 대답했다. 베이징에서 후지야마를 만난 저우언라이는 "이젠 더 이상 오리의 발길질과 같은 사토 방식의 대중 접근은 받아들이지 않겠다"며 분명히 말했다.[20]

　그렇다면 다나카는 중국을 어떻게 인식하고 있었는가? 다나카는 3월 23일 중의원 예산위원회에서 가와사키 히데지의 '중일 국교에 즈음한 속죄 의식'에 대한 질문을 받고 이렇게 대답하고 있다.

　　나 또한 1939년부터 1940년 후반까지 약 일년 반에 걸쳐 소련-만주 국경에서 병사 신분으로 근무한 적이 있습니다. 그러나 그런 와중에 나는 사람에게 상처를 입히거나 살상한 적이 없었던 점은 그 나름대로 마음 속 깊은 곳에서는 어렴풋하게나마 기쁘게 생각하고 있었습니다. 그러나 나는 중국대륙에 대해서는 역시 커다란 폐를 끼쳤다는 표현을 늘 사용해 왔습니다. 이는 공적인 자리에서도 공적인 문서에도 그런 표현을 사용해 왔습니다. 폐를 끼친 것은 사실이다,

---

20　藤山愛一郎, 『政治 わが道 藤山愛一郎回想録』(朝日新聞社, 1976年), pp.211-215. 早坂茂三, 『政治家田中角栄』, p.367도 참조.

따라서 중일국교정상화의 제일 첫번째로 매우 폐를 끼쳤다, 진심으
로 사과한다는 마음, 역시 이것이 대전제가 되어야 한다는 마음은
지금도 앞으로도 바뀌지 않을 것이라고 생각합니다.[21]

그 후 다나카는 베이징에서 "중국 국민에게 크나큰 폐를 끼쳤
다."고 연설했는데, 저우언라이 수상 등이 이 '폐'迷惑라는 용어에
분노를 표명하게 된다. 하지만 다나카의 입장에서 이 '폐'란 용어
는 "진심으로 사과를 드린다는 마음"을 의미했다.

그렇다고는 하더라도 외교적 경험이 부족하고 국내 정치에만
몰두했던 다나카가 어째서 중국과의 국교정상화에 의욕을 보인
것일까? 오히라의 측근인 모리타가 말한다.

다나카 상은 중일문제에 관심이 있었다기 보다는 총재 선거에서
이기기 위해서는 미키(다케오)를 끌어들여야 한다고 생각했습니다.
미키를 끌어들이면 나카소네도 따라올 것이라고 판단했기 때문입
니다.

다나카는 자민당 총재선거를 염두에 두고 중일국교정상화를
권력을 장악하기 위한 최우선적 방책으로 간주했다. 모리타에 따

---

21 「第68回国会衆議院予算委員会第4分科会議録」第4号, 1972年3月23日, p. 10. 早坂茂
三, 『政治家田中角栄』, p. 362도 참조.

르면 다나카는 1972년 봄 오히라, 미키 다케오와 극비로 3자 회담을 열어 중일국교정상화에 열심이던 미키를 포용하고자 했다. 이 3자 회담은 다나카의 제안에 의한 것이었는데 모리타는 오히라를 동행하고 있었다.[22]

3자 회담 후인 4월 21일, 미키는 베이징에서 저우언라이와 회견하고 "나는 국교회복을 위해 전력을 다할 결의를 다졌다"고 언급했다.[23] 왕궈취엔 중일우호협회 부회장 등과 회담을 가진 미키는 귀국 후의 기자회견에서 다음과 같이 밝혔다.

> 나 또한 예전부터 이 원칙[중국과의 국교회복 3원칙]을 바탕으로 하여 대화를 해야 한다고 말해왔다. 따라서 이번 저우언라이 총리와의 대화도 앞으로의 일에 대해 이야기를 한 것이다.[24]

중국이 요구하는 국교회복 3원칙의 승낙을 전제로 한 미키의 발언은 외교적 카드를 아무런 대가없이 남발한 셈은 아니었을까.

---

22 森田一, 『心の一燈 回想の大平正芳』, pp.98-102.

23 「三木武夫・周恩來会談記録」1972年 4月 21日(「三木武夫関係資料」5363-14, 明治大学校史資料センター所蔵). 久能靖, 「角栄・周恩來会談 最後の証言」, 『文藝春秋』(2007年12月号), p.359 ; 村松玄太「三木武夫の政治的発話とその推敲過程」, 『大学史紀要』第14号(2010年), pp.138-146도 참조.

24 「中国関係」(「三木武夫関係資料」4513), 「訪中関係」(1972年4月24日) (「三木武夫関係資料」6540), 「メモ帳 / 訪中の印象」(「三木武夫関係資料」7810-3). 『朝日新聞』(1972年4月25日)도 참조.

미일 안보체제와의 관계, 일화평화조약의 합법성 등을 감안하면 총재선거에 입후보하는 사람으로서는 경솔했다고 아니할 수 없을 것이다.

다나카와 오히라는 다나카가 총재선거에 승리한 뒤에는 다나카 수상, 오히라 외상이란 구상을 공유하고 있었다. 연장자였던 오히라에게는 "내가 먼저 총리가 되는 것이 좋다" 라는 자부심이 있었는데 정치인으로서의 실적으로는 다나카가 앞서고 있었다는 점을 인정하지 않을 수 없었다.[25]

나카소네 야스히로의 기억

다나카, 후쿠다, 오히라, 미키가 총재선거에 입후보하려는 가운데 나카소네 야스히로는 출마를 포기했다.

다나카 내각을 만들 때 나와 오히라, 미키가 상담하여 다나카를 차기 총리로 세우자며 얘기할 때 다나카에게 중국과 제휴한다는 조건을 붙였었지. 3명이 얘기를 해서. 다나카는 내키지 않아 했지만서도. 하지만 자네를 총재로 하는 것이니 받아들여야 한다고 하자 다

---

25 森田一, 『心の一燈 回想の大平正芳』, p.101.

나카도 하는 수 없이 받아들였지. 〔다나카가〕 7월 총리 · 총재가 되었을 땐 좀처럼 움직이지 않았지, 초기에는. 그래서 7-8월 경 "서두르게, 서두르게" 하면서 〔다나카에게〕 말했지.[26]

즉, 나카소네는 입후보 사퇴를 조건으로 다나카가 중일국교정상화 단행을 수용하도록 밀어부쳤다고 회상한다.

7월 2일에는 다나카, 오히라, 미키가 다시금 3자 회담을 갖고 '정책협정'에 합의했다. 중국에 대해서는 "이제 중일국교정상화는 국론이다. 우리는 정부간 교섭을 통해 중화인민공화국과 평화조약을 체결하는 것을 목표로 교섭을 추진한다"는 내용이었다.

중국의 국교회복 3원칙을 바탕으로 하는 미키, 그에 대해 신중한 입장을 가진 다나카, 오히라 사이에는 온도차가 있었으나 이 3명은 반 후쿠다 세력을 결집하기 위해 서로 타협했다.

나카소네도 그에 동의하여 다나카파, 오히라파, 미키파, 나카소네파는 결선투표에서 공동행동을 취하기로 했다. 총재선거는 사실상 다나카와 후쿠다의 대결구도로 진행되어,[27] '정책협정'은 이윽고 다나카 내각의 기조노선이 되어 간다. 대립 후보였던 후쿠다는 대중 방침이 애매모호했다. 기시파의 계보를 잇는 후쿠다파에

---

26 나카소네 인터뷰(2009년 8월 6일). 中曽根康弘, 『自省錄 : 歷史法廷の被告として』(新潮社, 2004年), p. 99 ; 同, 『中曽根康弘が語る戰後日本外交史(仮)』도 참조.

27 『読売新聞』(1972年7月3日). 早坂茂三, 『政治家田中角栄』, p.366 ; 時事通信社政治部編『日中復交』, pp.111도 참조.

는 대만을 중시하는 의원들이 많았다. 후쿠다 자신도 "배상문제에서도 관대한 태도를 취한 것 등을 비롯하여 장제스 총통이 종전에 즈음하여 우리나라에게 베풀어 준 친절은 필설로 다할 수 없다"는 생각을 갖고 있었다. 사토 내각에서 외상을 지낸 후쿠다는 '오리의 발길질'로 불릴 정도로 수면 아래에서 중국의 향방을 탐색하고 있었으나, "다나카가 내각 출범 후 불과 2개월 만에 베이징을 방문하리라고는 꿈에도 생각하지 못했다."[28]

자민당 총재선거가 7월 5일로 다가오는 가운데 중일국교정상화에 대한 결단이 승패를 좌우하려 하고 있었다.

---

28 福田赳夫, 『回顧90年』, pp.177-178, pp.205-206. 田村重信・豊島典雄・小枝義人, 『日華断交と日中国交正常化』, p.122도 참조.

제3장

다나카 내각의 성립과 다케이리 메모
: 최초의 접촉

다나카의 승리

운명의 날인 1972년 7월 5일. 다나카, 오히라, 후쿠다 등이 오전
히비야공회당에 모습을 드러냈다. 자민당 총재를 결정하는 임시
당대회였다.

1차 투표에서는 다나카가 156표로 선두를 달리는 가운데 후쿠
다 150표, 오히라 101표, 미키 69표 순으로 득표했다. 결선 투표는
다나카와 후쿠다 사이의 운명적 대결이 되었다. 여기서 다나카가
282표를 획득하여 190표를 얻은 후쿠다에 압승했다. 오히라파와
미키파의 표가 다나카 지지로 돌아선 것이다.

히비야공회당에 「와!」라는 함성이 울려 퍼지는 가운데 다나카
가 단상에 올라 큰소리로 외쳤다.

　　"방금 여러분의 지지로 선임되었다. 책임의 중대함을 통감한다.

국내외의 시국은 엄중하다. 〔중략〕 전 당원 결속 하에 전력을 다할 것을 맹세한다.

후쿠다는 창백한 표정으로 다나카를 노려보았지만 오히라는 살짝 미소를 머금고 있었다. "자민당 만세"라고 외치는 신 총재의 볼에는 땀이 물방울처럼 떨어졌다.[01]

그렇다고 하더라도 다나카와 후쿠다 사이에 승패를 가른 것은 무엇이었을까? 민사당 위원장 가스가 잇코에 따르면 "후쿠다가 패한 원인은 역시 중국문제"였다.[02] 후쿠다는 기시 노부스케 등과 얽혀 있었던 관계로 중국 정책에서 자유롭지 못했는데, 바로 그 점이 총재 선거에도 영향을 미쳤다는 것이다.

외상 경험이나 관료 출신으로서의 견실함은 확실히 후쿠다가 앞서 있었다. 하지만 결단력에 있어서는 다나카가 능가한다. 중국의 입장에서 보더라도 뜻이 맞지 않는 사토 내각에서 외상을 지낸 후쿠다보다는 이해심이 넓은 다나카 쪽이 국교 수립에 적임자였다.

다나카는 자민당 본부에서 기자 회견을 가졌다. 기자가 "중일국교정상화를 어떻게 추진할 생각인가?"라고 묻자 다나카는 "정상화의 기운이 무르익고 있다고 생각한다"고 단정했다.[03]

---

01 『朝日新聞』(1972年7月5日/夕刊).

02 時事通信社政治部編, 『日中復交』, p.103.

03 『朝日新聞』(1972年7月6日). 다음도 참조. 藤山愛一郎, 『政治 わが道 藤山愛一郎回想録』, p.216.

총리 관저에서 파티가 끝난 뒤 다나카는 히라카와쵸의 사보회관에 위치한 다나카 사무실로 향했다.

사토 아키코 비서는 "다나카의 표정은 이미 수상 얼굴로 변해 있었다. 지금까지와는 다른 늠름한 긴장감이 있었고 범접하기 힘들다는 느낌이 들었다"고 회상한다. 매스 미디어는 "오늘날의 태합(今太閤)"이라며 입을 모아 칭찬했지만 다나카는 "나는 히데요시(도요토미 히데요시-역자주) 보다는 노부나가(오다 노부나가-역자주)를 더 좋아한다"며 쑥스러워했다.[04]

"저 사람들이 살아있을 때"

7월 7일, 드디어 다나카 내각이 출범했다. 오히라파 의원들은 "간사장 또는 대장상을 요구하며 압력"[05]을 가했지만 오히라는 망설이지 않고 8년만에 두 번째로 외상으로 취임했다. 관방장관에는 "내 취미는 다나카 가쿠에이"라고 공언한 다나카의 심복 니카이도 스스무가 임명되었다.

첫 각료회의를 마친 뒤 다나카는 "외교에서는 중화인민공화국

---

04 佐藤昭子, 『決定版 私の田中角栄日記』(新潮文庫, 2001年), p.16, p.13.

05 「森田一日記」(1972年7月7日).

과의 국교정상화를 서둘러 격동하는 세계정세 속에서 평화외교를 강력하게 추진해 나간다"는 담화문을 발표했다.[06] 다나카의 이러한 자세는 중국 공산당원을 대상으로 한 내부 간행물 〈참고소식〉에도 크게 보도되었다.[07] 다나카는 이렇게도 말했다.

> 마오쩌둥, 저우언라이 이 두 사람이 오늘날의 중국을 만들었다. 그들은 공산주의자이긴 하지만 고생을 많이 겪은 사람들이다. 수없이 죽을 고비를 넘겨왔다. 아무런 기반이 없었음에도 그처럼 큰 나라를 통일했다. 그런 나라를 이끌어 나가기 위해 지금 무엇이 필요한지 그들은 잘 알고 있다. 게다가 국민의 지지도 얻고 있다. 지금 저 사람들이 살아있을 때 승부를 내야만 한다.[08]

마오쩌둥이나 저우언라이가 "살아있을 때" 국교정상화를 이뤄내자는 말이다. 다나카의 대외 구상에 대해서는 수상 비서관이었던 기우치 아키타네가 다음처럼 적고 있다.

> 다나카 총리의 외교전략은 우선 미국과의 관계를 견고히 하고, 그 위에 중일국교정상화라고 하는 일대 위업을 이뤄 서구의 리더인

---

06 『朝日新聞』(1972年7月8日). 다음도 참조. 佐藤昭子, 『決定版 私の田中角栄日記』, p.119.

07 『参考消息』(1972年7月7日), (7月9日).

08 羽田孜, 『小説 田中学校』, p.202.

프랑스, 영국, 서독과의 관계를 공고하게 한 다음 가장 문제가 되는 소련과의 관계 개선을 도모하는 것이다.[09]

수상과 외상에 취임한 다나카와 오히라는 어떤 사이로 비춰졌을까? 통역을 맡았던 전 외교관은 익명을 조건으로 이렇게 말한다.

다나카와 오히라 이 두 사람은 보스와 부하의 관계가 아니라 마치 형제 같았습니다. 형과 아우라고는 해도 누가 형이고 누가 동생인지는 분명치 않았습니다. 외부적으로는 총리대신이 형님이 되는 셈입니다만, 실제로는 다나카 상은 중요한 문제는 차치하더라도 일반적인 외교 안건은 전부 오히라에게 맡기는 듯한 느낌이었습니다. 오히라 상도 "이대로 좋다. 나는 내 방식대로 한다"며 매우 활기차게 업무에 임하고 있다는 느낌을 받았습니다.[10]

다나카와 오히라는 마치 형제 같았고 대체로 외교는 오히라에게 일임했다는 것이다. 다나카가 결단력을 가지고 있었지만 다나카 혼자서 중일국교정상화를 이룰 수 있는 것은 아니었다. 오히라의 뒷받침이 불가결했다.

외교를 오히라에게 맡긴 다나카의 속내는 과연 어떤 것이었을

---

09 木内昭胤, 「田中角栄氏の外交手腕」 田中角栄記念館編, 『私の中の田中角栄』, p.87.
10 전 외교관 인터뷰(2010년 4월 1일).

까? 거기에는 다나카 나름대로의 계산이 있었음은 말할 나위도 없었다. 외교는 오히라가 전념하게 하고 자신은 국내정치적 기반을 굳히려는 것이었다. 오히라는 그러한 점을 자각하고 있었다. 비서 이토 마사야도 "오히라는 체면이 깎이지 않는 모양새로 외상직을 받아들였다"고 감지했다.[11] 그럼에도 오히라는 외상 취임을 주저하지 않고 중국대륙으로 향한 첫발을 마음 속에 그리고자 했다.

오히라의 극비 지령

7월 7일 외무성에 첫 출근한 오히라는 "우선 하시모토부터 만나봐야겠다"며 하시모토 히로시 중국과장을 호출했다. 하시모토가 외상 집무실에 나타나자 오히라는 다음처럼 밝혔다.

"어젯밤 가쿠에이 상과 이런 얘기를 했네. 국교정상화를 하자고. 단, 반드시 극비로 진행했으면 하네. 역시 외무대신인 나와 다나카가 함께 중국에 가지 않으면 안될 것 같군."

덧붙여 오히라는 목소리를 낮추면서 다음처럼 말했다. "중국 방문을 위한 모든 준비를 해주게. 다만 이것은 어디까지나 극비이니

---

11 伊藤昌哉, 『自民党戦国史』上巻(ちくま文庫, 2009年), p.97.

차관에게도 말하지 말게." 오히라는 방중 준비를 하시모토에게 맡긴 것이다.[12]

이날부터 하시모토는 수시로 외상 집무실을 들락거린다. 하시모토는 차이나 • 스쿨인 요시다 겐조 아시아국장을 건너뛰어 단독으로 오히라와 협의했다. 관료들의 통념에서 보자면 과장이 국장을 경유하지 않고 외상과 빈번히 만나는 것은 심상치 않은 일이다. 상관인 요시다는 여기서 제외되어 그다지 유쾌하지는 않았을 것이다. 그럼에도 오히라는 하시모토를 신뢰하고 있었고 하시모토도 공무원으로서는 드물게 개인 플레이를 선호했다.[13]

그런 하시모토라 하더라도 혼자 힘으로는 한계가 있었다. 하시모토가 며칠 후 "대신, 이런 얘기를 누구한테도 하지 마라, 혼자서 준비하라고 하시는데 저 혼자서는 무리입니다"라며 죽는 소리를 했다.

오히라가 "그렇겠군. 그건 알겠네. 내가 호겐 차관에게 말하지"라고 수긍했다.[14]

외무 사무차관 호겐 신사쿠는 사토 내각에 이어 유임된 인물로 정책적으로는 반공反共 대만파였다.

그런 호겐을 오히라가 설득해서 외무성의 정책기조를 크게 전

---

12 하시모토 인터뷰(2008년 11월 1일) ; 하시모토가 필자에게 보낸 서간(2009년 2월 26일).

13 森田一, 『心の一燈 回想の大平正芳』, pp.103-105.

14 하시모토 인터뷰(2008년 11월 1일) ; 하시모토가 필자에게 보낸 서간(2009년 2월 26일).

환시킨 것이다. 호겐은 미일 양국이 중국에 접근하여 중소동맹에 쐐기를 박음으로써 소련을 고립시키는 정책으로 전환했다.[15] 신문기자에게 그에 관련된 질문을 받은 호겐은 "군자는 표변하는 법"이라며 쓴웃음 지었다.[16]

오히라-하시모토 라인에는 다카시마 마스오 조약국장 이외에 하시모토와 가까운 구리야마 다카카즈 조약국 조약과장이 합류했다. 하시모토가 국장을 건너뛰어 오히라와 접촉한 것과는 다르게 구리야마는 상관인 다카시마의 지시를 받았다. 구리야마의 자세는 소극적이었지만 이후 중일공동성명안 초안을 작성하는 중책을 맡았다.

이처럼 오히라는 중일국교정상화를 향한 초기 움직임을 극비로 추진했고 오히라 곁에 하시모토, 다카시마, 구리야마가 수면 아래에서 추진력이 되어 있었다. 호겐도 중국과의 국교 수립이 대세라고 생각하기에 이르렀다. 극히 소수의 정책집단이 국교 수립을 견인하는 형태였다.

오히라가 극비를 강조한 이유에 대해 하시모토는 이렇게 말한다.

당시, 자민당 내부에선 중국과의 국교정상화를 둘러싸고 진짜로 난투 직전까지 갔습니다. 재떨이가 사방에 날라 다니고 책상과 의자

---

15 하시모토가 필자에게 보낸 서간(2009年 2月 26日).

16 中江要介, 「胡耀邦が支えた日中友好」, 『東亜』第422号(2002年), p.29.

가 뒤집어졌지요. 난투 직전까지 간 것이지요, 자민당은. 그 만큼 격렬했습니다. 베이징파와 대만파로 분열되었습니다. (외무)성 내부도 마찬가지였습니다. 다만 외무성 안에서는 중국과 정상화를 가능한 한 조속한 시일 내에 해야 한다고 공공연하게 말한 것은 나 혼자 뿐이었습니다.[17]

오히라는 하시모토나 다카시마와 세부 사항까지 이야기를 마치고, 밤에는 이들을 신바시에 있는 요정 사카에야米家로 보냈다. 히로시마 출신 여주인이 운영하던 사카에야는 이케다 하야토 이래로 고치카이의 단골집이었다.[18]

그렇다고는 해도 오히라는 술을 못 마셨다. 오히라가 요정에 가는 건 관료들을 위로하든가 중국통인 후루이 요시미 중의원 의원 등으로부터 진위를 확인하기 위해서였다. 사카에야에서는 비밀이 철저히 유지되었다.[19]

다음날이 되자 오히라는 하시모토를 자신의 집무실로 불러 또다시 준비 작업에 임했다. 그러한 나날이 계속되었다.[20] 하시모토

17 하시모토 인터뷰(2008년 11월 1일). 다음도 참조. 栗山尚一, 『外交証言録 沖縄返還・日中国交正常化・日米「密約」』, p.127.

18 福川伸次, 「角さんと大平さんのすき焼き」 田中角栄記念館編, 『私の中の田中角栄』, p.93 ; 木村貢, 『総理の品格』, p.22.

19 「森田一日記」(1972年7月25, 29日, 8月23日).

20 古井喜実, 『日中18年』, pp.122-128 ; 同, 『山陰生れ一政治家の人生』, p.149 ; 森田一,

는 '방중 준비실'을 설치하고 부하들에게 중국 방문 준비작업을 진행시켰다.[21] 8월 31일에 외무성 직원들을 인솔하여 선발대로 방중한 것도 하시모토였다.[22]

　외무성의 정책과정에서 과장급이 중심이 되어 역할을 수행하는 것은 그다지 드문 일은 아니었다. 그렇다고는 해도 중일국교정상화에서 하시모토와 구리야마가 한 역할은 두드러진 점이 있었다. 오히라의 입장에서 보면 하시모토, 구리야마 과장 콤비는 틀림없이 믿음직스러웠을 것이다. 특히 하시모토는 다나카와 직접 전화통화를 할 정도의 실력자였다.

　중일국교정상화에서 가장 중요한 외무성 관료를 한 명 뽑으라면 그건 차관도 국장도 아닌 바로 하시모토였다.

『心の一燈 回想の大平正芳』, p.104, p.110.

21 吉田重信, 『「中国への長い旅」元外交官の備忘録』(田畑書店, 2010年), p.56.

22 外務省アジア局中国課, 「総理訪中先遣隊について」年月日不明 (정보공개법에 의한 외무성 공개문서, 2008-647). 하시모토 인터뷰(2008년 12월 8일).

사사키·저우언라이 회담

다나카가 수상에 취임했을때 대만의 장징궈 행정원장이 축전을 보내왔다. 행정원장은 수상에 해당하는 지위로, 장징궈는 장제스 총통의 장남이기도 했다.

다나카는 7월 11일 장징궈에게 감사 전보를 보냈다. "이번 총리 취임에 즈음하여 곧바로 극진한 축전을 보내주신 점 깊은 감사를 드립니다. 이 기회를 빌어 진심으로 사의를 표명함과 아울러 각하의 건강을 기원드리는 바입니다."[23]

그런데 오히라는 7월 25일 펑멍치 주일대만대사와 회견을 갖고 "중대한 결의를 표명"했다.[24] '중대한 결의'란 바로 중일국교정상화와 일본·대만과의 단교에 다름 아니었다. 오히라는 말한다.

> 국제정세가 크게 변했다. 지금 베이징 정부를 승인하는 국가들이 점점 많아지고 있는 점, 유엔에선 우리나라(일본-역자주)가 미국과 협력하면서 마지막까지 대표권을 지키고자 했으나 결국 작년에 그런 식으로 낙착되어 버렸다. 더욱이 국내 여론조사에서도 아는 바와 같이 우리 국민 대다수가 이데올로기를 뛰어넘어 정상화를 해야 한

---

23 「日本内閣総理大臣(＃田中角栄＃)函行政院院長(＃蒋経国＃)為感謝就任時来函電賀」(「蒋経国総統文物」005550000000188848A, 国史館所蔵).

24 「森田一日記」(1972年7月25日).

다는 입장으로 기울었다.[중략]

　따라서 정부로서는 국내외 정세를 보고 정부가 직접 나서서 정상화를 하지 않으면 안된다는 입장이 된 셈인데, [중략] 정상화의 길이 열리게 되면 그 당연한 결과로서, 대단히 유감스럽기는 하지만, 귀국과의 외교관계는 지금과 같은 상태로 유지하기 어려울 것으로 생각한다. [중략] 그러나 외교 관계가 없더라도 일본은 자유해방(원문은 '해방'으로 되어 있으나 '개방'의 잘못된 기술로 여겨짐-역자주) 체제를 취하고 있기 때문에 경제, 기술, 문화, 그 밖의 관계는 종래와 같이 계속해 나갈 수 있도록 노력할 생각이다.

　전 참모총장으로 육군대장인 펑멍치 대사는 "일본이 중화를 괴롭힌 역사는 있으나 중화가 일본을 괴롭힌 역사는 없다"고 반론했다. 그럼에도 불구하고 오히라는 결의를 굽히지 않았다. 이 회견은 다케이리 요시카쓰 공명당 위원장이 방중하기 전에 일어난 일이었다. 오히라는 다나카 보다 앞서서 가고 있던 것이다.[25]

　외교관계가 없는 국가 사이에는 비공식 행위자가 활약하는 법으로 야당 사회당이나 공명당도 중국의 문을 열고자 했다. 사회당에서는 사사키 고조 전 위원장이 7월 13일 방중하여 16일에는 저우언라이와 회담을 가졌다.[26]

---

25 「大平外相彭大使会談録」(1972年7月25日)(정보공개법에 의한 외무성 공개문서, 2008-1045).

26 外務省アジア局中国課, 「佐々木議員の大臣に対する訪中報告」(1972年7月14日)(정보

저우언라이는 사사키에게 "다나카 수상이 베이징에 오는 것을 환영합니다"라고 언명했다. 다나카에 대해 복잡한 감정을 품고 있던 사사키는 "다나카 가쿠에이는 사토의 아류입니다", "사회당도 이 다나카 내각을 비판하고, 투쟁하여, 이윽고 쓰러뜨리지 않으면 안 되는 정권입니다"라고 저우언라이에게 말했다.

귀국한 뒤 사사키는 "다나카 총리에게 처음에는 배상문제에 대해서 만큼은 자세하게 얘기하지 않았다." 사사키는 "6할 정도는 다나카 총리에게 얘기했다"고 하지만 불확실한 정보를 근거로 다나카 내각이 움직일 리는 없었다.[27]

다나카와 오히라의 입장에선 중국이 배상청구를 포기한다는 확약을 받아두고 싶었다. 서장에서 언급한 바와 같이 일화평화조약을 체결했을 때 대만이 배상청구권을 포기했기 때문이다. 중국이 미일안보체제를 용인하는 것도 중일국교정상화의 전제조건이

공개법에 의한 외무성 공개문서, 2008-647) ; 中共中央文献研究室編, 『周恩来年譜』下巻 (北京 : 中央文献出版社, 1997年), pp. 536-537.

사사키가 그 간 수 차례에 걸쳐 중국을 방문한 일에 대해서는 다음 참조.「毛沢東主席接見佐佐木更三, 黒田寿男, 細迫兼光等日本社会党中, 左派人士談話記録」(105-01897-01, 中華人民共和国外交部档案館所蔵) ;「国務院外弁外事簡報 : 日本佐々木更三致函廖承志提出三項要求」(105-01759-28, 中華人民共和国外交部档案館所蔵) ;「佐々木更三の歩み」編集委員会・総合政経研究会・佐々木更三連合後援会編, 『大衆政治家佐々木更三の歩み』(総評資料頒布会, 1980年), pp.465-488 ; 劉徳有/王雅丹訳『時は流れて : 日中関係秘史50年』上巻(藤原書応, 2002年), pp.327-331.

27 時事通信社政治部編, 『日中復交』, p.124, p.126, p.135 ; 鹿島平和研究所編, 『日本外交主要文書・年表』第3巻(原書房, 1985年), p.64.

었다. 일본외교의 근간인 대미 기축이 중국과의 국교수립으로 인해 흔들려서는 안되었다. 후에 주미대사가 된 야스카 다케시는 다음처럼 기록했다.

중일국교정상화가 일본의 대미 관계에 미칠 영향에 대해 약간의 불안감을 느끼고 있었다. 구체적으로는 미일안보조약 제6조의 이른바 극동조항에 대만이 포함되어 있었던 점에 관한 것이었다. 오키나와 반환에 관한 사토·닉슨 회담의 공동성명에는 대만의 안전은 일본의 안전보장에 중요하다는 취지의 내용이 들어가 있었다.[28]

사토·닉슨 공동성명이 보여주는 것처럼 미일안보체제는 대만을 대상에 포함시키고 있었다. 중국이 이에 저항할 경우 중일국교정상화는 암초에 직면하게 되는 것이다.

---

28 安川壯, 『忘れ得ぬ思い出とこれからの日米外交 ：パールハーバーから半世紀』(世界の動き社, 1991年), pp. 192-193.

다케이리·저우언라이 회담

다나카와 오히라의 이러한 불안감을 완화시킨 것이 다케이리 요시카쓰 공명당 위원장 방중이었다. 공명당은 이전부터 중일국교정상화에 적극적이었는데 다케이리는 일년 전에도 베이징에서 저우언라이와 회담을 가진 바가 있었다.[29] 다케이리는 1972년 7월 25일 두 번째로 중국을 방문했다.

다케이리가 방중 직전 메지로에 있는 다나카 저택을 방문했을 때 다나카는 여전히 신중했다.

"다케이리 군, 나는 중일문제에 대해 생각할 여유도 없고 지금 당장 추진할 마음도 없네. 중일문제에 손을 대면 대만파도 강력해서 내 목이 떨어질 것이네. 다나카 내각은 이제 막 출범했네. 무리이네."

다나카의 태도는 수상에 취임했을 때부터 후퇴하고 있었다. 원래 다나카는 중일국교정상화를 정권을 장악하기 위한 일환으로 간주하고 있었는데, 막상 수상이 되자 망설이기 시작한 것이다. 사실대로 말하자면 다나카는 흔들리고 있었다.

다케이리가 "그렇다면 다케이리는 친한 친구라고 한 줄 써주기 바라네"고 부탁해도 다나카는 "그것도 힘드네"라며 냉담하게 말

---

29 田桓主編, 『戰後中日関係文献集 : 1971~1995』(北京 : 中国社会科学出版社, 1997年), pp.20~23.

했다.[30]

다케이리는 방중하여 7월 27일부터 3일 연속 베이징에서 저우언라이와 회담을 가졌다. 저우언라이는 의외로 "미일안보조약에 대해선 언급하지 않겠습니다", "1969년 닉슨·사토 공동성명에 대해서도 언급하지 않겠습니다"며 다케이리에게 말했다. 일본 측이 먼저 요구하기 전에 미일안보체제를 용인한 것이다.

게다가 저우언라이는 '일장조약 문제', 즉 일화평화조약을 도마 위에 올리며 물었다.

"다나카 수상은 취임한 뒤 이따금 중국 정부가 주장한 국교회복 3원칙을 이해하고 있다고 말하고 있는데 이는 존중한다는 의미입니까?"

서장에서 논한 대로 중국의 국교회복 3원칙이란 중화인민공화국이 중국 유일의 합법정부라는 점, 대만은 중국 영토의 불가분의 일부라는 점, 그리고 일화평화조약은 불법이며 파기되어야 한다는 점을 말한다.

다케이리가 "일본·대만 조약이 본래 불법·부당하다는 입장을 취하면 일본 국내는 혼란에 빠질 것입니다"라며 일본의 입장을 전하자 저우언라이는 "마오(쩌둥) 주석에게 보고하여 당내에서 토의해 보겠습니다"라며 유보적 자세를 취했다.

또한 저우언라이는 "마오 주석은 배상청구권을 포기할 것이라

---

30 『朝日新聞』(1997年8月27日).

고 말씀하십니다. 배상을 요구하면 일본의 인민들에게 부담이 갈 것입니다"라며 일본 측 입장에 다가섰다.

다케이리에 따르면 "5백억 달러 정도는 지불해야 할 것으로 생각하고 있었기 때문에 전혀 예상치 못한 답이 돌아와서 몸이 떨렸다." "저우언라이 수상의 말이 가슴에 와 닿았다. 일본인의 마음을 잘 읽고 있었다. 일본 측이 만약 지불하려는 마음이 있다고 하더라도 중국 측이 배상문제를 제기하면 자민당 내부에서 합의가 이루어지지 않을 것이라는 점도 꿰뚫어 보고 있었다."

다음날인 28일 저우언라이는 이렇게도 말했다.

> 센카쿠열도(중국명 댜오위다오-역자주) 문제에 대해서도 언급할 필요는 없습니다. 다케이리 선생도 관심이 없었을 것입니다. 나도 〔관심이-역자주〕 없었습니다만 석유 문제로 역사학자들이 문제 삼았고, 일본에서도 이노우에 기요시 상이 열심히 주장하고 있습니다. 이 문제를 엄중하게 볼 필요는 없습니다.

저우언라이가 지적한 이노우에 기요시는 교토대학 교수로 센카쿠의 영유권문제에 대해 중국 측에 유리한 논고를 발표하고 있었다.

저우언라이는 29일 다케이리에게 공동성명안을 제시하면서 북방영토 문제에 대해 논했다.

"일본은 대만, 펑후澎湖도를 포기했습니다. 우리들은 일본의 북방 4개 섬을 일본이 회복하는 것을 지지합니다."

공동성명안으로 저우언라이는 8개 항목을 열거했다. "전쟁 상태는 이 성명이 공표되는 날 종료된다", "일본정부는 중화인민공화국 정부가 제기한 중일 국교회복 3원칙을 충분히 이해하며 중화인민공화국 정부가 중국을 대표하는 유일한 합법정부인 점을 승인한다", "패권을 내세우려는 것에 반대한다", "중화인민공화국 정부는 일본국에 대한 전쟁배상 청구권을 포기한다" 등이었다.

이 가운데 "패권을 내세우려는 것에 반대한다"고 하는 반패권 조항안은 명백히 소련을 상정하고 있었다.

최대 현안은 대만이었다. 저우언라이가 "대만은 중화인민공화국의 영토이며, 대만을 해방하는 것은 중국의 내정문제이다"라고 제안하며 이를 '묵약사항'에 넣고 싶다고 요청했다. 대만 해방은 내정문제라는 밀약을 타진한 것이다.

미일안보체제를 용인하고 배상청구를 포기한 저우언라이는 센카쿠열도에 대해서도 언급하지 않겠다고 했지만 대만문제만큼은 양보하지 않았다. 저우언라이의 강화안은 마오쩌둥과의 상의하달에 의한 결정이었을 것이다. 야당 위원장에 지나지 않는 다케이리에게 이런 안을 제시할 정도로 중국은 적극적이었고 또한 서두르고 있었다.[31]

---

31 石井明·朱建栄·添谷芳秀·林暁光編,『記録と考証 日中国交正常化·日中平和友好条約締結交渉』(岩波書店, 2003年), pp.11-14, p.20, p.29, pp.31-33, pp.201-202. 다음

"당신은 일본인이지?"

다케이리는 중국의 공동성명안 8개 항목과 '묵약사항'을 필사해서 귀국했고, 8월 4일에는 수상 관저에서 다나카에게 보고했다.

그 자리에 오히라가 달려와 요점을 적은 메모를 받아 들자마자 얼굴에 웃음을 띄웠다. 오히라는 "다케이리 상, 이거 제가 가져가겠습니다"고 말하며 양복 안주머니에 넣고는 외무성으로 돌아갔다.[32] 오히라는 외상 비서관인 모리타 하지메에게 "이건 극비사항이니 대신大臣만 다룰 수 있는 건으로 취급하겠다"고 전했다.[33]

다케이리 메모를 분석한 오히라는 저우언라이가 보낸 메시지의 뜻을 정확하게 읽어냈다. 모리타에 의하면 "그 동안 검토를 거듭해 왔다고는 하나 오히라는 아직 중국의 태도에 대해 확신을 갖지 못했기 때문에 이른바 다케이리 메모는 귀중한 것이었습니다"고 한다.

특히 중요한 것은 배상청구 포기였다. 모리타는 "만약 중국이 배상을 청구한다면 중일국교정상화 그 자체를 포기하지 않으면

도 참조.「周恩来総理接見日本社会党人談話 : 関于日本"南千島"」(105-01897-04, 中華人民共和国外交部档案館所蔵); 張香山,「張香山回想録(中)」『論座』(1997年13月号), p.212.

32 竹入義勝,「歴史の歯車が回った 流れ決めた周首相の判断 : 『特使もどき』で悲壮な決意の橋渡し」石井明ほか編『記録と考証 日中国交正常化・日中平和友好条約締結交渉』, pp.205-206. 다음도 참조. 時事通信社政治部編,『日中復交』, p.145 ; 柳田邦男,『日本は燃えているか』, pp.278-279.

33 「森田一日記」(1972年7月4日).

안 될 정도로 크나큰 문제였다고 생각했기 때문입니다. 확인하는 의미로 다케이리 메모 안에서는 가장 중요한 화제였던거죠"라고 언급한다.

5월에 방중한 친중파 리더격 후루이 요시미로부터 많은 소식을 듣고 있었다고는 해도 오히라는 다케이리 메모로 용기를 낼 수 있었다. 남은 것은 수상의 결단과 중일공동성명안 작성이었다. 거기서 오히라는 "어쨌거나 한번 해봅시다"라며 다나카를 독촉했다. 세상에는 '결단의 다나카'로 알려져 있었지만 다나카의 등을 떠민 것은 화려하지는 않지만 믿음직한 오히라임에 틀림없었다.[34] 잘 동요하지 않는 오히라가 다케이리 방중 전에는 동요하고 있던 다나카의 마음을 베이징으로 향하게 했다.

다나카는 그 다음날인 8월 5일 다케이리를 호텔 뉴오타니로 불렀다. 다케이리가 상세한 내용이 담긴 회의록을 전해주자 다나카는 죽 읽어본 뒤 다음처럼 말했다.

"잘 읽어 보았네. 이 기록의 내용은 틀림이 없겠지?"

"한 글자도 틀리지 않는다. 중국 측과 엄밀하게 조회한 것이다."

"틀림이 없겠군. 당신, 일본인이지?"

---

34 森田一, 『心の一燈 回想の大平正芳』, pp.106-109. 후루이 요시미는 내각 성립 당시 "여전히 다나카 수상은 다소 엉거주춤하고 그다지 자신감이 없었던 것은 아니었을까. 하지만, 정상화를 해야만 한다는 인식은 충분히 갖고 있었다고 본다. 오히라 외상은 말은 그다지 많지 않지만 이미 각오를 하고 있었던 것 같다. [중략] 다나카 수상은 처음에는 누군가를 보내겠다면서도 자기자신이 직접 가겠다는 말은 하지 않았다."고 논했다. 古井喜実, 「日中国交正常化の秘話」, pp.145-146.

"무슨 말을 그렇게 하는가. 진정한 일본인이네."

"알겠네. 중국에 가겠네."[35]

다나카가 방중을 결단하고 오히라는 중일공동성명안을 다듬기 시작한 것이다.

수상 비서관 기우치에 따르면 다나카는 "정치적 책임은 내가 전부 질테니 오히라, 그리고 사무당국은 확실하게 교섭에 임해달라"며 오히라 등에게 명령했다. 다나카가 불퇴전의 결의를 굳힌 것이다.[36]

다나카가 결단을 내린 배경에는 오히라의 행동이 있었다. 오히라는 이미 8월 2일 차관, 국장을 비롯한 외무성 간부들과 중국문제대책협의회를 열었다. 국교정상화는 외무성 전체가 관여하는 문제로 격상되어 미국·일본, 일본·소련, 일본·대만 관계를 포함한 정세 판단에 역점을 두기 시작했다. 중국문제대책협의회는 8월 4일, 9일, 12일, 16일에도 개최되었다.[37]

---

35 竹入義勝,「歷史の齒車が回った」, p.206.

36 기우치 아키타네 인터뷰(2010년 6월 19일).

37 「中国問題対策協議会第1回会議要録」(1972年8月2日) ;「中国問題対策協議会第2回会談要録」(8月4日);「中国問題対策協議会第3回会議要録」(8月9日) ;「中国問題対策協議会第四回会議要録」(8月12日);「中国問題対策協議会第5回会議要録」(8月16日)(정보공개법에 의한 외무성 공개문서, 2010-472). 다음도 참조. 柳田邦男,『日本は燃えているか』, p.283 ; 井上正也「日中国交正常化交渉における台湾問題 1971~72年」小林道彦・中西寛編著『歷史の桎梏を越えて : 20世紀日中関係への新視点』(千倉書房, 2010年), pp.211-213.

덧붙여 대만 측은 8월 중순 고타니 히데지로 교토산업대 교수를 통해 다케이리 메모 요지를 입수했다.[38] 대만정부는 틀림 없이 크게 당황했을 것이다.

중국의 배상청구 포기

그렇다고는 하더라도 중국은 어느 시점에 배상청구 포기를 결정했을까? 시대를 약간 거슬러 올라가 보기로 하자.

1955년 8월 16일 중국 외교부는 성명을 내고 일본이 "천만 명 이상의 중국 인민을 살육하고 수백억 달러에 달하는 중국의 공적, 사적 재산에 손해를 입혔다"면서 배상청구권을 주장한 바 있다.[39]

그런데 다카사키 다쓰노스케 중의원 의원 및 오카자키 가헤이

---

38 「周恩来対公明党竹入委員長之談話婆旨」(「日匪勾搭前後」11-EAP-00567, 005.22/0005, 中央研究院近代史研究所所蔵).

39 霞山会, 『日中関係基本資料集 1949年-1997年』(霞山会, 1998年), p.91 ; 小坂善太郎 『あれからこれから：体験的戦後政治史』(牧羊社, 1981年), p.161.
배상문제에 대해서는 다음 참조. 朱建栄, 「中国はなぜ賠償を放棄したか：政策決定過程と国民への説得」, 『外交フォーラム』(1992年10月号), pp.27-40 ; 楊志輝, 「戦争賠償問題から戦後補償問題へ」劉傑・三谷博・楊大慶編, 『国境を越える歴史認識：日中対話の試み』(東京大学出版会, 2006年), pp.315-345.

타 전일본항공 사장 일행이 1962년 10월과 11월 중국을 방문했을 때 중국 측은 배상청구를 포기할 의향을 내비친 적이 있었다.

무역협정 체결을 바라는 다카사키 등에 대해 자오안보 중국공산당 중앙외사공작부 비서장이 11월 8일 다음처럼 언급했다.

중국은 분명히 청구권을 갖고 있었습니다만 중국의 입장에선 가령 일본과 국교를 회복하더라도 그와 같은 청구권 문제를 공개적으로 강력하게 내세울 의도는 갖고 있지 않았습니다.

왜냐하면 그건 제2차 세계대전 이후의 독일의 사례가 분명히 보여주는 것처럼 만약 그러한 청구권 문제를 강력하게 공개적으로 내세우면 이를 계기로 일본 국내에서 파시스트들이 다시 준동할 수 있기 때문입니다.[40]

40 外務省アジア局中国課, 「高碕達之助議員の訪中に関する件」(1962年12月20日)(「本邦対中共貿易関係 民間貿易協定関係 高崎・廖覚書交換(1962年)」E'.2.5.2.2-1-2, Reel E'-0212, 外務省外交史料館所蔵). 다음도 참조.『毎日新聞』(1998年6月18日).
다음에 중일무역각서 관련 사항이 수록되어 있다.「岡崎嘉平太関係文書」スクラップ二六(岡崎嘉平太記念館所蔵). 오카자키의 중국관에 대해서는 다음 참조. 岡崎嘉平太,「私の履歴書」日本経済新聞社編,『私の履歴書』(第32集, 日本経済新聞社, 1968年), pp.156-161; 同,『中国問題への道』(春秋社, 1971年); 同,『私の記録』(東方書店, 1979年); 同,『終りなき日中の旅』(原書房, 1984年); 同,「日中関係の今後」,『紀要 第2号 岡崎嘉平太 講演集二』(2005年), pp.83-93; 同,「これからの日中問題」,『紀要 第3号 岡崎嘉平太 講演集三』(2006年), pp.27-59; 伊藤武雄・岡崎嘉平太・松本重治/阪谷芳直・戴国輝編,『われらの生涯のなかの中国: 60年の回顧』(みすず書局, 1983年).

이 때 중국 측에는 쑨평화, 샤오샹첸, 왕샤오윈이라고 하는 '지일 실무가 삼총사[41] '가 동석하고 있었다. 9일에는 다카사키와 랴오청즈가 중일무역각서를 교환했는데 이 두 사람의 이니셜을 따 LT무역으로 불렸다.[42]

자오안보는 전쟁 전에 구제舊制 제1고등학교에서 유학한 경험이 있으며 1964년 1월 일본 방문 시에는 사회당 좌파인 사사키 고조 등과도 접촉했다.[43] 1965년 5월 31일 자민당 의원 우쓰노미야 도쿠마가 방중했을 때도 외사공작부장이 된 자오안보가 "전쟁배상은 그 전쟁에 책임이 없는 세대에도 지불하게 하는 것이므로 불합리하다"며 배상청구 포기를 시사했다.[44]

배상청구를 포기한다고 하는 자오안보의 의향은 우쓰노미야를 통해 중국과장이 되는 하시모토에게도 전해졌다. 하시모토는 이

---

41 藤山愛一郎, 『政治 わが道 藤山愛一郎回想』, p.216. 중국 측의 동향에 대해서는 다음 참조. 「廖承志関于接待高碕達之助及其随行人員的請示, 来訪人物材料和言論」 (105-01151-01, 中華人民共和国外交部档案舘所蔵).

42 田桓主編, 『戦後中日関係文献集一1945～1970』(北京：中国社会科学出版社, 1996年), pp.643-649. 다카사키, 랴오의 서간에 대해서는 다음 참조. 「訪中関係 昭和34～37年」(「高碕達之助文書」A－3, 東洋食品研究所蔵).

43 「国務院外弁外事簡報：日本社会党佐々木更三給廖承志的信」(105-01657-11, 中華人民共和国外交部档案館所蔵)；趙安博「私の一高時代」人民中国雑誌社編, 『わが青春の日本：中国知識人の日本回想』(東方書店, 1982年), pp.175-186.

44 日中国交回復促進議員連盟編, 『日中国交回復：関係資料集』(日中国交資料委員会, 1972年), p.531. 다음도참조. 永野慎一郎・近藤正臣編, 『日本の戦後賠償：アジア経済協力の出発』(勁草書房, 1999年), p.171.

렇게 말했다.

  자오안보의 배상 포기 발언 등등 우쓰노미야 상으로부터 얘기를
  들었습니다.…. 우쓰노미야 상, 나는 개인적으로 그와 매우 친한 사
  이였고 모든 얘기를 듣고 있었는데 말이죠. 수많은 사람들을 통해서
  중국이 무엇을 생각하고 있는지, 나는 내 나름대로 거의 다 알고 있
  다고 생각했었습니다.

  그런데도 하시모토는 확인을 위해서 다케이리 메모가 "매우 중
요한 역할을 수행했다"고 회고한다.[45]

고려하지 않은 대중 배상

일본은 이후 배상을 하지 않게 되는데, 그러한 점은 평가되어야
하는가? 어쨌든 간에 중국은 최대의 피해국이었다.
  탁월한 국제정치학자인 고사카 마사타카는 1964년 시점에서
"형식적으로는 배상으로 명명할 수 없지만 일본은 중국에 대해 다
른 어떤 나라 이상으로 많은 금액으로 배상해야 하는 것은 아닐

---

45 하시모토 인터뷰(2008년 11월 1일).

까. 그것은 구체적인 형태로서의 전쟁책임인 것이다."라며 양심적으로 논했다.[46]

본인 또한 중국에 대해서는 최대급으로 배상하는 것이 옳았다고 생각한다. 다만 그것은 심정적으로 그렇게 느낀다는 것으로, 실제 외교라면 얘기는 달라진다. 하시모토는 이렇게 말한다.

> 배상이라고 하는 것은 일본 쪽이 다른 나라들에 대해서 말이죠, "일본은 전쟁에서 졌습니다. 이 정도로 배상을 하겠습니다"라고 말하면서 돌아다니는 것과 같은 성격의 문제는 결코 아닙니다. 배상이라는 것은 어디까지나 승자가 패자에 대해 이 만큼 내놓으라고 함으로써 비로소 배상교섭이 시작되는 것입니다.[47]

승전국인 중국이 배상 요구를 들이댐으로써 패전국 일본도 비로소 배상문제를 검토하게 된다. 중국에 전쟁을 건 쪽이 일본이라고 해도 패전국이 된 일본 측이 이 문제를 먼저 제기 할 수는 없는 것이다.

배상에 대해 일본은 일화평화조약으로 이미 해결되었다는 입장으로, 일화평화조약이 합법이고 유효하다고 간주하고 있었음은 물

---

46 高坂正堯,「中国問題とは何か」,『自由』(1964年4月号)(高坂正堯著作集刊行会編『高坂正堯著作集 第1巻 海洋 国家日本の構想』(都市出版, 1998年)), p.105.

47 하시모토 인터뷰(2008년 11월 1일).

론이다. 일본 외무성이 중국에 대한 배상을 고려했던 흔적은 발견할 수 없다. 다케이리 메모를 통해 중국의 배상 포기가 판명되었는데, 만일 중국이 배상을 요구했다면 교섭은 결렬되었을 것이다.

있을 수 없는 가정이지만 배상청구 포기라는 중국 측 방침을 알면서도, 굳이 일본 측이 배상을 제의했다면 어찌 되었을까? 언뜻 보면 성실하게 대응한 것으로 보였겠지만, 그럴 경우 중국 측은 혼란스러웠을 것이다. 중국은 이미 배상청구를 포기하겠다고 전달한 이상, 일본 측의 배상안에 틀림 없이 당황했을 것이다. 일본이 내밀은 배상을 받지 않았다면 아무리 마오쩌둥, 저우언라이라고 해도 중국 국민들로부터 원성을 샀을 것이다.

따라서, 일본 측이 배상문제를 꺼내는 일은 중국이 무엇보다 중시하는 체면을 짓밟을 우려가 있었다. 일본 측의 입장에선 중국의 배상청구 포기를 고맙게 받아들이는 일 이외에 대안은 없었던 셈이다.

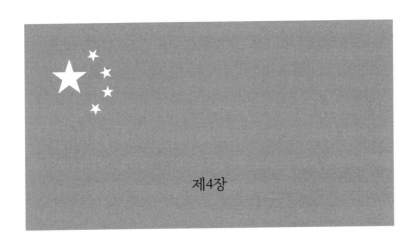

제4장

미국의 그림자
: 하와이 다나카 · 닉슨 회담

상하이무용극단 방일

지금까지는 다나카 가쿠에이, 오히라 마사요시, 그리고 외무성의 시점에서 다케이리 메모에 이르는 과정을 추적해 보았다. 이 사이 중국은 그저 팔짱만 끼고 있었던 것은 아니다.

다나카 내각 출범 3일 후인 1972년 7월 10일엔 200여명 규모의 상하이무용극단이 홍콩을 경유하여 하네다 공항에 도착했다. 무용극이란 발레를 말하는데 상하이무용극단은 단순한 발레단이 아니었다. 저우언라이의 밀지를 지참하고 온 것이다. 지일 실무가인 쑨핑화 단장이 다나카와 회견을 갖고 방중 확약을 받아낸다는 것이었다.

쑨핑화가 일본을 방문하기 직전 저우언라이는 이렇게 지시했다.

"이번 일본 방문 기회를 이용하여 직접 다나카와 만날 것. 그리고
그 자리에서 중국정부가 '다나카 수상의 방문을 환영할 것'이라고

전할 것. 그리고 또 다나카 수상의 전향적인 반응을 확인할 것.[01]

중일우호협회 부비서장인 쑨핑화는 일본어를 자유자재로 구사했지만 발레에 대해서는 "전혀 알지 못하는 문외한이었다."[02]

당시 쑨핑화를 동행한 비서·통역이 후에 외교부장 및 국무위원을 역임하는 탕자쉬안이었다. 탕자쉬안에 따르면 저우언라이는 "닉슨 미 대통령의 방중(1972년 2월) 후 중일관계에는 분명 커다란 변화가 일어날 것이다. 상하이무용극단 방일은 정치적 의미를 갖는 방문이 될 것"이라고 인식하고 있었다.[03]

무용극단은 8월 16일까지 일본에 장기간 체류하게 되었는데 숙소인 호텔 뉴오타니에서 쑨핑화와 탕자쉬안은 다나카와 접촉할 기회를 노렸다. 귀국 전날인 8월 15일, 공교롭게도 종전기념일에 다나카·쑨핑화 회담이 성사된다.

---

01 唐家璇, 「田中角栄から小泉, 小沢まで: 日本語通訳から始まった対日工作の責任者が語った48年」, 『文藝春秋』(2010年4月号), pp.165-166.

02 孫平化 / 安藤彦太郎訳, 『日本との30年: 中日友好随想録』(講談社, 1987), p.151. 원서로는 다음도 참조. 孫平化, 『中日友好随想録』(北京: 世界知識出版社, 1986年), p.86; 孫平化, 『中国と日本に橋を架けた男』(日本経済新聞社, 1998年), pp.136-153.

03 唐家璇, 「田中角栄から小泉, 小沢まで」, p.165.

방중 공식 표명

다나카와 쏜핑화의 회견을 성사시킨 것은 오히라였다. 상하이무용극단 방일 다음날인 7월 11일, 오히라는 하시모토 히로시 중국과장을 호텔 뉴오타니로 보냈다. 하시모토는 탕자쉬안의 방에 찾아가 다음처럼 말을 꺼냈다.

> "일본 수상과 만나고 싶다는 점은 잘 알겠다. 하지만 그 전에 먼저 〔쏜핑화〕 단장이 오히라 〔마사요시〕 외상과 만났으면 한다. 그 이후에 적절한 시기를 봐서 다나카 수상과의 회담을 추진하겠다."

쏜핑화와 탕자쉬안에게 이견이 있을 리가 없었다.[04]

7월 20일엔 일중국교회복촉진의원연맹의 후지야마 아이치로 회장이 호텔 뉴재팬에서 쏜핑화와 샤오샹첸을 위한 환영회를 열었다. 쏜핑화와 견줄만한 지일파인 샤오샹첸은 중일비망록무역사무처 도쿄연락처 수석대표로서 도쿄에 막 부임한 상태였다. 성대한 환영회에 오히라가 참석했고 니카이도 스스무 관방장관, 미키 다케오 국무상, 나카소네 야스히로 통산상의 모습도 보였다.

쏜핑화가 "많은 이야기를 나누고자 한다"며 회담을 제안하자 오히라는 "좋다"며 흔쾌히 받아들였다. 오히라는 고사카 젠타로

---

04 앞의 글, p.166.

전 외상을 통해 구체적인 면담 절차를 추진했다.[05]

호텔 뉴재팬 환영회에 오히라가 참석한 것은 물론 우연은 아니었다. 오히라는 7월 18일 후지야마 저택을 방문하여 이야기를 나누며 "후지야마가 주최하는 중일관계 파티에 참석할 것을 약속"했다.[06]

오히라는 7월 22일 오후 3시 반, 호텔 뉴오타니에서 쑨핑화와 샤오샹쳰에게 다음처럼 전했다. "나와 다나카 수상은 일심동체의 맹우이며 수상은 외교업무를 책임지고 처리할 수 있는 전권을 내게 위탁했다. 현재 일본정부 수뇌가 방중하여 국교정상화 문제를 해결하기 위한 기운이 완전히 무르익었다."

쑨핑화와 샤오샹쳰이 오히라의 발언을 환영한 것은 물론이었다.[07]

그날 오히라는 오전 8시 반부터 10시까지 3일 후에 중국을 방문할 예정인 다케이리 요시카쓰 공명당 위원장과 밀도 있는 회담을 진행하고 있었다.[08] 다케이리 메모를 볼 때까지 신중한 반응을 보

---

05 孫平化,『日本との30年』, pp.159-160 ; 同,『中日友好随想録』p. 91 ; 蕭向前 / 竹内実訳,『永遠の隣国として』(サイマル出版会, 1997年), pp.155-156 ; 孫平化 森住和弘,『「日中国交回復の扉はこうして開けられた(続)」,『中央公論』(1992年 8月号), p.154.

06 「森田一日記」(1972年7月18日).

07 孫平化,『日本との30年』, pp.160-161. 다음도 참조.『森田一日記』(1972年7月22日) ; 孫平化,『中日友好随想録』, pp.91-92.

08 「森田一日記」(1972年7月22日).

였던 다나카에 비해 오히라는 한 발짝 더 앞서 있었던 것이다.

기자회견 석상에서 오히라는 이미 "이것이 일본 외상으로서 처음 시도하는 중국과의 접촉"이란 입장을 분명히 했다.[09] 오히라는 쑨핑화 및 샤오샹첸과 협의를 거듭하면서 다나카가 "쑨핑화 일행과 만나겠다. 그리고 중국을 방문하고자 한다"는 의향을 갖고 있다고 전했다. 오히라는 다나카 방중을 위한 사전준비를 착착 진행시키고 있었다.

드디어 8월 15일, 다나카는 니카이도를 따라 데이코쿠호텔 최상층에서 쑨핑화, 샤오샹첸과 회담을 가졌다.[10] 다나카는 눈을 번뜩이며 "저우언라이 수상과의 회담에서 많은 성과가 있기를 희망한다"고 전향적인 자세를 보였다. 일본 최초의 수상 방중을 공식적으로 표명한 것이다. 한 개 층을 전부 빌린 이 회담은 처음부터 끝까지 화기애애한 분위기에서 이루어졌다.[11]

대만의 펑멍치 주일대사가 오히라에게 격렬하게 항의했지만 오히라는 동요하지 않았다.[12]

09 藤山愛一郎, 『政治わが道 藤山愛一郎回想録道 藤山愛一郎回想録』, p.217.

10 唐家璇, 「田中角栄から小泉, 小沢まで」, p.166.

11 『朝日新聞』(1972年8月16日); 霞山会, 『中関係基本資料集 1949年-1997年』, p.1060; 鹿島平和研究所編, 『日本外交主要文書·年表』第3巻, p.68.

12 주일 대만대사관에서 외부교(1972년 8월 16일) 「田中内閣興匪勾搭(電報)第1冊, 11-EAP-00573, 005.22 / 0011, 中央研究院近代史研究所所蔵, 「森田一日記」(1972年8月16日).

중일공동성명안 기안

다케이리 메모를 통해 중국의 의향을 파악하고 쑨핑화를 비롯한 중국 측 요인들과 회담을 가진 다나카와 오히라는 중일공동성명안 작성을 서둘렀다. 다케이리 메모에 따르면 저우언라이는 '묵약사항'이라 칭하면서 대만이 중국의 내정문제라는 점을 일본 측에 인정시키려 했기 때문에 그 대안을 검토해야 했다.

오히라로부터 다케이리 메모를 전달받은 외무성 관료들은 공동성명안을 마련하기 위해 지혜를 짜내고 있었다. 하시모토에 따르면 여기서도 오히라는 하시모토에게 의지했다고 한다.

전쟁상태 종결 문제라든가, 배상 문제라든가, 본래 평화조약에 포함되어야 할 항목에 대해 아무튼 내가 메모를 작성했는데 말이죠, 이러저러한 내용을 담은 일본 측 공동성명안을 만들어 달라고 다카시마 조약국장과 구리야마 조약과장에게 부탁을 했습니다. 다행히도 나는 이 두 사람과 개인적으로 매우 친분이 두터웠고, 또한 서로를 신뢰하는 사이였기 때문에 "이건 반드시 극비로 진행해 달라"고 말했고, [다카시마와 구리야마는] "알았다"며. 우리 이외에는 그 누구도 관여하지 않았습니다.[13]

---

13 하시모토 인터뷰(2008년 11월 8일).

하시모토는 공동성명안 골자를 메모로 써주면서 다카시마 조약국장과 구리야마 조약과장에게 초안 작성을 의뢰했다. 외무성 내에서 중일공동성명안에 관련된 이는 하시모토, 다카시마, 구리야마에 한정되었다.

오히라는 대만문제를 '묵약사항'으로 하자는 중국 측의 안에 대해서도 하시모토에게 물었다. 하시모토는 '묵약사항' 안에 부정적 입장이었다.

"작금의 우리나라(일본-역자주)에서는 극비라는 것이 지켜진 사례가 없다. 하나라도 비밀이 누설되어 알려지게 되면 그 외에도 수많은 비밀 합의가 있을 것임에 틀림없을 것이라는 등 엉뚱한 의심을 받기 십상이다."

오히라도 그 점에 동의하여 비밀협정을 체결하지 않을 방침이라는 점을 다나카에게 보고 했다.

또한 하시모토에 따르면 이후의 정상회담에서 저우언라이는 "일본정부의 입장에서 공동성명의 내용 가운데 묵약사항으로 하는 것이 편의상 좋을 것 같다는 부분이 있다면 중국 측은 언제라도 그에 응하겠습니다"라고 언급했다. 다나카는 "애써 배려해 주셔서 감사합니다만 그럴 필요는 없습니다"며 흘려 넘겼다고 한다.[14]

오히라와 하시모토는 중국의 '묵약사항' 안을 거절하고 일본 독자적인 중일공동성명안을 만들기로 했다. 실제로 성명안의 초안

---

14 하시모토가 필자에게 보낸 서간(2009년 4월 2일).

을 잡은 것은 구리야마였다. 구리야마는 성명안 뿐 아니라 중국 측에 보내는 설명문도 작성했다.

　　나는 그 때 여름 휴가를 보내고 있었습니다. 자화자찬 할 에피소드는 아닙니다만 지인의 별장을 빌려 일주일 동안 도쿄를 떠나서, 그리고 전혀 잡음이 들리지 않는 곳에서, 공동성명 시안을 중국 측에 어떻게 설명할 것인 지에 관련한 오히라 외상의 발언 메모를 한 자 한 자 전부 써내려 갔습니다. 이를 휴가 동안 작성해서 돌아온 뒤에 하시모토 상에게 보여주고 "이걸로 해달라"고 했던 것입니다.[15]

---

15 栗山尚一, 『外交証言録 沖縄返還・日中国交正常化・日米「密約」』, p.120.

배제된 차이나·스쿨

여기서 한가지 의문이 든다. 구리야마가 중일공동성명안을 마련했을 때 차이나·스쿨은 이 일에 관여하지 않았는가?

앞에서 언급했듯이 요시다 겐조 아시아국장은 차이나·스쿨이었음에도 그의 부하였던 하시모토로 인해 정책결정에서 제외되어 있었다. 구리야마도 "아시아국 내부를 지휘한 것은 하시모토 과장이었습니다", "하극상이었는지도 모르죠"라고 인정했다.[16]

그 밖의 차이나·스쿨 인사들은 어떠했는가? 구리야마가 이렇게 밝힌다.

> '베이징파'와 관련하여, 외무성 선배들이었지만, 내가 다소라도 알고 지내던 분은 오가와 헤이시로 상, 오카다 아키라 상 등이었습니다. 솔직히 말해 나는 이런 분들과 함께 일해 본 경험은 없었습니다. 〔중략〕
>
> 그들에게 의견을 묻지 않은 이유는 매우 분명한 것이었습니다만, 이런 분들과 우리들의 의견이 기본적으로 다르다는 점은 처음부터 알고 있었기 때문입니다. 〔중략〕 그분들의 의견을 그대로 받아들이게 되면 논리적으로는 중일국교정상화가 샌프란시스코체제보다 우선시되어 버리기 때문입니다. 이는 일본의 외교로선 성립될 수 없는

16 앞의 글, pp.126-127.

얘기라는 것으로, 그러한 협의를 한들 의미가 없다는 인식을 우리는

매우 강하게 갖고 있었습니다.

다시 말하면 차이나·스쿨에 속하는 오가와 외무성연수 소장과 오카다 홍콩총영사는 배제된 것이다.[17] 중일국교정상화를 샌프란시스코체제의 틀 안에서 처리하기 위해서였다.

구리야마는 아메리카·스쿨에 속하는 인물로 그 후 조약국장, 북미국장, 외무차관, 주미대사를 역임하는 등 외무성의 정점에 오른다. 그러한 구리야마가 중일공동성명을 기안한 것은 일본 외교의 대미기축을 상징하는 것이었다. 구리야마는 "안보체제에 손을 대는 일, 구체적으로 말하면 대만을 '극동'의 범위에서 제외하는 형태로 중일정상화를 하는 것은 애시당초 불가능했습니다"라고 말한다.[18]

일본은 대미기축이라는 근본방침을 변경하지 않았으며, 변경해서도 안 된다고 판단했다. 화려함은 없지만 일본다운 전략이라고 할 수 있다. 중일관계에는 미국의 그림자가 항상 따라 다닌 것이다.

베이징파에 속하는 오카다는 홍콩총영사직을 마치고 주불가리아 대사로 전출되기 전에 일시 귀국했다. 오카다는 오히라와 접촉했으나 대만의 독립운동에 지지하지 않는다는 점을 명확히 해두

---

17 앞의 글, pp.100-101.
18 앞의 글, p.118, p.125.

어야 한다는 것 등을 조언하는데 그쳤다. 오카다가 오히라를 움직이게 한 흔적은 보이지 않는다.[19]

대만의 법적 지위

이상을 요약하면 다나카, 오히라의 의향에 따라 하시모토가 중일 공동성명안의 골격을 세우고 하시모토의 의뢰를 받아 구리야마가 중일공동성명안 초안을 마련한 것이다. 하시모토가 이른바 정치적 측면을 담당하고 구리야마가 법률적 측면으로 고려하면서 조문을 만들어 나갔다.[20] 인터뷰를 하면서 받은 인상으로는 하시모토가 강한 추진력을 지닌 우국지사형 실력자라고 한다면 구리야마는 국제법에 통달한 온건파 현실주의자라고 할 수 있었다.

그렇다면 구리야마는 중일공동성명안을 어떻게 작성했는가? 구리야마는 다음처럼 말한다.

19 「森田一日記」(1972年9月14日) ; 岡田晃, 『水鳥外交秘話 : ある外交官の証言』(中央公論社, 1983年), p.181, p.195.

20 栗山尚一, 『外交証言録 沖縄返還・日中国交正常化・日米「密約」』 p.124.

중국 측이 국교정상화 3원칙을 내세우고 있었기 때문에 그에 대해 어떻게 대응할 것인가에 귀착되는 셈입니다. 그렇다면 제1원칙은 조약국의 입장에선 어떠한 이의도 제기할 필요가 없었습니다. 〔중략〕 남은 문제는 제2원칙과 제3원칙을 어떻게 처리할 것인가가 됩니다.[21]

제2원칙과 제3원칙은 대만의 법적 지위와 일화평화조약에 관련된다. 대만의 법적 지위에 관련하여 중요한 위치를 점한 것은 앞의 닉슨 대통령이 중국에 방문했을 때 미중 양국이 발표한 상하이코뮈니케였다. 상하이코뮈니케에는 대만이 중국의 일부라는 중국 측의 주장을 미국은 '인정acknowledges'한다는 내용이 삽입되어 있었다.

거기서 구리야마는 '인정'의 의미가 무엇인지를 미국 측에 확인해 보았는데 "인정이라고 하는 그 이상도 그 이하도 아니다Nothing more, nothing less라는 대답이 돌아왔다."

구리야마는 이를 아래와 같이 해석했다.

대만은 중화인민공화국 영토의 일부분이라는 중국의 입장을 미국이 승인한 셈은 아니라는 점만큼은 명확해졌습니다. 그렇다면 미국이 승인하지 않은 일을 일본이 승인할 수는 없는 노릇으로, 승인

---

21 앞의 글, p.124.

까지 가지 않은 지점에서 중국과 타협할 수 있는 방안을 찾아보자
는 것이 대만의 법적 지위에 대해 기본적인 지혜를 짜낼 부분이었
던 것입니다.

미국이 대만을 중국 영토로 간주하지 않은 이상 일본이 앞장서
서 승인을 해서는 안 된다고 구리야마는 판단한 것이다.[22] 현재에
이르기까지 중국이 대만을 실효지배하고 있지 않은 점은 분명하
지 않은가.

이미 언급했듯이 저우언라이는 대만이 중국의 내정문제라는 점
을 '묵약사항'으로 하자고 다케이리에게 타진했으나 오히라와 하
시모토는 이를 허용하지 않았다. '묵약사항'이란 밀약과도 다름 없
었다. 다카시마나 구리야마도 "그건 불가합니다. 공동성명 이외의
문서는 일체 만들지 않겠습니다"는 점에 의견이 일치되어 있었다.

구리야마는 밀약을 거부한 이유에 대해 다음처럼 말한다.

"그런 것을 한들 언제든 비밀이 샐 가능성이 있었습니다. 특히 일
본과 같은 나라는 바로 새나갑니다. 왜냐 하면 매스컴 이상으로 정
치인들이 입밖에 내고 싶어하기 때문입니다.[23]

---

22 앞의 글, pp.125-126.
23 앞의 글, p.243.

일본은 대만에 관한 중국 측의 안을 받아 들이지 않으면서 대안을 모색했다. 하시모토가 구상을 가다듬고 구리야마가 펜을 잡은 공동성명안에는 이렇게 기술되었다.

구리야마 다카카즈

> 중화인민공화국 정부는 대만이 중화인민공화국 영토의 불가분의 일부인 점을 재확인한다. 일본 정부는 이러한 중화인민공화국 정부의 입장을 충분히 이해하며 또한 이를 존중한다.

여기서 '충분히 이해하며 또한 이를 존중한다'고 한 하시모토·구리야마안은 베이징에서 열리는 중일교섭에서도 쟁점이 된다.

구리야마가 베이징에서의 회담용으로 작성한 대중설명요령에 따르면 대만은 "중국의 국내 문제로서 해결되어야 할 일"이지만, 동시에 "미중 간의 군사적 대결은 피하지 않으면 안 된다는 것이 모든 일본 국민의 염원인 이상 대만 문제는 어디까지나 평화적으로 해결되어야 한다는 것이 일본정부의 기본적인 견해다."

또한 대중설명요령에는 일화평화조약을 불법으로 간주하는 중국의 제3원칙에 대해서도 다음처럼 적고 있었다.

> 중일국교정상화가 달성되면 일화평화조약은 실질적으로 그 존속

의 의미를 완전히 상실하기 때문에 일본정부로서는 앞으로의 중일
관계가 전혀 새로운 기초 위에서 출발한다는 점을 명확히 하는 의
미로 어떠한 적당한 방법을 통해 동 조약이 종료된다는 것을 공개
적으로 확인할 용의가 있다.[24]

일본과 대만의 단교에 대해서는 공동성명과는 다른 형태로 '용
의'用意해 둔다는 것이었다. 그러한 '용의'가 장제스 앞으로 보낸 다
나카 친서와 오히라 담화였던 점에 대해서는 9장에서 자세히 논
하고자 한다.

하와이 회담 : 다나카 방중에 대한 이해

구리야마가 '인정'의 의미와 관련해 미국 측에 확인한 것처럼 현
대 일본외교의 중요한 국면에서 미국이 차지하는 존재감은 무시
할 수 없다. 다나카와 오히라는 정권 출범 후의 첫 해외 방문지
로 하와이를 선택했다.

다나카와 오히라를 태운 일본항공 특별기가 호놀룰루의 하컴

---

24 石井明ほか編, 『記録と考証 日中国交正常化・日中平和友好条約締結交渉』 p.117,
p.113, pp.115-116.

미 공군기지에 도착한 것은 1972년 8월 30일 오후 8시 20분이었다. 평소처럼 빠른 걸음으로 트랩을 내려온 다나카는 마중 나온 닉슨 대통령 부부와 악수를 교환했다.

키신저 대통령보좌관, 로저스William Rogers 국무장관, 존슨U. Alexis Johnson 국무차관, 우시바 노부히코 주미대사 등이 지켜보는 가운데 다나카와 닉슨은 예포 소리를 들으면서 단상에 올랐고 곧이어 양국 국가가 울려 퍼졌다.

기내에서 다나카는 "감개무량하다든가 그런 느낌은 없다", "필요하다면 어디라도 가뿐히 가겠다. 이번이 그 첫 번째일 뿐이다"라며 태연스럽게 말한 그였지만 공항에 마련된 단상에 섰을 때는 완전히 수상의 얼굴이 되어 있었다.[25] 다나카는 "이번 회담이 미일 양국 사이에 끊임없는 대화가 이어지는 그러한 새로운 시대를 여는 획기적인 회담이 되기를 간절히 원한다"는 말로 성명을 마친 후 공항을 뒤로 했다.[26]

닉슨, 키신저, 로저스와의 회담은 8월 31일과 9월 1일 쿠일리마 호텔kuilima hotel에서 개최되었다. 여기서 다나카와 오히라는 중국 문제 및 미일 무역마찰에 대해 협의했다.

9월 1일에 발표된 공동발표 제3항에 따르면 "총리대신과 대통령

---

25 『朝日新聞』(1972年9月1日).

26 外務省アメリカ局北米第1課, 「田中総理大臣の米国訪問(ハワイ会談)」(1972年9月)(정보공개법에 따른 외무성공개 문서, 2008-645), p.15.

은 최근 대통령의 중화인민공화국 및 소련 방문은 뜻 깊은 한 걸음 이었다는 점을 인정했다. 이와 관련하여 두 사람은 앞으로 이루어 질 총리대신의 중화인민공화국 방문도 아시아의 긴장완화를 향한 움직임을 촉진시키는데 이바지하게 되기를 함께 희망했다."[27]

이미 중국을 방문한 닉슨이 다나카와 오히라의 방중에 이해를 표시한 것이다. 전략가로 알려진 닉슨과 키신저 앞에서 다나카와 오히라는 중국에 대해 어떻게 논했는가?

우선은 8월 31일 회담이다. 2월에 닉슨이 중국을 방문했다 하더 라도 미국은 중국을 정식으로 승인한 상태는 아니었으며 대만과 의 외교관계를 유지하고 있었다.

닉슨은 "귀 총리는 가까운 시일 내에 베이징을 방문할 예정인데 중일관계의 미래를 어떻게 평가하고 계신가?"라고 물었다.

이에 대해 다나카는 "결론부터 먼저 말씀드리면 먼저 중일국교 회복으로 인해 미일관계에 불이익이 생겨서는 안 된다. 중일국교 회복은 최종적으로는 미국의 이익으로 이어질 수 있을 것으로 생 각한다. (중략) 문제는 대만이다"라고 답했다.

닉슨은 "대만의 경제적 자립성 보전은 미국으로서도 중시하 는 점이며, 상하이코뮈니케를 봐도 알 수 있듯이 미중이 agree to disagree (다르다는 점에 동의함-역자주)한 문제다. 미국은 대만의 경제 적 자립을 위해 가능한 한 모든 일을 할 방침이다"라며 대만 중시

---

27 鹿島平和研究所編, 『日本外交主要文書・年表』第3巻, p.68, p.589.

자세를 보였다.

다나카는 "혹시나 해서 말씀드리고자 하는 점은 일본은 베이징이 깔아놓은 레일에 올라타서 국교를 회복하려는 것은 아니다. 다시 말해서 상대방이 하자는 대로 곧이곧대로 따르는 일은 결코 없을 것이라는 말이다"고 강조하면서 닉슨의 우려하는 바를 불식시키고자 했다.

오히라도 "우리의 기본방침은 미일 우호관계, 특히 그 상징인 미일안보체제에 어떤 피해도 가지 않도록 배려하겠다"고 말했다.

어쨌든 미국은 일년 전의 닉슨 방중 선언으로 일본을 따돌리며 중국에 접근했다. 미국의 입장에서 보면 미일안보체제를 견지하면서 중일국교정상화를 추진한다고 하는 다나카와 오히라에게 이의를 달 수 없었다. 쟁점은 대만을 어떻게 다룰 것인가였다. 중일교섭에 즈음하여 중국은 대만을 중국 영토라고 주장할 것이다. 그러한 견해를 일본이 어느 정도까지 인정할 지의 문제는 다음날로 미뤄졌다.[28]

---

28 졸고 「田中首相·ニクソン大統領会談記録: 1972年8月31日, 9月1日」, 『人文研紀要』 第68号(2010年), pp.424-427, p.420.
   위 논고의 출처는 다음. 「日米首脳会談(第一回会談)」(1972年8月31日) ; 「第1回合同会談」(8月31日) ; 「日米首脳会談(第2回会談)」(9月1日)(정보공개법에 따른 외무성 공개문서, 2008-645).
   다음도 참조. 石井修監修, 『ニクソン大統領文書 : 田中角栄·ニクソン会談関係文書ほか』第2巻(柏書房, 2009年), pp.83-108.

'하나의 중국' 문제

9월 1일, 미일 정상회담은 둘째 날을 맞이했다. 의제는 중일국교 정상화에 대한 전망과 대만의 장래 문제였다. 다나카가 다음과 같이 호소했다.

"일본으로서는 앞으로도 대만과 경제교류를 지속시키고자 하나 일본과 대만 사이의 외교 관계는 소멸되지 않을 수 없다고 생각한다. 따라서 미국이 이러한 일본의 입장을 이해하여 일본과 대만의 우호 관계가 가능한 한 계속될 수 있도록 지원해주기를 요청한다."

이에 대해 닉슨은 난색을 표시했다.

"장[제스] 총통은 긍지가 강하고 자신의 소신을 전력을 다해 지키는 인물이며, 또한 고령이기 때문에 장 총통을 설득하는 일은 결코 쉬운 일이 아니다."

그에 대해 다나카는 "베이징도 대만도 모두 자신이 중국 유일의 정통 정부라고 주장하고 있는 점이 문제의 근원이다. 일본은 비공식적으로 대만 측에 현재와 같은 상황에서는 일본의 입장으로서도 양자택일은 불가피한 선택이라는 점을 지적하고 있다"고 말했다.

이에 닉슨은 다음처럼 언급했다.

"나는 장제스, 저우언라이와 얘기해 보았는데 모든 점에 대해 다른 의견을 갖고 있는 이 두 사람이 '중국은 하나'라는 점에 대해서만큼은 생각이 같았다. 문제는 어느 쪽의 중국인가, 라고 하는 점이다.”

다시 말하면 닉슨은 ‘하나의 중국’ 문제를 제기한 것이다. 중국과 국교가 없는 미국을 건너뛰어 바야흐로 일본이 중일국교정상화와 일본·대만 단교를 단행하려고 하고 있는 것이다.

입장을 보다 명확히 한 것은 오히라였다.

> 방중 시에는 중일 간 외교관계 수립을 기본 문제로 다루게 될 것이다. 만약 합의가 이루어진다면 곧바로 외교관계가 수립될 것으로 본다. 그럴 경우 일본은 평화조약을 체결한다는 조건은 갖고 있지 않다. 대만 영유 문제를 일본이 독자적으로 인정하는 일은 없을 것이다.

오히라는 다나카 방중을 다음처럼 예측했다.

> 외교관계 수립 후 평화조약 내지 우호조약, 항공, 통상, 어업 등을 비롯한 실무 협정을 시간을 들이면서 순차적으로 체결하게 될 것으로 본다. 현재의 시점에서는 베이징 측이 이러한 일본의 방침에 결정적으로 동의하기 힘들다는 반응은 보이지 않고 있다. 다나카 방중으로 외교관계 설정이 가능하지 않을까 하고 예상한다.

오히라는 다나카 방중으로 외교관계를 설정한 다음 항공이나 통상, 어업 등과 같은 실무 협정을 체결해 갈 것이라는 뜻을 전한 것이다.

일반적으로 국교정상화 과정은 실무 협정과 병행하여 교섭을 진행하는 법이나 중일 강화의 경우에는 단번에 국교를 수립하고, 그 이후에 실무 협정을 위한 교섭을 진행할 생각이라고 오히라는 말했다. 오히라는 평상시는 과묵한 편이지만 바로 이 시점이라고 할 때의 발언은 정곡을 찌르고 있었다.

게다가 오히라는 "대만과의 외교관계는 변하지만 그 밖의 관계에 대해서는 현상유지를 위해 최대한 노력하겠다. 인적 왕래, 무역, 투자, 관세, 특혜 적용, 접촉 지점 설치 등과 같은 문제가 발생할 것이다. 일본은 가능한 한 모든 노력을 경주할 생각이나 대만의 반응은 반드시 좋은 것만은 아니다"라며 다음과 같은 말로 매듭지었다.

> 일본은 대만 귀속 문제에 대해 권리를 포기했다. 따라서 대만의 장래는 샌프란시스코평화조약을 맺은 연합국의 수중에 있는데 연합국은 아무런 결정도 내리지 않았다. 이러한 상황에서 일본은 대만이 중공의 영토라고 인정할 수 있는 입장이 아니다. 하지만 베이징의 '대만은 중국의 불가분의 일부'라는 주장에 대해서는 이를 이해하고 존중할 수는 있으나 그 이상은 나갈 수 없다. 즉 네덜란드와 마찬가지 방식으로 연합국이나 영국acknowledge, 캐나다take note, 미국not challenge 등 다른 나라들이 사용한 표현과 비교했을 경우 가장 전향적인 표현을 사용하기는 했지만 바로 그러한 점이 한계라는 것

이다. 울타리를 넘어서는 안 된다.

오히라는 "대만은 중국의 불가분의 일부"라는 중국의 주장을 "이해하고 존중"하지만 "대만을 중공의 영토로 인정하는 입장은 아니다"고 한 것이다. "이해하고 존중한다"는 것은 앞서 언급한 하시모토·구리야마안으로 일본 측이 제시한 중일공동성명안에 들어있는 표현이기도 했다.

우물거리며 입을 움직인 오히라는 이틀 동안의 회담이 끝날 무렵 그 존재감이 커지고 있었다. 거침없는 기세에 있어서는 다나카가 앞섰지만 오히라는 단어를 하나하나 신중하게 고르면서 논리적으로 닉슨 일행들을 납득시켰다.[29] 하와이 회담이 무사히 끝나자 현지 언론보도는 미일 정상회담이 성공적으로 이루어졌다고 평가했다.[30]

회담 그 자체는 성공적이었지만 다나카의 입장에서 하와이 방문은 앞으로 나타날 악몽의 서막이기도 했다. 그 후에 드러난 록히드 사건과 관련하여 하와이에서 접촉이 이루어지고 있었기 때문이다. 오히라는 다나카에게 "외국 돈을 받지 말라"며 침이 마르도록 충고했지만 "가쿠에이 상은 이에 아랑곳하지도 않았다"고 한

29　졸고「田中首相・ニクソン大統領会談記録」, pp.437-438, pp.442-443.

30　「田中総理訪米(ハワイ会談)関係(1972・8)会談関係」(A'.1.5.2.24-1, CD-R A'-435, 外務省外交史料館所蔵).

다.[31]

그것이 이윽고 다나카의 정치생명을 끊게 되리라는 점을 당시의 시점에선 전혀 알 수가 없었다. 다나카는 물론 오히라로서도 통탄해 마지않을 일이었다.

31 森田一, 『心の一燈 回想の大平正芳』, p.132.

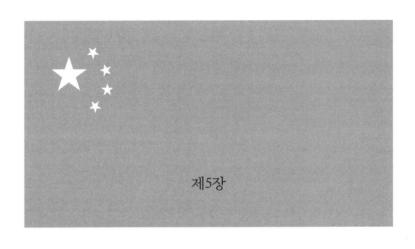

제5장

대만
: 시이나·장징궈 회담이란 '권화장'

다나카와 오히라는 대만과 단교한 이후에도 민간교류를 계속할 의향을 갖고 닉슨 대통령에게 협력을 요청했다. 하와이 회담이 시사한 것처럼 격렬하게 반발하는 대만에 어떻게 대응할 것인가 하는 것은 매우 난해한 문제였다.[01]

오히라는 "중일관계라고는 하나 실제로는 일본·대만 관계다" 라며 외무성 직원들에게 입버릇처럼 말하곤 했다. "중일관계정상 화에 있어서 정말로 어려운 문제는 지금까지 우호적으로 발전해

---

01 일본·대만 단교에 대해서는 다음 참조. 石井明,「日台断交時の『田中親書』をめぐっ て」『社会科学紀要』第50輯(2001年), pp.89-109; 檜山幸夫,「日中国交回復に伴う日帝 国交断絶における椎名悦三郎・経国会談記録について：外務省参事官中江要介の 会談記録,『中江メモ』の史料論」,『社会科学研究』第24巻第1号(2003年), pp.135-196; 清水麗,「日華断交と72年体制の形成：1972-78年」川烏真・清水麗・松田康博・揚 永明編,『日台関係史 1945年-2008年』(東京文学出版会, 2009年), pp.95-125.

온 일본·대만 관계를 어떻게 처리할 것이냐 이다[02] "라는 의미다.

장제스가 베풀어준 은의恩義를 잊어서는 안 된다는 주장이 자민당 우파 사이에 뿌리깊게 남아 있었는데 그 대표적인 인물이 가야 오키노리였다.[03] 일찍이 고노에 후미마로 내각과 도조 히데키 내각에서 대장상을 역임한 바 있는 가야는 도쿄재판에서는 A급 전범으로 종신형에 처해진 적이 있었다. 그 후 가석방되어 중의원 의원이 된 가야는 자민당 정조회장과 이케다 내각에서 법무상을 역임했다.

다나카 내각이 출범했을 때 83세가 된 가야는 장제스의 은혜에 대해 다음처럼 회상했다.

대만이라는 것은, 옛날에야 어쨌든 간에, 이 종전 이후에는 입에 담을 수 없는 크나큰 은의를 베풀어 주었다. 일본이 분할 점령되었다면 정말 얼마나 곤란했을 것인가 라는. 이를 막는데 중요한 역할을 한 것은 장제스가 일본의 일부를 중국이 점령하는 것을 포기한 점이다. 그것은 소련이 일본에 들어오지 못하도록 하기 위한 것이었다. 그리고 배상, 가장 큰 잠재적 권리를 갖고 있는 바로 그것을 포기했다. 그리고 일본의 천황제를 유지시켰다. 〔중략〕 그리고 대개 일

---

02 中江要介,『らしくない大使のお話』(読売新聞社, 1993年), p.53.

03 대만파의 배경에 대해서는 다음 참조. 加藤聖文,「台湾引揚と戦後日本人の台湾観」台湾史研究部会編,『台湾の近代と日本』(中京大学社会科学研究所, 2003年), pp.138-141.

본인들은 잘 모르고 있는데 2백 수 십만 명에 달하는 중국에 있는
일본군들을 돌려 보내준 점은 정말로 대단한 일이었다.[04]

장제스는 배상청구를 포기해 주었다. 패전국 일본이 분할 점령
을 면하고 천황제를 유지할 수 있었던 것도, 대륙의 일본군 패잔
병이 돌아올 수 있었던 것도 어디까지나 장제스 덕분이라고 하지
않을 수 없었다. 그러할진데 장제스의 대만을 버린다는 것은 가당
치도 않다는 말이다. 나다오 히로키치나 후지오 마사유키 등도 이
러한 가야의 의견을 공유하고 있었다.[05]

대만과의 관계에 대해 노심초사를 거듭한 가야 등은 중일국교
정상화를 자제해야 한다고 외치는 신중파가 되었다. 그런 신중파
라 할지라도 한마음 한 뜻은 아니었는데, 다나카의 비서 하야사카
시게루에 따르면, 신중파는 "가야 오키노리로 대표되는 전전파戰
前派, 그리고 나카가와 이치로가 대표하는 전후파戰後派로 나뉘어
져 있었다.[06]"

나카가와 이치로, 와타나베 미치오, 이시하라 신타로, 다마키 가
즈오 등 "매우 용맹스러운 사람들"은 중일국교정상화에 절대로 반

04 「賀屋興宣談話速記錄」第2卷(国立国会図書館憲政資料室所蔵), pp.46-50.

05 中江要介, 『残された社会主義大国 中国の行方』(KKベストセラーズ, 1991年), p.28,
   p.31. 다음도 참조. 椎名悦三郎追悼録刊行会, 『記録 椎名悦三郎』下巻(椎名悦三郎追悼
   録刊行会, 1982年), pp.137-140.

06 早坂茂三, 『政治家田中角栄』, p.377.

대한다는 논진을 폈는데, 후에 혈판을 찍으면서 세이란카이(青嵐会:
젊은층 보수파 중의원 의원 및 참의원 의원 31명이 1973년 자민당 내에 파벌 횡단식
으로 결성한 정책 집단으로 이시하라파石原派라고도 불림-역자주)를 결성한다.[07]
특히, 다마키는 사토 내각 당시부터 수 차례 대만을 방문한 바 있
었다.[08] 나다오 히로키치는 일본·대만 단교 후 다마키 등과 일화
관계의원간담회를 결성했고, 스스로 대만을 방문하여 대만과의
실무적 교류를 유지하려 애썼다.[09]

일중국교정상화협의회

다나카는 1972년 7월 24일 총재 직속기관으로 일중국교정상화
협의회라는 총재 직속기관을 설치했다. 친대만 성향 의원들이
적지 않게 포진한 자민당 내부를 조정하기 위해서였다. 다나카

---

07 羽田孜, 『志』(朝日新聞社, 1996年), p.80. 다음도 참조. 中川一郎代表, 『青嵐会: 血判と
　　憂国の論理』(浪曼, 1973年).

08 「日本議員野良恭一·高見三郎·灘尾弘吉·玉置和郎訪華」(11-EAP-01049, 012.22/0059,
　　中央研究近代史研究所所藏); 「日本人土反対日匪建交」(11-EAP-00289, 000.7/0001, 中央研
　　究近代史研究所所藏).

09 灘尾弘吉·沈昌煥会談記録(1972年10月1日)(「日匪勾搭資料」11-EAP-00568, 005.22/0006,
　　中央研究員近代史研究所所藏); 灘尾弘吉先生追悼集編集委員会編, 『私の履歴書 灘尾
　　弘吉』(灘尾弘吉先生追悼集編集委員会, 1996年), p.116, pp.132-133.

는 협의회 회장으로 고사카 젠타로를 지명했다.

　일찍이 요시다 시게루 전 총리와 함께 대만을 방문한 경험이 있
는 고사카는 이케다 내각에서 외상을 역임했고 사토 내각 때에는
문화대혁명 와중의 중국을 방문하여 저우언라이 총리, 천이 외교
부장과 회담을 가진 적이 있었다.[10] 다나카는 경험이 풍부한 고사
카를 등용한 것이다.

　다나카가 그렇게 판단한 데에는 오히라의 의견이 영향을 미쳤
을 것이다. 다나카에 따르면 "나와 오히라 사이는 아무런 말을 하
지 않더라도 호흡이 척척 맞는다. 그만큼 그는 고생을 많이 했다.
대만을 어떻게 처리할 것인지의 문제는 오히라 외교의 지혜가 발
현된 것이었다."

　언젠가는 다나카가 오히라와 의견을 교환하고 있을 때 오히라
가 길게 탄식했다. 오히라는 "대만 문제가 말이지…."라면서 팔짱
을 꼈다.

　"그건 외무상이 생각할 문제네. 내가 생각할 문제는 아니야"라
며 다나카는 쌀쌀맞게 대답했다.

　"그렇다면 자민당 내부는 어찌할 생각인가?"

10　小坂善太郎,『中国見たまま』(鹿島研究所出版会, 1967年), pp.21-24, p.63, pp.77-78,
　　p.238 ; 同『あれからこれから』, pp.156-170 ; 自由民主党編,『自由民主党史』(自由民主
　　党, 1987年), pp.582-583 ; 自由民主党編,『自由民主党50年史』上巻(自由民主党, 2006年),
　　pp.326-327.

"자민당 내부 문제는 고사카(젠타로)에게라도 부탁해 보겠네."

"음-"

"뭐 또 다른 문제이라도 있는가?"

"다시 한번 묻겠는데 대만 문제를 어찌 할 텐가?"

"그러니까 대만 문제는 자네가 생각해 보란 말일세. 나는 잘 모르겠으니."

다나카는 "만약 오히라가 없었더라면 중일국교정상화는 역시 이루지 못했을 것이다"라며 솔직하게 인정한다[11]

다나카의 방침은 일중국교정상화협의회 회장에 고사카를 앉혀 놓고 자민당 내부 논의를 집약시킨다는 점에 있었다. 다나카는 고사카를 관저로 불러 다음처럼 설득했다.

"무슨 일이 있어도 중일국교정상화를 이루고 싶네. 그러기 위해선 자네가 반드시 역할을 해주어야 하네. 당 내부에 여러 기관이 있지만 반드시 총재 직속기관을 만들 테니 그 회장직을 맡아 주게."[12]

고사카를 회장으로 한 일중국교정상화협의회는 중의원 212명, 참의원 99명, 전 의원 5명을 포함한 합계 316명에 이르는 큰살림

---

11 田中角栄, 「日中の課題は『信義』と両国国民の, 『自由な往来』だ : いま初めて明かす 日中国交回復の秘話」, 『宝石』第12巻第11号(1984年), pp.74-75.

12 小坂善太郎『あれからこれから』, p.172. 다음도 같은 취지의 글. 小坂善太郎「日中間 交正常化協議会の会長として」自由民主党編『自自民主党党史』(証言・写真編, 自由民 主党, 1987年), pp.230-231.

으로 불어났다. 거기에는 촉진파와 신중파가 뒤섞여 있었다.

협의회는 7월 24일 첫 총회를 개최한다. 그 자리에서 다나카는 "중일관계정상화의 기운이 무르익었다"라며 결의를 표명했다.

"그동안 야당 및 일중의원연맹이 노력해온 점은 크지만, 자민당으로서는 앞으로 이 협의회가 중심적인 역할을 할 것이다. 이 사안을 성공시키기 위해서는 자민당의 합의와 강력한 지지가 필요하다."[13]

매파 의원들의 압력

8월 3일에는 오히라가 일중국교정상화협의회에 출석하여 다음처럼 발언했다.[14]

"현재와 같이 대만 정부와의 외교관계를 그대로 둔 상태로 중일국교정상화를 하는 것은 곤란하다. 국교정상화 문제로 중일 간에 합의가 성립되면 대만과의 외교관계는 계속 유지할 수 없을 것이다."

오히라의 입장에서 일본·대만 단교도 불가피하다는 사실을

---

13 椎名悦三郎追悼録刊行会, 『記録 椎名悦三郎』下巻, pp.141-142.

14 「森田一日記」(1972年8月3日).

설명했을 뿐이었지만 그에 신중파 의원들은 분노를 폭발시켰다. 가야 오키노리, 기타자와 나오키치, 와타나베 미치오, 후지오 마사유키, 나카가와 이치로, 나카야마 마사아키, 하마다 고이치 등은 "대만 문제는 극히 중대한 문제이며 경솔하게 외교 단절 등과 같은 말을 뱉어선 안 된다"며 오히라를 거세게 압박했다.

오히라는 "대만 문제를 어떻게 처리할 것인가와 같은 기본적인 문제에 대해서는 협의회에서 충분히 토의해 주기 바란다"며 한발 물러설 수 밖에 없었다.[15]

이를 보다 못한 고사카 회장이 "외상은 언동을 신중하게 하도록" 하고 요청하자 오히라는 "협의회의 의향은 충분히 경청하겠다. 협의회에는 언제든 출석하여 충분히 설명하겠다"고 대답했다.[16]

한편, 가야는 "중일국교정상화와 국민정부와의 단교는 불가분의 관계에 있는가"라는 질문서를 외무성에 제출했다. 이에 대해 외무성이 8월 15일 "어떤 나라도 중화인민공화국과 중화민국 쌍방과 동시에 외교관계를 가진다는 것은 양국의 기본적 생각에 비추어 있을 수 없다"는 답신을 보내왔다.[17]

---

15 椎名悦三郎追悼録刊行会, 『記録 椎名悦三郎』下巻, pp.142-143.

16 「森田一日記」(1972年8月16日).

17 「自民党日中国交正常化協議会における賀屋興宣先生の質問に対する回答」1972年8月15日(정보공개법에 의한 외무성 공개문서, 2008-647). 다음도 참조. 中野士朗, 『田中政権・886日』(行政問題研究所, 1982年), pp.116-118.

당시 관방장관을 지낸 니카이도 스스무는 당시 오히라 등이 처했던 곤경을 다음과 같이 회상한다.

고사카 젠타로가 회장을 맡은 일중〔국교〕정상화협의회에 오히라가 열 번 넘게 불려 나갔고, 그때마다 여섯 시간 내지 일곱 시간 동안 호된 질의에 진땀을 빼곤 했다. 〔중략〕 다나카도 오히라도 결사적인 마음이었다. 나한테도 우익 같은 사람이 전화를 걸어 "네 목숨은 앞으로 일주일 밖에 남지 않았다"며 협박할 정도였으니까.[18]

그 후에도 일중국교정상화협의회는 "매파 의원들의 맹렬한 반격으로 난장판이 되었다", "어제에 이어 오늘도 난장판"과 같은 상황이었다.[19]

9월 8일 협의회 총회에서 간신히 중일국교정상화 기본방침이 책정되자 곧바로 총무회에서 자민당 방침으로 결정되었다. 그 전문前文은 "우리나라와 중화민국 사이의 깊은 관계를 감안하여 종래의 관계가 계속될 수 있도록 충분히 배려한 다음 교섭에 임할 것"이라고 강조했다.

이 가운데 "종래의 관계가 계속될 수 있도록"이란 부분이 미심쩍었다. "종래의 관계"는 외교관계를 포함한다고 주장하는 신중

---

18 読売新聞政治部編, 『権力の中枢が語る自民党の30年』(読売新聞社, 1985年), pp.173-174.
19 「森田一日記」(1972年8月29日).

파, 그리고 외교관계는 포함되지 않는다고 해석하는 촉진파 사이의 견해가 일치하지 않아 결국 애매모호한 문장으로 낙착된 셈이었다.[20]

협의회가 일단 결론을 내리자 자민당 정치인들의 중국방문이 활발해지기 시작했다. 9월 9일에는 친중파 후루이 요시미, 다가와 세이치, 마쓰모토 슌이치 등이 전후 최초의 직항편으로 베이징 공항에 도착했다. "후루이, 다가와 차원에서 조금 좁혀 주었으면 한다"는 오히라의 희망에 따른 것으로 "다나카는 거의 모든 것을 오히라에게 떠맡겼다."

직항편에는 텔레비전방송국 관계자들이 다나카 방중에 대비한 중계를 준비하기 위해 동승했다. 후루이 등은 저우언라이, 랴오청즈, 장샹산, 왕샤오윈, 쑨핑화 등과 회담을 가졌다.[21]

---

20 椎名悦三郎追悼録刊行会, 『記録 椎名悦三郎』下巻, pp.146-154. 다음도 참조. 『月刊・自由民主』編集部, 『自民党政権の30年 日本の進路を決めた男たち』(太陽企画出版, 1986年), pp.220-228.

21 政策研究大学院大学C・O・Eオラル・政策研究プロジェクト, 「田川誠一オーラルヒストリー」上巻(政策研究大学院大学, 2001年), p.256, p.258; 田川誠一, 『日中交渉秘録 田川日記: 14年の証言』(毎日新聞社, 1973年), pp.356-378.
후루이에 따르면 "다가와 의원은 마쓰무라(겐조), 다카사키(다쓰노스케) 두 선배가 남긴 그림자를 가슴 속에 간직하고 있었다. (중략) 이 첫 번째 비행기는 다나카 방중을 준비하는 방송기술자들을 태우기 위한 것이었다." 古井喜実, 「日中間交正常化の秘話」, p.136.
다음도 참조. 「国務院外弁列世帯簡報: 日本自由民主党国会議員田川誠一致廖承志函(105-01657-05, 中華人民共和国外交部档案館所蔵), 中共中央文献研究室編, 『周恩来年譜』下巻, pp.550-551.

9월 14일에도 고사카를 단장으로 한 자민당방중단 23명이 출발하여 저우언라이 등과 국교정상화 문제를 협의했다.[22] 20일에는 일중각서무역사무소의 오카자키 가헤이타 대표도 방중했다.[23]

시이나 에쓰사부로 특사 기용

방중 일정이 다가오는 가운데 다나카는 대만에 특사를 보내고자 했다. 특사로 지명된 이는 시이나 에쓰사부로 전 외상이었다. 시이나는 1965년 사토 내각 외상으로서 한일국교정상화를 달성한 것 외에 1969년에는 의원 자격으로 대만을 방문하여 장제스 총통, 옌쟈간 부총통 겸 행정원장, 장징궈 행정원 부원장, 장췬 총통부 비서장 등과 회담을 한 바가 있었다.[24] 다나카는 그러한 수완을 산 것이다.

---

22 小坂善太郎, 『あれからこれから』, pp.175-187. 다음도 참조. 「廖承志文集」編輯弁公室編/安藤彦太郎監訳, 『廖承志文集』下巻(徳間書店, 1993年), pp.51-57 ; 中共中央文献研究室編, 『周恩来年譜』下巻, p.551.

23 岡崎嘉平太伝刊行会編, 『岡崎嘉平太伝 : 信はたて糸 愛はよこ糸』(ぎょうせい, 1992年), pp.371-373.

24 「椎名悦三郎訪華」(11-EAP-01075, 012.22/0088, 中央研究院近代史研究所所蔵); 椎名悦三郎「私の履歴書」日本経済新聞社編, 『私の履歴書』第41集(日本経済新聞社, 1970年), pp.228-230.

다나카는 1972년 8월 초 홋카이도에 피서를 간 시이나에게 전화를 걸어 "부총재에 취임해 달라", "대만특사를 맡아줄 수 있겠는가"라고 요청했다. 시이나를 자민당 부총재로 임명하여 대만에 특파하려 한 것이다.

8월 22일 시이나가 부총재로 취임하자 다나카는 그 다음날인

시이나 에쓰사부로

23일 시이나를 수상관저로 불러 대만특사로 임명했다. 대만에 애착을 가지고 있던 시이나는 어려운 역할을 받아들였다.[25]

오히라가 펑멍치 주일 대만대사에게 시이나 특사파견을 요청하자 펑멍치는 그 의도를 의심하면서 맹렬히 반발했다. 대만은 일본을 거세게 비판하고 있었던 것이다. 대만이 시이나의 대만방문을 승낙하지 않을 경우 일본·대만 관계에 악영향을 미칠 것은 틀림없었다.

거기서 오히라는 8월 19일 자민당 본부직원인 마쓰모토 요시히코를 사저로 불러들였다. 예전부터 오히라는 마쓰모토로부터 대만과의 교류 상황에 대해 설명을 듣고 있었다. 마쓰모토는 아직

25 椎名悦三郎追悼録刊行会, 『記録 椎名悦三郎』下巻, pp.155-156. 다음도 참조. 岡村重信·豊島典雄·小枝義人, 『日華断交と日中国交正常化』, pp.22-23.

32살에 불과했지만 행정원장으로 취임한 장징궈와 면식이 있었다.[26]

오히라가 마쓰모토에게 다음처럼 얘기를 꺼냈다.

"펑멍치 대사와도 만나서 일본 측의 여러 생각을 얘기해 보았는데, 그는 매우 고자세로 나에게 오로지 항의만 할 뿐이네. 이 상태론 도저히 특사를 받아줄 것 같은 분위기가 아니야. 정말 괘씸하기 짝이 없군."

펑멍치의 태도가 적잖이 비위에 거슬렸는지 보통은 조용한 성격인 오히라가 드물게 분개해 했다.

대만과 가교역할을 맡도록 요청받은 마쓰모토는 "저 같은 어린 사람이 그처럼 중대한 역할은 맡을 수가 없습니다"라며 머뭇거렸다.

그럼에도 오히라는 "다 일본을 위해서라고 생각해서 맡아주게"라고 밀어붙여 마쓰모토를 대만에 파견했다.

대만으로 날라간 마쓰모토는 "일화교류의 역사를 고려하면 핵심적 인물은 장췬 총통부 비서장 밖엔 없다"고 판단하고 있었다. 일본 육군사관학교를 졸업한 장췬은 장제스와 친밀한 관계를 갖고 있었으며 일찍이 외교부장도 역임한 바 있는 지일파 리더로서 비서장을 퇴임한 후엔 총통부 최고고문 장관이 되어 있었다.

마쓰모토는 9월 12일 총통부에서 장췬과 면담을 갖고 시이나

---

26 松本彧彦, 「中華民国(台北)見聞記」 松本彧彦・邱榮金・小枝義人・丹羽文生, 『日台関係の新たな設計図：実務外交と草の根交流』(青山社, 2010年), p.33.

특사를 받아들여 달라고 요청했다. 그러자 장췬은 일본어로 "말씀 하신 건에 대해서는 충분히 고려해 보겠다"라며 미소를 지으면서 답했다. 곧바로 그 다음날인 13일 대만 천창환 외교부장이 우야마 아쓰시 대사에게 시이나 특사를 받아들이겠다고 전달했다.[27]

미즈노 기요시와 다마키 가즈오

시이나 특사 방문이 즉각 수용된 데에는 오히라나 마쓰모토와는 별도로 시이나파의 미즈노 기요시 중의원 의원 및 자민당 우파 인 다마키 가즈오 참의원 의원이 대만을 설득했기 때문이었다. 미즈노는 1972년 9월 12일 오전 10시에 장췬과 회견을 하고 있 었다.[28] 마쓰모토가 장췬과 면회하기 직전의 일이다.

그 때까지 미즈노가 대만을 방문한 적은 없었으며 신조를 보더 라도 그는 오히려 친중적이었다. 미즈노는 재작년 9월 가와사키

---

27 松本彧彦, 『台湾海峡の懸け橋に：いま明かす日台断交秘話』(見聞ブックス, 1996年), pp.130-146. 다음도 같은 취지의 글. 近代日本史料研究会編, 「松本彧彦オーラルヒ ストリー」(近代日本史料研究会, 2008年), pp.29-33.

28 「椎名特使訪華」第3冊(11-EAP-01084, 012.22/89033, 中央研究院近代史研究所所蔵). 미즈 노·장췬 회담에관한 외무성 기록은 남아있지 않다(정보공개법에 의한 외무성 공개문 서, 2010-613).

히데지 등과 함께 중국을 방문하여 저우언라이와도 만난 바 있었다. 시이나파라는 점 한가지를 제외하면 미즈노가 시이나의 대만 방문의 선발대로서 적격이었다고는 보기 힘들다.

미즈노는 시이나파이긴 했지만 시이나가 미즈노를 대만으로 보낸 것은 아니었다. 그 보다는 대만 측이 미즈노를 끌어들였다고 보는 것이 맞았다. 미즈노에게 먼저 말을 건넨 것은 외교부의 커쩐화였다.

대일 문제를 담당하던 커쩐화는 타이베이, 도쿄, 오사카를 왕래했으며 1972년 9월 13일 오후에 열린 마쓰모토・장쥔 회담에도 통역으로 동석했다. 미즈노의 오랜 지인인 커쩐화는 미즈노가 시이나파인 점에 주목했다.[29]

거기서 커쩐화가 미즈노를 만나 "시이나의 대만 방문을 인정하지 않는 것은 그 또한 사전 조치가 필요하기 때문입니다"라고 언급했다.

미즈노는 "일본에선 중국파로 여겨지고 있으며," "베이징에 간 적은 있지만 타이베이에는 간 적이 없다"고 하면서 망설였다.

그럼에도 커쩐화는 "당신은 시이나파이기 때문에 그걸로 충분합니다"라면서 대만 방문을 강력하게 요청했다.

---

29 水野清, 「佐藤栄作に『国交回復』を迫った日々」, 『現代』(1992年11月号), pp.136-138 ; 松本彧彦, 『台湾海峡の懸け橋に』, pp.142-144 ; 近代日本史料研究会編, 「松本彧彦オーラルヒストリー」, p.32 ; 唐津俊二郎, 『唐津俊二郎オーラルヒストリー　そろそろ全部話しましょう』(文藝春秋企画出版部, 2009年), p.152.

미즈노는 "시이나파였지만 시이나와는 그다지 친하지 않았다"고 한다. 대만을 방문하기 전에 미즈노는 시이나와 의견조율을 하지 않은 상태에서 시이나의 비서에게 "내가 가도 좋은가?"라는 말을 전할 정도였다.

대만에 간 미즈노는 9월 12일 장췬을 방문하여 둘이서만 회담을 가졌다. 미즈노가 국제 정세에 대해 논하면서 "다나카, 오히라는 베이징에 갑니다"고 말하자 장췬은 경고했다.

"결국 중국공산당에게 속을 것이네. 지금은 중국공산당도 소련과 사이가 좋지않아 궁지에 몰려 곤란한 상황이지만 상황이 좋아지면 당신들을 배반할 거야."

본래 미즈노는 중국파로서 장췬과 파장이 맞지 않는 것은 당연하다 할 수 있다. 회담은 평행선을 달렸다. 그럼에도 미즈노는 "시이나 상을 받아들여 달라는 부탁을 하러 왔으니 모쪼록 수용해 주십시오"라며 간곡하게 부탁했다.

장췬이 심사숙고 하는 모습을 보이더니 미즈노가 보는 앞에서 수화기를 들어 천창환 외교부장에게 시이나의 대만 방문 수용을 지시했다. 미즈노는 다음처럼 분석한다.

"대만 사람들은 짐짓 점잔을 잘 뺀다. 요컨대 시이나가 사죄특사로 가는데 그런 시이나를 받아들여 달라고 당신이 부탁하러 오길 바란다는 것이었다고 본다."

대만이 바라던 바는 시이나파의 중의원 의원이 대만을 방문하여 시이나 특사 수용을 간청한다는 줄거리였다. 미즈노에 의하면 그게 바로 대만 측이 그리는 "스토리였다." 시이나를 받아들이는 것 그 자체는 그 전에 이미 정해져 있었다는 것이 미즈노가 느낀 감촉이었다. 미즈노가 장췬을 만난 것은 이것이 처음이자 마지막이었다.

회담을 마치고 미즈노가 타이베이의 쑹산 공항으로 향하자 커쩐화가 배웅 길을 함께 해 주었다. 그 때 커쩐화는 예언처럼 다음과 같이 말했다.

"좀 거칠게 맞이할 겁니다. 시이나 상에겐. 하지만 몸에 손을 댄다든가 그런 일은 없을 겁니다."

시이나의 대만 방문을 "좀 거칠게" 맞이할 것이란 얘기다. 그 진의에 대해 미즈노는 "음, 작위作爲다. 외교부가 시켰는지 어땠는지는 모르지만"이라고 말했다. 귀국 후에도 미즈노는 시이나에게 그다지 상세하게는 보고하지 않았다.[30]

한편, 시이나와 가까운 관계였던 다마키는 8월 10일 대만을 방문하여 장췬은 물론 장징궈 행정원장, 천창환 외교부장, 장바오슈 국민당 중앙위원회 비서장 등과 회담을 가졌다. 대만 측이 "평화조약을 부정하는 것은, 다시 말하면 교전 상태가 부활하는 것을 의미한다"고까지 반발하자 다마키는 충격을 받았다.

9월 4일 다시금 대만을 방문한 다마키는 시이나 특사 수용을 요청했다. 보복 조치를 취할 가능성을 시사하는 대만 측에게 다마키

30 미즈노 기요시 인터뷰(2010년 11월 30일).

는 "전쟁상태 부활만은 무슨 일이 있더라도 피해야 한다. 부디 시이나 특사를 맞이해 주길 바란다"고 설득하여 간신히 시이나 특사를 받아들인다는 내락을 얻었다고 한다. 중일국교정상화에 신중론을 주창하고 있던 다마키는 대만 측의 분노를 가라앉혀 교류를 유지시키고자 노력했다.[31]

그렇다고는 해도 대만의 태도는 엄격했다.[32] 다마키는 9월 30일 자민당 양원 의원총회에서 이렇게 말했다.

> 나는 대만에서 천창환 외교부장, 장바오슈 국민당 비서장과 깊숙한 얘기를 나누었는데, 그 때 대만 측은 보복조치를 취하면 양국에 원한을 남길 것이라고 말했지만, 검토 중에 있는 구체적인 방법에 대해 제시한 것이 있었다. 〔중략〕 시이나 특사를 대만이 수용하도록 하는 일에 대해선 나도 노력했다. 그들이 갖고 있던 전망은 모두 들어 맞았는데 내가 귀국할 무렵에는 담담하게 "끊겼을 때는 끊겼을 때에 맞춰 교섭을 하자"고 말했다.[33]

---

31 玉置和郎記錄集編纂委員会編, 『政党政治家 玉置和郎』(学習研究社, 1988年), pp.91-95, pp.696-697. 다음도 참조. 藤尾正行「"放言大臣"再び吠える」, 『文藝春秋』(1986年11月号), p.112.

32 이토 히로노리 주대만대사가 오히라 마사요시 외상 앞으로 보낸 전보(1972년 9월 6일)(정보공개법에 의한 외무성 공개문서, 2010-438).

33 時事通信社政治部編, 『日中復交』, p.207.

마쓰모토나 미즈노가 대만을 방문하기 전부터 다마키는 대만 측과 깊숙한 협의를 진행하고 있었던 셈이다. 다소 과장한 측면도 있을 것으로 여겨지긴 하나 다마키는 1973년 4월 9일 참의원 예산위원회 제2분과회에서 오히라에게 다음처럼 말했다.

나는 이 [1972년] 9월 29일 이전, 즉 시이나가 들어온 바로 그 시점이었다. 그 당시 저 쪽도 선전용으로 사용하는 것인지 어떤지는 모르겠지만 2억 2천만 톤에 달하는 일본에 석유를 출하하는 나라들을 전부 조사하여, 그렇게 해서 베이징과 국교를 맺고 있는 나라들에게 들어오는 유조선에 대해서는 이를 체크하자. 자신들과 국교를 맺고 있는 나라들은 동그라미를 쳐서 이를 통과시키자, 분류까지 해서 갖고 있었다. [중략] 우리는 그런 일을 당하게 되면 이건 큰 일이 아니냐 라고, 특히 육군, 해군, 공군이 24시간 전시태세에 들어가 있었던 것이다. [중략] 우리는 그런 자세를 보고 와서, 이번엔 당할지도 모른다, 당하면 큰 일이라고 해서 가능한 한 모든 노력을 기울였다.[34]

---

34 「第71回国会参議院予算委員会第2分科会会議録」第4号(1973年4月9日), p.11. 다음도 참조. 玉置和郎, 「青嵐会の将来と日本：日本に道義を取りもどそう」中川一郎代表, 『青嵐会：血判と愛国の論理』(浪曼, 1973年), pp.176-179.

시이나에게 내린 애매한 지시

대만 측이 대일 비판을 고조시키는 가운데 1972년 9월 17일 시이나 대만 방문이 결정되었다. 그리하여 시이나가 수상관저를 찾아가는데 다나카는 확실한 방침을 말하려 하지 않았다.

시이나가 "가서 무얼 하면 되는가?"라고 묻자 다나카는 "외교 사항은 오히라(외상)에게 맡겼으니 오히라에게 물어보게"라면서 마치 울듯한 표정을 지으며 부탁하는 것이었다.[35]

다나카가 마치 갈피를 잡을 수 없는 듯한 말을 하자 시이나는 "그런 식으로 말한다면 자네, 본심을 말하지 않으면 내가 간다고 한들 아무런 소용이 없지 않은가"라고 속으로 생각했다. 그러나 시이나는 그 말을 가슴 속에 묻어 두었다.

외무성 아시아국 외무참사관이었던 나카에 요스케에 의하면 "'시이나는' 말하면 말한 만큼 촌스럽다는 것을 알고 있었기 때문에 모른 척 하고 있었다. 속으론 틀림 없이 다나카 수상을 지독한 사람이라고 생각했을 것이다."[36]

그 후 시이나는 오히라를 찾아가 "중공에게 대만문제에 대해 어느 정도까지 양보할 생각인가? 대만 측을 어떻게 설득하면 좋은

---

35 『サンケイ』(1977年3月30日). 다음도 참조. 椎名悦三郎追悼録刊行会, 『記録 椎名悦三郎』下巻, p.192; 中江要介, 『残された社会主義大国 中国の行方』, p.30; 福本邦雄『表舞台裏舞台：福本邦雄回顧録』(講談社, 2007年), pp.54-55, p.65, pp.69-70.

36 中江要介, 『日中外交の証言』(蒼夫社出版, 2008年), p.107.

가?"라고 물었다.

그토록 대단한 오히라도 모호하게 "분단국가의 한쪽을 인정하면 다른 한쪽은 인정할 수가 없다. 그것이 근대 외교의 큰 원칙인데…"라며 목소리를 얼버무렸다.

시이나는 "이제 그만해도 알겠다"라는 말을 남기며 오히라와 헤어졌다.

다나카와 오히라가 말을 흐린 이유는 무엇이었을까? 중일국교 정상화가 실현될 경우엔 일본·대만 단교라는 방침을 입밖에 내게 되면 친대만파인 시이나가 특사를 거절할 가능성이 있었다. 그리 되면 다른 특사를 임명한다 하더라도 대만 측은 이를 받아들이지 않을 것이다. 시이나를 먼저 보내는 것이 선결되어야 한다고 판단한 다나카와 오히라가 시종일관 애매모호한 말로 둘러댄 셈이다.[37]

애초에 시이나는 언론매체가 그 자신을 대만으로 보내는 '사죄특사'라는 등을 써 대자 "나는 사과같은 거 하러 가지 않겠다"며 불평불만을 내비치고 있었다. 다나카와 오히라에 대한 반감을 가슴에 묻고 시이나는 정부의 방침이 아닌 자민당 일중국교정상화 협의회의 방침을 전하기로 결의를 굳혔다. 대만문제에 관한 협의회의 방침은 외교관계를 포함하여 계속한다는 것으로도 해석할 수 있는 것으로, 이는 다나카 내각의 정책과 충돌할 가능성이 있

---

37 『サンケイ』(1977年3月30日);椎名悦三郎追悼録刊行会,『記録 椎名悦三郎』下巻, p.192.

었다.[38]

수행의원단

전례에 따라 구체적인 업무는 오히라가 맡았다. 그렇다고는 하나 오히라의 입장에서 보더라도 대만은 껄끄러운 문제이며, 이를 둘러싼 자민당과의 조정작업에 애를 먹고 있었다. 노련한 시이나는 간단하게 얘기를 들어줄 정치인은 아니었다.

거기서 오히라는 나카에 아시아국 외무참사관을 시이나 대만 방문에 수행시킨다. 요시다 겐조 아시아국장도 나카에에게 "자네에게는 대만문제를 부탁하네"라고 말해 둔 상태였다.[39]

이따금 오히라는 나카에를 신바시에 있는 요정 사카에야로 불러 협의를 거듭했다.[40] 한편, 나카에는 대만 중앙통신사 도쿄지국장으로부터 독자적으로 정보를 입수하고 있었다. 나카에가 입수한 정보는 대만과 자민당 의원들이 입수한 것과는 다른 내용이었다고 한다.

---

38 中江要介, 「生卵をぶつけられた日台断交使節団」, 『現代』(1992年11月号), pp.139-140.

39 中江要介, 『らしくない大使のお話』, p.54.

40 森田一, 『心の一燈 回想の大平正芳』, pp.110-111. 다음도 참조. 田村重信・豊島典雄・小枝義人, 『日華断交と日中国交正常化』, pp.231-232.

만약 중일 양국이 국교정상화를 하게 되면 일본인들의 재산이 압류될 것이다, 비행기는 멈추게 될 것이다, 일본 선박은 대만해협을 자유로이 통행할 수 없게 될 것이다 등과 같은 협박성이 짙은 정보는 거의 없었습니다. 그런 종류의 정보는 대만파 정치인들을 통해서 들어 오는 것이었죠. 나다오 히로키치 상이라든가 동행한 다마키 가즈오 상, 후지오 마사유키 상 등과 같은 사람들말입니다.[41]

시이나 특파대사 일행 명부

특파대사	시이나 에쓰사부로 중의원 의원, 자민당 부총재, 전 외상, 전 통산상
고 문	무라카미 이사무 중의원 의원, 전 우정상, 전 건설상
고 문	아키타 다이스케 중의원 의원, 전 자치상, 자민당 대외경제협력특별위원회원장
고 문	후쿠나가 유이치 중의원 의원, 전 자민당 부간사장, 전 운수성 정무차관
고 문	가도 쓰네타로 중의원 의원, 전 운수성 정무차관
고 문	기쿠치 요시로 중의원 의원, 전 과학기술청 정무차관
고 문	다카미 사부로 중의원 의원, 전 문부상
고 문	후쿠이 이사무 중의원 의원, 전 중의원 운수위원장
고 문	가노 히코키치 중의원 의원, 전 경제기획청 정무차관
고 문	스나다 시게타미 중의원 의원, 전 총리부 총무부장관
고 문	야마무라 신지로 중의원 의원, 전 운수성 정무차관

41 中江要介,『アジア外交 動と静』, pp.129-130.

고 문	나카무라 고카이 중의원 의원 전 자민당국민운동 부본부장
고 문	와타누키 다미스케 중의원 의원, 자민당 상공국 차장
고 문	하마다 고이치 중의원 의원, 자민당 청년국 차장
고 문	가와카미 다메키 참의원, 전 참의원 상공위원장
고 문	오모리 히사지 참의원, 자민당 부간사장
고 문	구스노키 마사토시 참의원, 전 참의원 문교위원장
수 행 원	나카에 요스케 외무성 아시아국 외무참사관
수 행 원	나나미 히로아키 외무성 정보문화국 해외공보과 사무관
수 행 원	와카야마 교이치 외무성 연수소 사무관
비 서	이와세 시게루 시이나 에쓰사부로 특파대사 비서
비 서	마쓰모토 아야히코 자민당 본부직원 외 4명

출처 : 「시이나 특파대사 일행 명부」(정보공개법에 따른 외무성 공개문서, 01-1933-2, 외무성 외교사료관 소장) 등을 참조로 작성.

자민당 의원들은 시이나를 수행하여 대만에 함께 가야 할 것인지 고민하고 있었다. 나카에에 따르면 "대만특사 수행원으로 들어가는 게 유리한지 불리한지 모두들 고민하고 있었습니다. 어느 편이 다음 선거에 유리할지."[42] 의원단 규모는 17명에 불과했다.

나카에는 시이나와 논의를 거듭한 끝에 수행의원단 명부를 작성했다. 의원단 명부에서 서열이 잘못 기입되어선 안 된다. 그러한 때에 의지할 수 있는 것이 당내 사정을 꿰뚫고 있던 다케시타 노

---

42 中江要介,「日中正常化と台湾」『社会科学研究』第24巻 第1号(2003年), p.98.

보루였다.[43] 사토 내각 당시 관방장관을 지낸 다케시타는 다나카 내각에서는 자민당 필두 부간사장이 되어 있었다.

거기서 나카에가 "명부는 대체로 20여명 정도로 이렇게 정해졌는데, 서열은 어떻게 하는게 좋겠습니까?"라며 다케시타에게 상담을 청했다.

다케시타는 "아, 그건 내게 맡기게"라며 즉각 서열을 말해주었다. 다케시타는 의원 약력이나 당선 횟수 등을 암기하고 있었던 것이다.

나카에는 "놀랍게도 다케시타 상은 국회의원명부가 통째로 머리 속에 들어있는 것 같았습니다"라고 회고한다.[44]

---

43 다음도 참조. 竹下登, 『証言 保守政権』(読売新聞社, 1991年), pp.83-85 ; 竹下登/政策研究大学院大学政策情報プロジェクトCOE オーラル・政策研究プロジェクト監修 『政治とは何か : 竹下登回顧録』(講談社, 2001年), pp.274-278.

44 中江要介, 『アジア外交 動と静』, pp.133-134. 다음도 참조. 中江要介, 『らしくない 大使のお話』, pp.53-55 ; 同「日中正常化と台湾」, p.98.

야스오카 마사히로가 첨삭한 다나카 친서

대만을 방문하는 시이나에겐 장제스 총통 앞으로 보내는 다나카 수상 친서를 지참토록 했다. 다나카의 친서라고는 해도 다나카가 직접 쓴 것이 아니라 외무성이 마련한 것이었다. 아시아국 중국과가 작성한 당초의 친서안은 대만과의 "외교관계 단절"에 대해 언급하면서도 민간교류의 계속을 요청하는 것이었다.[45]

중국과장이었던 하시모토 히로시는 친서의 목적을 다음처럼 말한다.

〔다나카와 오히라〕 두 지도자도 장제스 즉, 국민정부와의 관계를 매우 부담스럽게 생각하고 있었는데, 중국과 국교정상화를 하면 그 결과로써 국민정부와의 국교는 당연히 단절된다. 싸움의 결과로 이별하는 것이 아니라, 이젠 시대의 대세를 반영하여 국제정세가 변화한 결과, 국민정부와 일본정부는 헤어질 수밖에 없기 때문에, 가능한 한 최대한 예의를 갖추자는 것이었다.[46]

외무성에 다나카 친서 정보공개를 청구한 바 적어도 다섯 번은

---

45 小倉和夫, 「別れの外交のドラマ: 日中国交正常化時の対台湾外交といわゆる『田中親書』をめぐって」石井明ほか編, 『記録と考証 日中国交正常化 日中平和友好条約締結交渉』, p.230.

46 하시모토 인터뷰(2008년 11월 8일).

수정하거나 고쳐 쓴 흔적이 있었다. 친서안을 각각 비교해 보면 다시 손을 댄 부분에는 세 가지 특징이 있었다.

첫째, 사무적인 문체를 다시 한문체로 고쳐 썼다.

둘째, 중일국교정상화가 달성되면 "귀국 정부와 우리 정부 사이의 공식적인 관계는 결과적으로 단절된다"라고 쓰여졌던 부분이 "귀국과의 사이에 통절한 모순의 저촉을 피할 길이 없어"라는 애매한 표현으로 바뀌었다.

셋째, 민간 교류의 계속을 의뢰하는 부분이 삭제되었다.[47]

이는 장제스의 입장을 깊이 고려해서 수정한 것이라 할 수 있었다. 하시모토에 따르면 "내가 처음 일본어 문장을 쓰고 이를 오히라 외상에게 가져갔다. 물론 (호우젠) 차관에게도 얘기했고, 하여튼 많은 사람들이 관여했다."

오히라는 친서안을 받아 들고 "누가 썼는지는 모르겠지만 이건 정말 잘 된 문장이다"라고 말했다. 한편, 다나카는 하시모토에게 다음처럼 주문했다.

"내용은 이걸로 좋네. 다만 이 친서를 말이지. 상대는 장제스로, 단지 무인이나 정치인이 아니란 말이지. 장제스란 인물은 뭐니 뭐니 해도 한 시대를 풍미한 사람이니 좀 더 격식을 갖추어서 훌륭한 문장으로 써주지 않겠나."

---

47 「田中総理の蔣介石総統宛親書(案)」年月日不明 (정보공개법에 의한 외무성 공개문서, 2010-267).

다나카는 골똘히 생각하면서 "내용은 이 하시모토가 쓴 것으로 좋으니 야스오카 마사히로에게 문장 체재를 봐달라고 하게"라며 하시모토에게 지시했다. 중국과가 마련한 친서안을 본 다나카가 한학자인 야스오카의 첨삭을 받도록 명령한 것이다.[48]

종전 당시 옥음방송(히로히토 일왕의 라디오 패전 성명 방송을 말함-역자주)에 붉은 글씨로 정정한 적도 있는 야스오카는 역대 수상의 개인교사로 알려져 있었다. 이케다파의 출범에 즈음하여 야스오카는 오히라에게 고치카이宏池会란 이름을 지어준 적도 있었다.[49]

다나카 친서의 첨삭을 의뢰 받은 야스오카는 "대만의 주요 고관들이 한번 읽어보고 화를 내면서도, 하지만 그럴싸한 말을 하는군…. 이라는 말을 들을 수 있는 문장을 써보도록 하지" 라고 말하면서 받아들였다.[50] 야스오카가 만년필을 집어 들자 친서는 같은 것이라고는 전혀 생각되지 않을 만큼 격조 높은 한문체 문장으로 바뀌었다. 다소 문장이 길긴 하나 여기서 원문 그대로 인용해 두고자 한다.

---

48 하시모토 인터뷰(2008년 11월 8일).

49 木村貢, 『総理の品格』, p.24.

50 椎名悦三郎追悼録刊行会, 『記録 椎名悦三郎』下巻, p.175.

장제스 총통각하 균감 (鈞鑑 : 윗사람에 쓰이는 존칭-역자주)

삼가 아룁니다.

각하, 본인은 오랫동안 귀국의 안연(安燕 : 편안하고 즐거움-역자주)
과 영토의 길상(吉祥: 길하고 상서로움-역자주)을 앙망(仰望 : 우러러 바
라봄-역자주), 신치(神馳 : 마음이 달려감-역자주)해 왔습니다.

근래 우리나라와 베이징 정부 사이의 교섭과 관련하여 논의가 분
분합니다.

각하의 주변 또한 이를 우리나라 정부의 항지(降志 : 높지 않은 뜻-
역자주)와 욕신(辱身: 욕된 몸-역자주)을 가지고 스스로의 국격을 손상
시키는 행위로써 논란거리가 되어있음을 전하여 들은 바 이 서한을
빌어 삼가 본 문제에 관한 일본정부의 소견을 개진하여 이에 대한
각하의 양찰(諒察: 헤아려 살핌-역자주)을 바라는 바입니다.

돌이켜 보면 전후 약 20년. 각하의 일본국 및 일본 국민에 대한
시종 변함없는 고의(高誼: 두터운 정-역자주)와 우대는 일본국 정부
및 국민이라면 누구나 할 것 없이 흠상(欽 : 존경하여 우러름-역자주)
하고 있는 바이며, 1952년 우리나라가 귀국 정부와 평화조약을 체
결한 이래 정부, 민간 공히 제반 기회를 통하여 일관되게 귀국과의
우의를 여행(勵行 : 힘써 행함-역자주)해 왔습니다. 특히 작년 유엔에
있어서 중국대표권 문제의 심의에 있어서는 우리나라 정부가 솔선,
정신(挺身 : 앞장서서 나아감-역자주)하여 난국을 바로잡고 분쟁을 해
결하기 위하여 유엔에 있어서 귀국의 의석 확보를 위해 분주진취

(奔走盡瘁 : 바쁘게 뛰면서 자신을 돌보지 않고 진력함-역자주)해온 점은 오랫동안 청사(靑史 : 역사의 한문투 말씨-역자주)에 전해질 것이며 양국을 위해 우방들이 한결같이 감명하는 바가 있습니다.

그럼에도 불구하고 근래 국제정세가 급변하여 유엔에서 중국대표권 문제가 의결되었고 베이징 정부를 승인하는 국가들이 속출하고 있습니다. 닉슨 대통령의 베이징 방문을 필두로 베이징 정부와 관계 개선을 꾀하는 것이 전세계의 도도한 점이 있습니다. 우리나라는 이들 국가들과는 역시 스스로가 매우 다름이 있고, 예로부터 중국과 성현의 가르침을 깊이 나누어 왔으며 동시에 오랫동안 국민대중이 중국대륙과의 사직창생(社稷蒼生 : 나라와 백성-역자주)을 경애해 온 감정은 심상치 않은 점이 있으며, 따라서 작금의 추세를 감안하여 중일국교정상화의 기운이 이미 무르익은 점을 들어 정부의 결단을 앙망하고 있음은 참으로 피치못할 정세가 되었습니다. 우리나라는 두 말할 나위 없이 의회제 민주주의를 국정의 기본원칙으로 하고 있는 바, 정부는 국민 다수의 의사와 갈망을 정치적으로 구현해야 할 책임을 지고 있습니다. 이는 우리들이 신사숙려(愼思熟慮 : 신중히 생각하고 깊이 궁리함-역자주)하여 베이징 정부와 새로이 건교(建交 : 국교를 세움-역자주)하려는 까닭으로, 헛되이 기세에 휘둘리거나 이익의 유혹을 이기지 못하여 이른바 친미(親媚 : 친하게 굴면서 아첨함-역자주)하면서 베이징에 대해 근시안적인 정책을 취하는 것은 아닙니다.

다만 이러한 정책을 실행에 옮김에 있어서는 말할 나위도 없이

귀국과의 사이에 통절한 모순의 저촉을 피할 길이 없어, 때로는 또

한 조략(粗略 : 간략하여 보잘 것 없음-역자주)을 피할 수 없을 것으로

사료되오나 자정자헌(自靖自獻 : 서경에 나오는 말로 공공을 위해 자신

을 던짐-역자주)의 지성을 다하여 선처하고자 하오니, 각하의 지인지

공(至仁至公 : 지극히 어질고 사사로움이 없이 공평함-역자주)의 고의(高

誼)를 경청(敬請 : 삼가 청함-역자주)하는 바입니다.

　각하의 만수무강萬壽無疆을 근축(謹祝 : 삼가 기원함-역자주) 드립

니다.

1972년 9월 13일

일본국 내각총리대신 다나카 가쿠에이 (서명) 근배[51]

---

51 石井明ほか編,『記録と考証 日中国交正常化・日中平和友好条約締結交渉』, p.145-
149. 다음도 참조. 高橋政陽・若山樹一郎,「当事者が明らかにした30年目の新事実
『日中』か『日台』かで揺れた日本外交」,『中央公論』(2003年4月号), pp.60-74. 위 서신
한글문은 한문체의 일본문을 번역자가 의역한 것임(역자주).

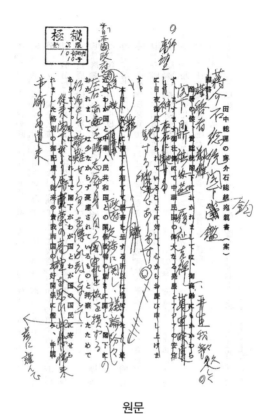

원문

출처 : 다나카 총리가 장제스 총통에게 보낸 친서(안), (정보공개법에 따른 외무성 공개문
서, 2010-267).

최종적으로 다나카 친서는 붓으로 써서 완성되었다. 장제스를 지칭하는 "각하" 부분은 행을 바꾸었고, "귀국"이란 단어 앞에 한 글자 공백을 두었다. 대만과의 "우의友誼"를 언급 하면서도 "국제 정세가 격변"해서 "중일국교정상화 기운이 무르익었다"는 것이 다. 앞으로의 일본·대만 관계에 대해서는 "귀국과의 사이에 통절 한 모순의 저촉을 피할 길이 없어"라고 언급하는데 머무르고 있 다. 단교를 명확히 드러내는 말은 어디에도 없었다.

야스오카가 수정한 가장 큰 부분은 "국교 단절 운운이나 앞으 로의 민간 사이의 우호관계 유지 운운 부분을 전면적으로 삭제한 것"이었다.[52] "공식적인 관계가 단절된다"고 한 문장은 삭제되었 다. 민간인에 지나지 않는 야스오카가 "공식적인 관계가 단절된 다" 부분을 "귀국과의 사이에 통절한 모순의 저촉을 피할 길이 없 어"라고 고쳐 쓴 것이다.

와타나베 고지에 이어 외무성 아시아국 중국과 수석사무관이 된 오구라 가즈오에 따르면 다나카 친서를 기안하는 데는 우야마 아쓰시 주대만대사도 관여했다고 한다. 중국과 총무팀이 다나카 친서를 기필하고 하시모토와 오구라가 수정하여 윗선에게 보여주 었는데 이를 야스오카에게 전해주었다는 것이다.

그렇다면 "공식적 관계가 단절된다" 부분을 삭제한 야스오카안 이 거의 그대로 다나카 친서가 된 것은 왜일까? 오구라는 이렇게

---

52 小倉和夫, 「別れの外交のドラマ」, p.231.

말한다.

국교가 단절된다는 점을 왜 일본 측이 말할 필요가 있는가에 대
한 논의가 있었던 것입니다. 당연히 그렇게 되는 것 아니냐고 하는.
다시 말하면, 대만이 하나의 중국이라는 걸 주장하고 있는 이상, 일
본이 베이징 정부와 국교정상화를 하게 되면 당연히, 법률적으로
말이죠, 대만이 독립을 선언한다든가 그런 일이 없는 한, 하나의 중
국을 고집한다면 국교는 단절됩니다. 그것은 법률적으로 해가 서
쪽에서 떠오르지 않고 동쪽에서 떠오르는 것과 같은 이치인 셈이
죠. 그런 것을 왜 일본이 굳이 말할 필요가 있는가 라는 논의가 있
었던 것입니다.

그에 더하여 오구라는 타이베이의 일본대사관을 경유하여 대
만의 지일파가 일본 측이 먼저 단교라는 말을 꺼내지 않았으면 좋
겠다는 시그널을 보내왔다고 회상한다.[53]

---

53 오구라 가즈오 인터뷰(2010년 6월 1일).

대사 호출

다나카 친서가 마련되고 시이나 대만 방문을 목전에 둔 무렵, 대만에서는 반일감정이 정점에 달하고 있었다. 대만의 천창환 외교부장은 9월 15일 아침 우야마 대사를 호출했다. 천창환은 1960년부터 1966년까지 외교부장을 지낸 바 있으며 1972년 5월에 다시 외교부장으로 복귀한 상태였다.

우야마 대사가 외교부로 달려가자 천창환은 미리 준비된 문서를 읽기 시작했다.

> 명백히 귀국 정부는 이미 우리 나라에 대한 비우호적인 정책을 결정한 상태이며, 이를 우리 측에 통보하기 위해 시이나 특사로 하여금 중국(대만)에 방문시키려는 것으로 보지 않을 수 없다. 이와 같은 태도는 단지 우리 정부가 받아들이기 어려울 뿐 아니라 반드시 우리나라 전 국민을 격앙시킬 것이다.
>
> 귀국 정부는 하루빨리 이러한 점을 분명히 해주기를 희망한다. 그렇지 않으면 국민정부는 특사의 내방에 대해 중대한 정책적 고려를 하지 않을 수가 없게 될 것이다.
>
> 시이나 특사 내방 임무가 중요하다는 점을 감안하여 우리 측은 시이나가 이곳에 도착한 이후, 또는 이곳에 체재하는 기간 동안에

정책적인 그 어떠한 성명서나 담화도 발표하지 않기를 희망한다.[54]

천창환은 문서를 다 읽은 다음 "여론이 너무나도 격앙되어 신경질적이 되어있다는 작금의 실정을 본국 정부에 충분히 전해 주었으면 한다"고 주장했다.

그에 대해 우야마는 "일본정부, 시이나 특사는 귀국 정부의 입장에 대해 최대한 각별한 주의를 기울일 것임은 털끝만큼도 의심할 여지가 없다"라고 대답했다.[55]

우야마는 대만의 요청에 배려하여 미리 준비하고 있었던 시이나가 대만을 방문한 직후에 공항에서 행하기로 한 성명서 발표를 취소하기로 했다. 대만에서 시이나의 대만 방문 반대 운동이 고조되는 가운데 시이나 및 나카에 등은 하네다 공항에서 타이베이로 향하는 일본항공 특별기에 올랐다.

---

54 우야마 아쓰시 주대만대사가 오히라 앞으로 보낸 전보(1972년 9년 15일)(정보공개법에 의한 외무성 공개문서, 2008-715).

55 앞의 글.

시이나 대만 방문과 '관제 데모'

9월 17일 오후 시이나 일행이 타이베이의 쑹산 공항에 내리자 이에 반발하는 300명 규모의 학생과 시민들이 그들을 기다리고 있었다. "시이나는 돌아가라", "국부의 우호에 반한다면 돌려보내지 않겠다"고 기세를 올리면서 데모대는 차량 행렬에 돌이나 날계란을 던지고, 막대기로 두들기며, 침을 뱉었다.[56]

군중들이 공항을 에워싼 가운데 14대로 구성된 시이나 일행의 차량 행렬은 군용 게이트를 통해 탈출했다. 경비차가 사이렌을 올리면서 앞장서고 차량 행렬이 이를 뒤쫓아 공항을 빠져나가려 했으나, 현수막이나 날계란을 손에 든 폭도들이 앞길을 가로막았다.

---

56 『毎日新聞』(1972年9月18日). 다음도 참조.『読売新聞』(1972年9月18日); 中江要介「生卵をぶつけられた日台断交使節団」, p.140；田村重信・豊島典雄・小枝義人,『日華断交と日中国交正常化』, pp.51-57.

시이나 특사 일정표

9월 17일 (일요일)

13:45 타이베이 쑹산 공항 도착 (JAL721편)

14:10 타이베이그랜드호텔(円山大飯店) 도착

17:15 타이베이그랜드호텔 출발, 우야마 아쓰시 대사 공저로 이동

17:30~20:45 재류 일본인 대표와 간담회

21:00 타이베이그랜드호텔 도착

9월 18일 (월요일)

8:45 타이베이그랜드호텔 출발

9:00~10:50 천창환 외교부장과 회견 (장소 : 외교부)

11:00 총통부 도착, 장부에 기록

11:10 12:25 옌쟈간 부총통과 회견 (장소 : 총통부)

13:00 중식 (장소 : 타이베이그랜드호텔)

15:00 타이베이그랜드호텔 출발

15:15 입법위원들과의 간담회 (장소 : 삼군군관클럽)

15:40 삼군군관클럽 출발

15:50~16:50 허잉친 장군과 회견 (장소 : 자택)

18:15 타이베이그랜드호텔 출발

18:35~19:30 천창환 외교부장과 제2차 회담 (장소 : 외교부)

19:30 천창환 외교부장 초대 연회 (장소 : 외교부)

22:30 타이베이그랜드호텔 도착

9월 19일 (화요일)

8:45 타이베이그랜드호텔 출발

9:00~11:00 장징궈 행정원장과 회견 (장소 : 행정원)

11:00 장췬 총통부 최고 고문장관과 회견 (장소 : 총통부)

13:00~14:30 일화협력위원회 (장소 : 타이베이그랜드호텔)

16:10 타이베이그랜드호텔 출발, 타이베이 쑹산 공항으로 이동

16:25 출국 (JAL702편)

출처 : 우야마가 오히라 앞으로 보낸 전보, 1972년 9월 21일(정보공개법에 따른 외무성 공
개문서, 2008-715)을 참조로 작성

후쿠나가 가즈오미 등을 태운 3호차와 하마다 고이치 등을 태운 7호차는 일장기를 붙인 전면 유리가 깨졌다. 하마다는 보통 때 같으면 금방 달려들어 싸웠을 테지만, 이 때만큼은 냉정하게 "참자"면서 주위 사람들을 타이르고 나섰다.

간신히 숙박지인 타이베이그랜드호텔에 도착해 보니 14대 가운데 반 정도의 차량에 격렬한 흠집이 남아 있었다. 1949년에서 1987년까지 세계에서 가장 긴 계엄령이 실시되고 있던 대만에서 1972년 9월 시점에 집회나 데모가 인정될 리는 없었다.

당시 동행했던 자민당 직원 마쓰모토 아야히코에 따르면 시이나에 대한 항의 행동은 "대만 유사 이래 최초의, 정부가 인지한 상태에서 실행된 이른바 관제데모라고 불리웠다."[57]

마쓰모토가 주장하듯이 공항의 소란은 "관제데모"였는가? 외무성 직원으로 시이나 일행을 동행한 와카야마 교이치는 다음처럼 말한다.

시이나 상이 탄 차는 곧바로 붕 하고 나갔고, 두 번째 차도 뒤따라 나갔습니다. 그 후에 남자들 한 무리가 와- 하고 뛰쳐나와 목재로 차를 두드리기 시작한 것이죠. 〔중략〕 세 번째 차량부터 각각 의원들이 동행하고 있었습니다. 무라카미 이사무 상이라든가 아키타 다이

57 다음도 참조. 松本彧彦, 『台湾海峡の懸け橋に』, pp.156-159 ; 近代日本史料研究会編, 「松本彧彦オーラルヒストリー」, pp.34-39 ; 玉置和郎記録集編纂委員会編, 『政党政治家 玉置和郎』, p.96.

스케 상이라든가, 그런 거물급 의원들은 시이나 상의 차나 그 다음 차에 타고 있었습니다. 그 다음은 젊은 정치인들이라든가, 그런 사람들이었죠.

데모대는 시이나 및 무라카미 등을 태운 첫 번째 차와 두 번째 차를 통과시킨 다음 "부끄러운 줄 알라" 라는 등을 외치면서 세 번째 차량부터 목재로 두들기기 시작한 것이다. 폭동은 과연 진짜였던 것인가?

데모대가 지니고 있던 목재를 유심히 보면 진짜 각재가 아니라 조금 가공한 길고 납작한 재목이었습니다. 그래서 팡팡, 짝짝하고 때리니 소리는 크지만 차량 자체는 그다지 부서지지 않았죠. 유리에 조금 금이 갔고, 차량에 붙어있던 사이드 미러나 그런 것들이 깨진 정도였습니다.

데모대는 적당히 강도를 조절했는데, 이는 일종의 퍼포먼스에 가까운 것이었다. 의원들의 얼굴은 새파랗게 질려 있었지만, 와카야마는 "저들이 두들기고 있는 와중에 점차 우리에게 직접 위해를 가하려고 하는 건 아니구나 하는 느낌을 받았습니다"고 말했다. "관제데모"라는 추측도 전혀 틀린 말은 아니었을 것이라는 것이다.[58]

---

58 와카야마 교이치 인터뷰(2010년 8월 3일).

시이나를 비롯한 일행은 타이베이그랜드호텔에 도착하여 객실에 들어가 일단 한숨 돌린 뒤에 의견을 나누기 위해 다시 모였다.

거기서 하마다가 "내일부터 시작되는 공식 행사에 우리는 어떤 마음가짐으로 임하면 좋은가?"라고 제기했다. "우선은 특사가 어떠한 생각을 갖고 대만에 왔는지, 우리가 그것을 모르는 상태로는 말이 되지 않는다"라며 시이나에게 지시를 내려줄 것을 요청했다.

그러자 시이나는 "자네, 그런 건 각자 생각하고 있는 것을 말하면 되는 것이네"라고 대답했는데, 이를 들은 일행은 어이가 없었다. 이런 때에도 의사 통일이 안 되는 것인가, 과연 자민당 의원다웠다.

이를 참지 못하고 한 의원이 "특사는 총리 친서를 지참하고 있지 않습니까?"하고 묻자 시이나는 연막을 피웠다.

"친서라고 하는 건 그 내용을 공표할 수 있는 게 아니지 않은가. 어찌 되었든 아주 고매한 내용이 쓰여져 있을 것이네."

시이나는 다나카 친서 내용을 알고 있었을 것이나 내용을 미리 알려주면 수습할 수 없을 지경에 이를 것으로 판단한 것이다.[59]

이 때 시이나는 정부 방침이 아닌, 그 자신의 생각을 전하려고 마음먹고 있었다. 친대만파이고 풍부한 경험을 지닌 시이나가 정부가 하라는 대로 할 리가 없었다. 시이나를 수행한 나카에에 따르면 시이나는 "대충 대본에 쓰여있는 대로 말하지 않는다. 원래

59　松本彧彦,『台湾海峡の懸け橋に』, pp.159-161.

대본 자체를 외우지 않는 배우다."[60]

시이나·장징궈 회담

시이나 일행은 9월 18일 천창환 외교부장, 옌쟈간 부총통, 허잉
친 장군 등과 회담을 가졌다.[61] 3년 만에 시이나와 만난 옌쟈간
등이 중일국교정상화에 대해 맹렬하게 반발한 것은 물론이다.

가장 중요한 인물인 장제스 총통은 병석에서 갓 일어나 요양하
고 있다면서 면회에 응해주지 않았다.[62] 거기서 시이나가 장제스
앞으로 보내는 다나카 친서를 옌쟈간 부총통에게 건넸는데, 이에
옌쟈간은 "틀림없이 전하겠다"고 말했다.[63] 이로 인해 그 다음날
열리는 시이나·장징궈 회담이 최대의 분수령이 된다.

시이나는 9월 19일 장징궈와 회담에 임한다. 그간 행정원 부원

---

60 中江要介,『日中外交の証言』, pp.105-106.

61 우야마가 오히라 앞으로 보낸 전보(1972년 9월 21일)(정보공개법에 의한 외무성 공개문서,
01-1933-16, 外務省外交史料館所藏)에 허잉친 발언의 요지가 수록되어 있다.

62 椎名・嚴会談記録(1972年9月18日)「椎名特使訪華」第3冊.

63 우야마가 오히라 앞으로 보낸 전보(1972년 9월 18일) (정보공개법에 의한 외무성 공개문
서, 2008-715).다음도 참조. 石井明,「日台断交時の『田中親書』をめぐって」, pp.90-
98 ; 石井明ほか編,『記録と考証 日中国交正常化・日中平和友好条約締結交渉』,
pp.59-60.

장을 지내던 62세의 장징궈는 5월 행정원장으로 승진한 상태였다. 고령의 장제스 아래에서 장남인 장징궈가 권력을 장악하고 있었다.[64]

시이나는 장제스의 건강을 염려하는 내용의 인사를 마치고는 장징궈에게 일본 측의 방침을 전했다.

"고사카 회장이 맡고 있는 '일중국교정상화협의회'라는 것이 있는데 다나카는 몇 번이나 협의회의 의견에 따라 처리하겠다고 언명했다."

시이나는 덧붙여 말한다.

"그 결의 내용 중 머리말 부분에 특히 '중화민국'과의 관계가 깊기 때문에 '종래의 관계'를 그대로 유지하는 것을 염두에 두고 중일정상화 심의에 임해야 한다는 표현이 있다. 마지막의 마지막까지 옥신각신한 부분으로 '종래의 관계'라는 것은 외교를 포함한 의미이다."

일본·대만 단교는 고사하고 외교를 포함한 '종래의 관계'가 계속될 것이라고 시이나는 고한 것이다. 시이나가 전한 것은 다나카 내각이 아닌 자민당의 방침이었다. 게다가 시이나는 "종래의 관계가 계속될 수 있도록"이라고 하는 애매모호한 표현에 대해 "외교를 포함한 의미다"라고 단언했다.

장징궈는 그 진의를 헤아리기 어려웠다.

---

64 「民国61年蔣経国大事日記略稿」(「蔣経国総統文物」005000000235A).

"우리 측에선 오히라 외상이 펑 멍치 주일대사에게 한 발언을 중 시하고 있다. 그것은 '중일국교 수 립이 이루어지게 되면 "일화평화 조약"은 사라진다'는 것이었는데 이건 도대체 어찌 된 일인가?"

장제스

오히라의 발언과 모순되지 않는 가 라는 지적에도 불구하고 시이 나는 꺾이지 않았다. 시이나는 태 연하게 "(오히라가) 자기와 친밀한 펑멍치 대사와의 관계로 인해 감 상을 전한 것이 아닌가 생각한다"고 답했다. 시이나에 의하면 오 히라의 발언은 "감상"으로 "단교 선언이 아니며 예고도 아니다"라 고.

납득할 수 없었던 장징궈가 장광설을 늘어놓기 시작했다.

장제스 총통은 일본 문제에 대해 아주 관심이 많다. 특히 중일관 계에 대해서는 그 동안 깊은 관심을 가져왔기 때문에 군벌이 전쟁 을 일으키기 전에 중국을 친구로 보는가 적으로 보는가에 대해 주 의를 환기시킨 적이 있었다. 천황제를 옹호했고 4개국 분할 점령에 반대했으며 '일화평화조약'을 체결했다. 이러한 일련의 사실은 역 사적 관점에서 일관되게 처리해온 것이다. 친 '중화민국' 반 '공산주 의'인 일본정부가 있어야만 공통된 입장에 서서 일본의 발전, 아시아 평화까지도 확보할 수 있다는 인식이다.

장징궈는 한층 더 강한 어투로 말했다.

일본은 이미 침략을 통해 7억에 이르는 동포들을 도탄의 고통 속
에 빠뜨렸다. 과거는 과거라고 해도 앞으로 일본이 중공과 국교정상
화를 하게 되면 장래에 영구히 7억의 동포들을 도탄의 고통에 빠뜨
리게 될 것이다. 다시금 두 차례의 큰 죄악을 범하게 되며, 우리로선
간과할 수 없다. 현재 우리들은 대만에 있지만 이는 어디까지나 대
륙을 되찾을 때까지의 기지이며, 반드시 대륙을 되찾을 수 있다고
굳게 믿고 있다.

다시 말하면 장징궈는 중일국교정상화를 하면 "큰 죄악"이 되
며, 머지않아 대만은 대륙에 반공反攻을 가해 중국을 탈환할 것이
라고 강변한 것이다.

마지막으로 장징궈가 "중일국교정상화의 결과가 어떻게 될 것
인지는 사실이 증명할 것이다. '인랑입실'(引狼入室 : 적이나 도적을 집 안
에 불러들여 화를 자초한다는 뜻-역자주)이란 결과는 분명하다"며 경종을
울리자, 시이나는 "다나카 총리에게 전하여 일이 잘못되지 않도록
기하겠다"며 끝맺었다.[65]

---

65 中江要介「椎名悦三郎・蒋経国会談記録 : 『中江メモ』」, 『社会科学研究』第14巻 第1

이처럼 시이나·장징궈 회담에서는 시이나가 "종래의 관계"의 계속을 전한 것에 대해 장징궈는 대륙 반공을 내세웠다. "종래의 관계" 계속, 대륙 반공 모두 객관적으로는 가능할리 만무하다. 시이나 및 장징궈는 그런 점을 익히 알고 있었을 것이다.

동행한 나카에는 시이나·장징궈 회담에 대해 다음처럼 회상한다.

이 사람[장징궈]은 모든 일을 알고 있으면서, 게다가 먼 길을 마다하지 않고 찾아온 시이나 에쓰사부로라는 노인을 정성껏 대하면서 체면이 구겨지지 않도록 아주 요령 있게 대화를 이끈다는 인상을 받았습니다. 무사시보 벤케이와 미나모토노 요시쓰네가 거짓말하는 것을 알면서도 도가시 사에몬이 이를 보고도 못 본 척 하면서 관문을 통과시켜 준 그 권화장勸進帳과 비슷합니다. 장징궈는 시이나가 말하는 것은 거짓이며, 일본은 사실 대만과는 단교할 뜻을 결정하였음에도 그걸 말해버리면 이익은커녕 본전도 건지기 힘들테니 정상화협의회에서 내린 결의를 끄집어내었죠. 이제 대만과는 단교할 작정이 아닌가 라는 점에 대해 암암리에 냄새를 풍기면서 시이나와의 회담을 자못 이야기가 잘 된 것과 같은 모양새로 마무리한 것입니다.[66]

号(2002年), pp.59-80.

66　中江要介,『アジア外交 動と静』, pp.139-140.

권화장이란 원래 신사나 절을 건립할 때 기부금 내역을 적는 장부를 말한다. 나카에가 비유한 권화장이란 가부키에서는 벤케이와 요시쓰네가 오슈奧써로 도망을 가던 중 문지기 도가시 사에몬이 책망을 하자 벤케이가 그 찰나에 기지를 발휘하여 흰색 두루마리를 권화장이라면서 (써 있지도 않은-역자주삽입) 그 내역을 읽기 시작한다. 도가시는 벤케이가 거짓 연극을 하고 있다는 점을 꿰뚫어 보면서도 관문을 통과시킨다. 서로 허구라고 알고 있으면서도 시치미를 떼는 장면이다.

　그렇다면 시이나의 연기는 어떻게 평가해야 할 것인가? 시이나가 곤란한 입장에 처했다는 점은 이해할 수 있다 하더라도 불필요하게 대만 요인들에게 기대를 갖게 하지 않았는가 하는 생각이 든다. 시이나 발언이 중국 측을 자극한 점은 두 말할 나위도 없었다.

시이나 발언의 파문

시이나의 대만 방문 상황은 저우언라이에게도 전해졌다. 대만과의 외교관계를 계속한다고 한 시이나 발언을 들은 저우언라이는 9월 19일 밤 인민대회당에서 중국을 방문 중이던 고사카를 비롯한 열 명의 일본 측 인사에게 질책을 가했다.

> 시이나 특사가 대만에서 중일국교정상화 이후에도 일본과 대만의 외교관계는 계속될 것이라고 언급했다는데, 이건 여러분들이 하는 얘기와는 전혀 다르지 않은가? 근본적인 문제에서 이런 식으로 하는 건 곤란하다.

화가 치밀어 속이 끓는 저우언라이에게 고사카는 "그럴 리가 없다"며 변명하는 수 밖에 없었다.[67]

그런 상황을 모르는 시이나 일행은 타이베이에서 귀로에 올랐다. 시이나 일행은 기내에서 중책을 마친 안도감에서 편안한 얼굴을 하고 있었다. 일본항공기가 하네다 공항에 도착하자 외무성의 요시다 겐조 아시아국장이 당황한 모습으로 기내로 들어왔다.

요시다는 시이나에게 다음처럼 털어놓고 말했다.

---

67 小坂善太郎, 『あれからこれから』, p.186. 다음도 같은 취지의 글. 小坂善太郎, 「日中国交正常化協議会の会長として」, p.231.

타이베이에서 하신 발언이 베이징에서 문제가 되고 있습니다. 실은 고사카 젠타로(자민당 중일〔국교〕정상화협의회 회장)이 지금 베이징을 방문하고 있는데, 어제 한밤 중에 저우언라이 수상한테 불려가 시이나 특사가 타이베이에서 한 발언은 일본정부가 두 개의 중국을 인정한다는 것을 의미하는 것은 아닌가 라는 힐문을 들었다고 합니다.

그러자 시이나는 "자네한테 그런 말을 들을 이유는 없네"라며 요시다에게 일갈했다.[68]

외교를 포함해 '종래의 관계'를 계속해 나갈 것이라고 발언한 시점에서부터 파문을 부를 것임은 각오하고 있었을 것이다. 시이나 입장에서 보면 "다나카는 나에게 아무 말도 해주지 않았다. 따라서 내가 판단 근거로 삼을 수 있는 것은 당의 결의다. 그에 따랐을 뿐" 이었다.[69]

시이나는 9월 20일 다나카와 오히라를 찾아가 "일본과 중화민국 사이에서 종래의 관계의 유지라고 하는 말에는 외교관계까지 포함된다는 점을 대만정부에 설명했다"고 보고했다. 외상 비서관 모리타는 "이는 전혀 예상치 못한 것으로 외상으로서도 큰 충격을

---

68 松本彧彦, 『台湾海峡の懸け橋に』, pp.181-182.
69 中江要介, 『残された社会主義大国 中国の行方』, pp.32-34.

받았던 것 같다"고 일기에 적었다.[70]

다나카나 오히라에 대해 비판적이었던 시이나는 "상대가 국교 회복 3원칙을 제시해 왔다면 그걸 역으로 이용해 역(逆) 3원칙을 내세울 수 있을 정도의 견식과 위세를 보여 주었어야 했다"고 생각하고 있었다.[71]

그런 시이나는 '성사'(省事 : 일을 줄이다-역자주)라는 말을 좌우명으로 하고 있었다. 성사란 중국의 고전 〈채근담〉(菜根譚 : 중국 명말[明末]의 환초도인[還初道人] 홍자성[洪自誠]의 어록-역자주)에서 유래한 말로 후집 2항에 '불여성사'(不如省事: 일을 줄이는 것 만한 일이 없다-역자주)라고 기록되어 있다. 시이나는 이를 작은 일에 구애되지 않고 중요한 일에 전념하여 대국적 견지에서 행동한다는 의미로 사용했다.

측근에 따르면 시이나는 " '성사'라는 말을 모토로 하고 있었다. 어쨌든 간에 중요하다고 판단한 일에만 집중한다. 그 밖의 일은 하지 않는다."[72]

그렇다고 한다면 시이나가 대만에서 대국적 시야에 섰는가 하면 몇 가지 의문을 갖지 않을 수 없다. 중국과 국교정상화를 하면 대만과의 외교관계가 계속될 수 없음은 자명한 일이었다.

세월이 흐른 뒤 수상이 된 오히라는 자민당장으로 치뤄진 시이

---

70 「森田一日記」(1972年9月20日).

71 椎名悦三郎, 「日中問題覚書」年月日不明(「椎名悦三郎関係文書」78, 国立国会図書館憲政資料室所蔵).

72 福本邦雄, 『表舞台 裏舞台』, pp.39-40.

나 장례식에 참석했다. 그 때 오히라는 조의문에서 "고인은 〈不如省事〉(불여성사) 철학에 철두철미했고 작은 일에 구애되지 않고 항상 대국적 견지에서 파악하여 수많은 위대한 업적을 남겼다"고 언급했다.[73] 오히라가 시이나의 공적을 칭찬한 셈인데 이 두 사람 사이는 중일국교정상화 무렵부터 이반하고 있었다. 마음 속으로 오히라는 시이나 대만 방문의 씁쓸한 기억을 떠올리고 있었는지도 모른다.

장제스의 답신

장제스는 시이나와의 회담을 장남인 장징궈에게 맡겼다. 그렇다면 장제스 자신은 어떠한 움직임을 보였는가? 자존심이 강한 장제스는 다나카 친서를 훑어보면서 노여움이 치밀어올라 84세의 노구가 사시나무 떨리듯 했을 것이다. 그러나 대만이 존망의 위기에 처해있는 이상 무언가 행동을 취하지 않으면 안 되었다.

장제스는 부아가 치밀어 오르는 것을 필사적으로 억누르면서, 다나카 앞으로 답신을 보내기 위해 펜을 들었다.

---

73 大平正芳回想錄刊行会編, 『永遠の今』(大平事務所, 1980年), p.465 ; 内閣総理大臣官房監修, 『大平内閣総理大臣演説集』(日本広報協会, 1980年), p.453.

중공이 아시아에서 시작하여 전세계를 적화(赤化 : 공산주의화를 말함-역자주)하려는 의도를 갖고 있는 것은 모든 사람들이 잘 알고 있으며, 귀국이 중공과 국교를 맺는다고 해도, 가까운 미래에 경제적으로도 기대할 수 있는 이익은 없습니다. 도대체 무엇을 기대하고 있기에 이리도 성급하게, 신의를 저버리면서, 의리를 단절하고, 늑대를 방에 끌어 들여, 도적을 예우하는 듯한 일을 하는 것입니까? 〔중략〕 귀국이 중국대륙의 인민들에 대해 압제를 펼치고 있는 폭력정권과 국교를 맺는다면, 이는 중국 인민 전체를 적으로 돌리는 것이라 하지 않을 수 없습니다. 나는 귀국이 그러한 일을 하지 않으리라고 마음 속으로 생각하고 있습니다. 약간의 의견을 전하며 각하가 실제 이익을 판단하여 재고해 주기를 간절히 바라는 바입니다.[74]

병치레가 잦은 장제스가 자신의 늙은 몸에 채찍질을 하며 드높은 자존심을 굽히면서까지 중일국교정상화를 막기 위해 마지막 집념을 불태운 것이다.

장제스가 수명을 줄이면서까지 공을 들인 답신을 다나카와 오히라는 어떻게 받아들였을까? 수상 비서관을 지낸 기우치 아키타네에 의하면 다나카와 오히라는 답신을 받아 들고는 아무런 말도

---

74 椎名悦三郎追悼録刊行会, 『記録 椎名悦三郎』下巻, p.196. 다음도 참조. 張群, 『我興 日本70年』(台北 : 中日関係研究会, 1980年), pp.165-166 ; 張群/古屋査二訳 『日華・風雲 の70年』(サンケイ出版, 1980年), pp.295-296.

하지 않았다고 한다. "물론 마음 속으로는 동정을 금할 수 없었겠습니다만, 방중하기 전에 그와 같은 말을 할 수 없는 상황이었습니다." 장제스는 혼신의 힘을 다해 답신을 보냈으나 그것이 두 사람의 결의를 바꿀 수는 없었다.[75]

우익의 가두 선전차가 그들을 '역적'이라고 공격하는 상황에서 다나카는 비서에게 최악의 사태를 각오하는 듯한 굳은 결의를 내비쳤다.

"한 나라의 총리로서 가는 것이니 저자세 외교는 하지 않을 생각이다. 국익을 최우선시 하면서 쨍강쨍강 칼을 부딪치며 싸울 생각이다. 마지막 단계에서 어쩌면 결렬될 지도 모르지만 모든 책임은 내가 진다.[76] "

당시 관방부장관을 지낸 고토다 마사하루는 "자민당 내부의 의견을 조정하는 일도 아직 불충분한 상황에서 총리와 오히라 마사요시 외상, 그리고 니카이도가 중국을 방문했다. 나는 국내에서 자리를 지키는 입장이었는데, 그건 참으로 정치적 생명을 건 총리의 결단에 의한 것이었다"고 언급한다.[77]

---

75 기우치 인터뷰(2010년 6월 19일).

76 佐藤昭子, 『田中角栄』, p.36, p.106.

77 後藤田正晴, 「私の履歴書」(岸信介・河野一郎・福田赳夫・後藤田正一晴・田中角栄・中曽根康弘, 『私の履歴書保守 政権の担い手』(日経ビジネス人文庫, 2007年), p.291. 다음도 참조.
後藤田正晴/御厨貴監修, 『情と理：カミソリ後藤田回顧録』上巻(講談社 +α文庫, 2006年), pp.338-344.

하시모토 히로시도 "우익의 습격을 받을 위험이 있었지만 이를 전혀 개의치 않고 중국을 방문한 것이다. 중국에서 중일전쟁으로 인해 사랑하는 가족을 잃은 수많은 사람들이 다나카 총리를 공격할 우려도 있었다. 문자 그대로 목숨을 내건 방중이었다"[78] 고 기록한다.

다나카 뿐만 아니라 오히라와 니카이도에게도 협박장이 도착했다. 성격이 예민한 오히라는 신변의 위험을 느껴 유서를 남긴 것을 인정했다.[79] 장녀 요시코는 "중국에 가기 전에 아버지는 유언을 썼습니다. 어떤 상태로 돌아 올 수 있을 지, 전혀 알 수 없었거든요. 그 정도로 굳은 각오를 한 것이죠"라고 술회한다.[80]

베이징으로의 여정이 시작되는 9월 25일이 시시각각 다가오고 있었다.

78 橋本恕,「英雄と英雄の対決」田中角栄記念館編『私の中の田中角栄』, pp.95-96.

79 森田一,『心の一燈 回想の大平正芳』, p.112.

80 『日本経済新聞』(2010年4月8日/夕刊).

제6장

다나카 방중과 '폐' 발언
: 제1일차 교섭 (1972년 9월 25일)

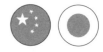

"목숨을 걸 각오네"

다나카 가쿠에이 수상과 오히라 마사요시 외상이 방중 준비를
서두르고 있을 무렵, 중국 정부는 민중들을 설득하기 위해 부심
하고 있었다. 무엇보다 아직까지 전쟁을 생생하게 기억하고 있
는 국민들이 방중단을 받아 들이게 해야 했다.

상하이의 한 방적기업에서 선전 공작을 담당하던 우지난에 따
르면 한 중국 노동자는 "일본군이 부모님을 살해했다. 일본 수상
을 환영하는 일은 할 수 없다"고 눈물을 흘리며 호소했다.[01] 이러
한 목소리는 틀림 없이 중국 전역에서 들끓어 올랐을 것이다.

중국 외교부는 '다나카 수상의 방중 접대에 관한 내부 선전요강'
이란 문서를 전국에 배포하고, 각지에서 연구회를 개최하도록 했

---

01 『朝日新聞』(1997年8月27日).

다. 동 '요강'은 중일국교정상화가 반소련 투쟁, '일본 군국주의 부활' 반대 투쟁, 대만 해방 투쟁, 아시아 긴장완화에 유리하다는 내용을 담고 있었다. 외교부가 작성하고 마오쩌둥의 승인을 받은 것이었다.[02]

일본과 부과장을 지낸 딩민에 따르면 일본 방중단의 시중을 드는 호텔 종업원에서 운전기사에 이르기까지 중일전쟁 당시 가족 가운데 살해당한 사람은 없는지를 일일이 조사했다고 한다.[03]

다나카는 방중 전 고나가 게이치 비서관에게 "정치인이라고 하는 것은 가장 권력의 정점에 도달했을 때 가장 어려운 문제에 도전하는 법"이라면서 자신의 결의를 표명하고는 마오쩌둥과 저우언라이를 '혁명 제1세대'로 부르고 있었다.

제1세대는 어디든 마찬가지라고 할 수 있는데 역시 그만한 리더십, 지도력을 갖고 있는 법이다. 제2세대, 제3세대로 넘어가면 그러한 힘은 점차 쇠퇴하게 된다. 제1세대가 아직 건재할 때 이런 어려운 문제를 해결해 두어야 한다. 우리는 가장 힘이 강할 때 해야만 한다.

---

02 中共中央文献研究室編,『建国以来毛沢東文稿』第13冊(北京 : 中央文献出版社, 1998年), p.316. 다음도 참조. 胡鳴, 「日中国交正常化における中国の対日外交戦略」, 『国際公共政策研究』第11巻第11号(2007年), pp.237-238.

03 『朝日新聞』(1997年8月27日).

중국에서는 제1세대가 건재한 상황이었고 다나카의 권력도 절정에 달해 있었다. 다나카는 국교정상화의 기회는 바로 지금 밖에 없다고 판단했다.[04]

1972년 9월 25일 이른 아침 다나카, 오히라, 니카이도 스스무 관방장관이 하네다 공항에 모습을 드러냈다. 미키 다케오 부총리나 시이나 에쓰사부로 부총재 등이 배웅하는 가운데 다나카는 이들에게 "돌아와서 얘기하자"는 말을 남겼다. 약 50명의 수행원들과 함께 일본항공 특별기에 탑승한 시각은 오전 8시 10분이었다.[05]

이 때 다나카는 오히라에게 다음처럼 말했다. "우리 모두 중일문제를 해결하겠다고 국민에게 공약을 했으니 이젠 어쩔 도리가 없군. 한 번 해보지." 세월이 지난 후 다나카가 "중국으로 출발하기 직전 시점에선 모든 일이 잘 해결될 것으로 생각하진 않았다"라고도 언급했는데, 베이징에서의 교섭을 낙관할 수 없었기 때문이다.[06] 니카이도에 의하면 다나카는 "나는 목숨을 걸 각오네"라는 말까지 입에 담았다고 한다.[07]

비행기 안에서 다나카는 외무성 관료들에게 또 다른 모습을 보

04 고나가 인터뷰(2010년 6월 11일).

05 『朝日新聞』(1972年9月25日/夕刊).

06 田中角栄, 「日中の課題は『信義』と両国民の『自由な往来』だ」, p.76.

07 『朝日新聞』(1997年8月27日).

였다. 다나카는 애써 밝은 모습을 보이며 "정상화가 안될 경우 빈손으로 돌아가는 일이 있더라도 조금도 개의치 않는다," "이젠 모두 자네들에게 맡길 생각이네"라고 말했다.

관료들은 다나카의 말에서 기개를 느꼈다. 조약과장이던 구리야마 다카카즈는 "아마 속내는 그와 다를 것으로 생각했습니다만 그렇게 말해 준 덕분에 마음이 매우 편해졌습니다"라고 회상한다.[08]

9월25일 교섭

8:10	다나카, 오히라 등이 일본항공 특별기 편으로 하네다 공항 이륙
11:30	베이징 공항 도착 (일본 시간 12:30)
14:55~16:50	제1차 다나카・저우언라이 회담 (인민대회당)
18:30~	저우언라이 주최 환영만찬 (인민대회당)

출처: 石井明・朱建栄・添谷芳秀・林暁光線『記録と考証 日中国交正常化・日中平和友好条約締結交渉』(岩波書店, 2003年) 등을 참조로 작성.

---

08 栗山尚一, 『外交証言録 沖縄返還 日中国交正常化 日米「密約」』, p.128.

저우언라이와의 악수

11시 30분 직항편이 베이징 공항에 도착하자 다나카 수상은 붉은 융단이 깔린 트랩을 내려왔다. 이어 옅은 회색 인민복 차림을 한 저우언라이가 다가왔다. 두 사람은 굳게 악수를 한 채로 다섯 차례, 여섯 차례 손을 흔들었다.

다나카와 오히라는 표정을 다잡으면서 국기 계양대에 펄럭이는 일장기와 오성홍기를 주시했다. 가을의 맑게 갠 푸른 하늘에는 기미가요(일본의 국가-역자주)가 울려 퍼지고 있었다.

의장대 열병식을 마친 다나카는 저우언라이와 함께 차에 동승했다. 초가을 푸른 가로수 길을 지나 일행은 베이징 서쪽 교외에 위치한 영빈관으로 향했다.[09] 숙소인 영빈관 댜오위타이에 이르는 연도에는 100미터 간격으로 경찰들이 서있었다. 그러나 어디를 봐도 민중들이 다나카를 환영하는 모습은 없었다.[10]

다나카나 오히라는 큰 연못과 아름다운 정원으로 둘러싸인 영빈관 18호동에 안내되었다. 국가 원수급이 반드시 숙박하는 시설로, 나중에 일왕 방중 때에도 이 18호동에 머물렀다.

더위를 잘타는 다나카는 방에 들어서자 눈이 휘둥그레졌다. 밖은 몹시 무더웠는데 방 기온은 다나카가 좋아하는 17도로 맞춰져

---

09 『朝日新聞』(1972年9月25日/夕刊).

10 時事通信社政治部編, 『日中復交』, p.47.

있었기 때문이다. 방 한쪽 구석에는 다나카가 매우 좋아하는 대만 바나나, 그리고 긴자 4쵸메의 기무라야에서 만든 안빵(속에 팥소를 넣은 빵-역자주)이 놓여져 있었다. 중국 측은 다나카의 기호를 일일이 알아 본 것이다.

저우언라이와 다나카의 악수

다나카는 엉겁결에 비서 하야사카 시게죠에게 다음처럼 내뱉었다. "우린 참으로 대단한 나라에 온 것 같네. 교섭, 담판 모두 목을 걸어야겠군." 아침식사는 된장국으로 자주 먹던 가시와자키시에 있는 유서 깊은 니시마키의 3년산 된장이 사용되었다.

사실 이미 5월 무렵부터 도쿄 주재 중국인 '기자'들이 다나카의 비서 등을 통해 다나카의 기호를 '취재'하고 있었다. 중국은 다나카 개인에 대한 정보를 최대한 활용했다. 다나카는 대만 바나나와 기무라야 안빵을 쳐다보면서 중국 측의 철저한 조사와 국교수립 의지를 피부로 느꼈다.

제1차 다나카 · 저우언라이 회담

오후 2시가 지나 중일 양국 정상들이 속속 인민대회당 안후이청에 도착했다. 다나카 수상, 오히라 외상, 니카이도 관방장관, 하시모토 히로시 중국과장이 착석하고 저우언라이, 지펑페이 외교부장, 랴오청즈 외교부 고문, 한녠룽 외교부 부부장은 맞은 편 테이블에 앉았다. 중일 교섭의 개막이었다.

다나카는 전혀 주눅들지 않고 "중일국교정상화의 기운이 무르익었다. 이번 방중을 반드시 성공시켜 국교정상화를 실현시키자"고 먼저 운을 뗐다.

이어 오히라가 "국교정상화를 이루어 내고, 이를 통해 장차 오랜 기간에 걸친 우호의 첫 걸음으로 만들자"고 언급함으로써 일본 측의 입장을 명쾌하게 주장했다.

> 두 가지 문제가 있다.
>
> 하나는 일화평화조약 문제다. 중국 측이 이 조약에 대해 불법이며 무효라는 입장을 취하고 있는 점도 충분히 이해할 수 있다. 그러나 이 조약은 국회 의결을 거쳐 정부가 비준한 것으로 일본정부가 중국 측의 견해에 동의할 경우 일본정부는 지난 20년 동안 국민과 국회를 속였다는 오명을 뒤집어 써야한다. 따라서 일화평화조약은 국교정상화가 이루어지는 순간 그 임무가 종료되었다는 방식으로 중국 측의 이해를 구하고자 한다.

다른 하나는 제3국과의 관계에 관한 것이다. 특히 미일관계는 일본의 존립에 있어 극히 중대한 문제이다. 〔중략〕 우리나라로서는 중일국교정상화를 대미 관계에 손상시키지 않는 형태로 실현시키고자 한다.

오히라는 회의가 시작되자 마자 일화평화조약의 합법성과 미일안보체제의 존속을 주장한 것이다. 일본 측은 일화평화조약으로 중국과의 전쟁상태는 이미 종결되었다고 해석하고 있었다.
이에 대해 저우언라이가 다음과 같은 반론을 펼쳤다.

전쟁상태 종결 문제는 일본 입장에서 보면 번거로운 문제라고는 생각하지만 오히라 외상의 제안에 대해 전적으로 동의할 수는 없는 노릇이다. 샌프란시스코조약 이후 오늘날에 이르기까지 전쟁상태가 존재하지 않는다고 한다면 중국은 당사자임에도 불구하고 그 안에 포함되지 않는다.
나는 이 문제를 두 분 외상에게 맡겨 중일 쌍방이 동의할 수 있는 방식을 찾도록 하였으면 한다.

요컨데 저우언라이는 일화평화조약의 합법성에 대해 이의를 제기하며 대만 문제를 외상급 회담에 맡기자고 제안한 것이다.
한편, 저우언라이는 "미일관계에 대해서는 다루지 않겠다. 이는 일본의 문제다"라고 목소리를 낮추면서 "대만 문제에 관해 소련의 개입을 허용하지 않겠다는 점에서 미·중·일 삼국의 공통점이 있다. 중국 측으로서는 오늘은 미일안보조약에 대해서도 미화(미국·대만-역자주) 상호방위조약에 대해서도 다루지 않으려고 한다"라고 까지 말했다. 대소련 전략을 우선시하는 관점에서 저우언라이는 미일안보체제를 용인해준 것이다.[11]

제1차 정상회담에서는 쌍방이 원칙론을 언급하는 것으로 종료되었다. 정상회담에 외무성 대표로 참석한 사람이 하시모토 중국과장이었다. 외무성 간부로는 다카시마 마스오 조약국장과 요시다 겐조 아시아국장이 함께 했으나 이들 두 국장이 아닌 하시모토가 정상회담에 참석하는 것은 당연시되었다.[12] 다나카와 오히라를 보좌하는 하시모토의 역할은 절대적인 것이었다.

---

11 石井明ほか編, 『記録と考証 日中国交正常化·日中平和友好条約締結交渉』, pp.52-55. 중국 측 문헌으로는 다음 참조. 中共中央文献研究室編, 『周恩来年譜』下巻, pp.552-555 ; 孫平化「中日復交談判回顧」, 『日本学刊』(1998年第1期), pp.34-48.

12 하시모토가 필자에게 보낸 서한(2009년 2월 26일).

'폐(迷惑 / 메이와쿠 : 폐를 끼치다 또는 누를 끼치다는 의미-역자주)' 발언

밤에는 인민대회당에서 저우언라이가 주최하는 연회가 마련되었다. 연회장에는 다나카, 오히라, 니카이도, 그리고 수행원들 뿐아니라 중일각서무역 관계자 및 각국 보도진들도 초청되었다. 중국 측 참석자를 포함하여 600명이란 숫자는 닉슨 방중 당시를 크게 웃도는 것이었다. 게다가 위성을 통해 일본 텔레비전 방송사들이 그 상황을 중계했다. 연회장 정면에는 중일 양국 국기가 게양되었고 마루에는 진붉은 색 융단이 전면에 깔려 있었다.[13]

거기에 중일 양국 정상이 모습을 드러내면서 메인 테이블 중앙에 저우언라이, 그 왼 편에 다나카, 오른 편에 오히라가 착석했다. 땀이 많은 다나카는 부채를 부치면서 물수건으로 얼굴을 닦는 등 다소 소란스러웠는데, 그에 비해 오히라는 마치 잠든 것처럼 고요하게 앉아 있었다.[14]

저우언라이는 자신의 젓가락으로 다나카의 접시에 요리를 담아주며 "이건 아무리 마셔도 머리가 아프지 않습니다"면서 마오타이나 레드 와인을 아낌없이 따라 주었다.[15]

중국의 준비는 여기서도 주도면밀했다. 군복 차림의 인민해방

---

13 時事通信社政治部編, 『日中復交』, p.48.

14 『朝日新聞』(1972年9月26日).

15 『朝日新聞』(1972年9月26日).

군 오케스트라가 '사쿠라, 사쿠라'를 시작으로 '사토오케사佐渡おけ さ', '곤비라후네부네金比羅船々', '가고시마 오하라부시鹿児島おはら節' 등을 연주하기 시작한 것이다. 모두 다나카와 오히라, 그리고 니카 이도의 고향을 대표하는 곡들이었다. 예기치 못한 연출이 중국의 비장한 각오를 말해주고 있었다.

그리고는 저우언라이가 단상에 오른 뒤 연설을 시작했다.

> 1894년부터 반세기에 걸친 일본 군국주의자들의 중국 침략으로 중국 인민들은 이루 말할 수 없는 재난을 겪었으며 일본 인민들도 크나큰 피해를 입었습니다. 〔중략〕 중국 인민들은 마오쩌둥 주석의 가르침에 따라 극히 소수의 군국주의 분자들과 광범위한 일본 인민 들을 엄밀히 구분해 왔습니다. 〔중략〕 수상 각하는 중국 방문에 앞서 양국의 회담은 합의를 이루어낼 것으로 생각하며, 반드시 합의를 이 루어 내야 한다고 말씀하셨습니다. 저는 우리들 쌍방이 노력하여 충 분히 의견을 나누어 소이小異를 남겨놓고 대동大同을 구함으로써 중일국교정상화를 반드시 실현시킬 수 있을 것으로 확신하는 바입 니다.

저우언라이의 선창으로 일동은 건배했다. 기미가요가 연주되자 이번에는 다나카가 단상에 올랐다. 세레모니를 중시하는 중국의 입장에서 보면 하이라이트 중 하나라고 할 수 있었다.

자타가 공인하는 연설가인 다나카라고 해도 긴장감을 감추지 못한 채 입을 열었다.

　　과거 수십 년에 걸쳐 중일관계는 유감스럽게도 불행한 경과를 걸
어 왔습니다. 그 동안 우리나라가 중국 국민들에 대해 다대한 폐를
끼쳐드린 점에 대해 본인은 다시 한번 깊은 반성의 뜻을 표명하는
바입니다. 제2차 대전 이후에도 여전히 비정상적이고 부자연스러운
상태가 지속된 점은 역사적 사실로서 이를 솔직히 인정하지 않을
수 없습니다. (중략)
　　우리는 위대한 중국 및 그 국민들과 좋은 관계를 수립하고 양국이
각각 맺고 있는 우호국들과의 관계를 존중하면서 아시아, 더 나아가
서는 세계의 평화와 번영에 기여할 수 있기를 염원하는 바입니다.

　연설 마디마디 마다 박수를 치던 저우언라이 등은 '폐' 발언을
듣는 순간 얼어붙었다. 중일전쟁의 상처가 치유되지 않은 중국측
입장에서 보면 너무나도 경솔한 말로 들린 것이다. 연설의 대가로
알려진 다나카는 얼굴이 굳어 네모지게 보였고 말투도 단조롭기
그지없었다.[16]
　치미는 화를 참을 수 없었던 저우언라이가 다음날 회의 석상에

16　時事通信社政治部編, 『日中復交』, p.48 ; 『朝日新聞』(1972年9月25, 26日). 다음도 참조.
　　自由民主党広報委員会出版局編, 『秘録 · 戦後政治の実像』(自由民主党広報委員会出版
　　局, 1976年), pp.357-358 ; 佐藤昭子, 『田由角栄』, p.198 ; 霞山会, 『日中関係基本資料
　　1949年-1997年』, pp.422-423.

서 강력하게 다나카를 비판한 것은 잘 알려진 바와 같다. 제3국 외국인 기자들도 '폐'를 영어로 어떻게 번역하면 좋을지 몰라 당황스러워 했다.[17]

'일본민족의 긍지' : 중국에게 진 것은 아니다

당시에 찍은 사진을 자세히 살펴보면 단상에 오른 다나카는 왼쪽 손에 작은 종이를 쥐고 있다. 즉흥적인 연설이 아니라는 것은 당연했다. 외교적 문서는 대개 외무성이 마련한다. 다나카는 한 자도 쓰지 않았다.

그렇다면 외무성의 누가, 어떤 의도로 다나카 원고를 준비했는가? 하시모토는 다음처럼 밝힌다.

> 다나카 가쿠에이가 중국을 방문한 바로 그날 밤, 인민대회당에서 대규모 연회가 열렸을 때 다나카 상이 인사를 합니다. 그것이 그 후에 문제가 된 '폐' 발언. "폐를 끼쳤다"란 발언이 가벼운 의미로 사용되었다는 비난을 받고 저우언라이가 그에 불만을 토로한 것이죠.

---

17 다음도 참조. New York Times, September 26, 1972 ; Washington Post, September 26, 1972 ; 『読売新聞』(1972年9月27日/夕刊) ; 矢吹晋, 『激辛書評で知る 中国の政治・経済の虚実』, pp.101-102.

그와 같은 다나카 수상의 인민대회당 인사말과 같은 일은 금번 방
중에서 모두 여섯 차례나 일곱 차례 정도 있었습니다. 여러 상황에
서 다나카 상은 일본국 수상자격으로 인사말을 합니다. 이들 인사말
모두 나는 부하에게 맡기지 않고 내 자신이 직접 썼습니다. 모든 상
황에서 말이죠.

다시 말하면 하시모토는 다나카의 모든 연설 원고를 자신이 썼
다는 것이다. 책임감이 강한 하시모토는 부하들의 도움을 받지 않
고 자신이 책임지고 고도의 판단을 내린 것이다 '폐'의 진의는 과
연 무엇이었는가?

전쟁이 끝나고 이미 많은 세월이 지난 상태이고 말이지. 일본이
패전국이고 중국이 승전국이란 점은 모두들 논리적으론 알고 있는
일이다. 하지만 일본인들 가운데 대다수는 그 당시에도 그리고 지금
도 미국과의 전쟁에서 패했다고 생각한다. 중국과 전쟁을 해서 패했
다고는 생각하지 않는 것이지. 일본군이 중국에게 가혹한 짓을 했다
고 솔직히 인정해야 하지만 말이야. 하지만 어떻게 해서든 일본민족
의 긍지를 지키기 위해 노력하고 싶었다. 그런 생각으로 마련한 것
이기 때문에 오히라 외상도 다나카 수상도 전혀 수정하지 않았다.[18]

---

18 하시모토 인터뷰(2008년 11월 8일). 다음도 참조. 栗山尚一, 『外交証言録 沖縄返還·
日中国交正常化·日米「密約」』, p.130.

하시모토는 속 마음으로 "일본군이 중국에게 가혹한 짓을 했다"고 느끼면서도 "중국과 전쟁을 해서 패했다고는 생각하지 않는다", 국내 여론을 의식하여 "일본민족의 긍지"를 지키고자 한 것이다.

빠듯하게 가다듬은 연설원고

하시모토가 "일본민족의 긍지"를 지키고자 했다고는 하더라도 '폐'라는 용어는 부적절한 것이었다고 비판하는 이도 있을 것이다. 하지만 다음 네 가지를 유의해야 한다.

첫째, 다나카가 "본인은 다시 한번 깊은 반성의 뜻을 표명하는 바입니다"라고 언급한 것처럼 모든 연설문을 솔직하게 읽어보면 사죄 의도는 분명했다.

둘째, 제2장에서도 언급한 바와 같이 다나카는 3월 23일 중의원 예산위원회에서 "중일국교정상화의 첫 번째는 매우 폐를 끼쳤습니다, 진심으로 사과 드린다는 마음, 역시 이것이 대전제가 되어야 한다"고 발언했다.

중국에 출병한 경험이 있는 다나카로서 "폐를 끼쳤습니다"라는 것은 "진심으로 사과 드립니다 라는 마음"인 것이다. 하시모토는 그런 점을 알고 있었고 다나카가 하시모토가 마련한 연설 원고를

수정하지 않은 것도 그 때문이었을 것이다.[19]

셋째, 제7장에서 다시 다루는 바와 같이 다나카는 다음날 회의에서 '폐' 발언의 진의를 전한다. 저우언라이가 이를 받아들인 것에 더하여 지펑페이도 다나카의 해명에 대해 "사죄 문제는 해결되었다"고 회상한다.[20]

넷째, 다나카 등은 일본 국내 우파 세력으로부터 비판받을 가능성을 염두에 두어야 했으며, 그 점은 외무 당국도 충분히 인식하고 있었다. 빠듯한 선에서 가다듬은 연설로서 당시 일본 국내 상황을 도외시 할 수는 없었다.

역사가 흐른 뒤에 보면 좀더 전향적인 사죄를 해도 좋지 않았을까 하는 생각도 들지만 당시로서는 자민당 내의 신중파를 비롯하여 국내 상황을 의식하지 않을 수 없었다. 중일국교정상화를 추진하고자 한 하시모토인 만큼 국내 정세를 감안한 것이다. 귀국한 이후에 공연히 트집 잡힐 만한 일을 하지 않으면서도 전체적으로 볼 때 사죄 의도가 통할 수 있도록 한 것이다.

---

19 다나카는 1972년 9월 21일 기자단과의 간담에서도 마찬가지 취지의 발언을 했다. 『朝日新聞』(1972年9月22日) ; 田畑光永, 「1972年9月25日-28日の北京」石井明ほか編, 『記録と考証 日中国交正常化・日中平和友好条約締結交渉』, p.245.

20 姬鵬飛, 「飲水不忘掘井人」NHK採訪組 / 肖紅訳, 『周恩来的決断 : 日中邦交正常化的来竜去脉』(北京 : 中国青年出版社, 1994年), p.167 ; 同, 「飲水不忘掘弁人 : 中日建交紀実」安建設編, 『周恩来的最後歳月(1966-1978』(北京 : 中央文献出版社, 1995年), p.290. 다음도 참조. 矢吹晋, 「依然解消されない日中『歴史認識』のモヤモヤ」, 『世界週報』(2002年10月29日号), p.43 ; 同, 『激辛書評で知る 中国の政治・経済の虚実』, p.106.

베이징 회담은 국내외 모두를 설득할 수 있는 지점에서 급거 마련한 교섭이며, 연설도 그 일부분인 것이다. 시이나의 대만 방문을 수행한 와카야마 교이치는 "일본과 대만 관계, 중일 관계라 하더라도 실제로는 일본 내부 관계가 매우 컸습니다"라고 술회한다.[21]

'폐'는 잘못된 통역이었나?

다나카가 하시모토가 마련한 원고대로 인사말을 하자 일본인 외교관은 이 '폐'라는 용어를 '티엔러 마펀添了麻煩'으로 통역하여 저우언라이 등을 격분시켰다. 중국 측을 분노케 한 것은 '폐'라고 하는 다나카의 말 그 자체가 아닌 '티엔러 마펀'이란 중국어 번역이었다.

그렇다면 일본 외무성의 통역에 문제가 있었던 것인가? 그렇게 느낀 사람이 있었던 것은 사실이며, 일본어에 뛰어난 린리윈이 그중 한 명이었다.

대만에서 태어나 고베에서 자란 린리윈은 저우언라이가 통역사로 중용한 인물이었다. 그 때도 린리윈은 저우언라이 옆에서 다나카 연설을 듣고 있었다. '폐'가 '티엔러 마펀'으로 통역된 순간 린

---

21 와카야마 인터뷰(2010년 8월 3일).

리윈은 '통역 방식이 좀 좋지 않은 것 같다'고 우려했다. 각국 대사들을 위해 영어 통역을 담당한 탕원성이 "과도하게 가벼운 것 같다"고 중얼거리자 린리윈은 아무 말 없이 고개를 끄덕였다.[22]

다나카 연설을 중국어로 통역한 것은 홍콩 총영사관에서 근무하다가 잠시 귀국하여 (외무성-역자 삽입) 중국과에서 일하던 오하라 이쿠오였다. 중국에서 태어나고 자란 오하라는 중국어를 거의 모국어처럼 구사했으며 도쿄외국어대학에서도 중국어를 공부했다.

그러한 오하라가 이 같은 중요한 순간에 잘못된 통역을 하는 일이 가능할까? 즉흥적인 연설이 아닌 이상 사전에 중국어 번역이 준비되어 있었을 것이다. 오하라와의 인터뷰 내용을 근거로 통역의 시점에서 다나카 연설을 재구성해 보고자 한다.

번역에 즈음하여 오하라는 "보태지도 않고 빼지도 않겠다. 적합한 용어를 찾는 수밖에 도리가 없다"고 생각했다.

> 일본어 표현이 좀 더 구체적인, 예를 들면 전쟁이 초래한 재난이라든가 고통이라든가, 그와 같은 일본어문이라면 당연히 축어적으로 그와 동일한 용어를 사용하는 것은 가능합니다. 그렇지 않고 "폐를 끼쳤습니다"와 같은 표현일 경우 일반적으로 "폐를 끼쳤다"고

---

22 『朝日新聞』(2008年2月26日) ; 朝日新聞取材班, 『歴史は生きている : アジアの近現代がわかる10のテーマ』(朝日新聞出版, 2008年), p.251 ; 린리윈에 대해서는 다음이 자세하다. 小川平四郎, 『北京の4年』(サイマル出版会, 1977年), pp.46-47 ; 本田善彦, 『日・中・台 見えざる絆 : 中国首脳通訳のみた外交秘録』(日本経済新聞社, 2006年).

하는 〔중국어〕 표현을 찾을 수밖에 없는 노릇이지요. 따라서 나는 그게 큰 문제라고 인식하지 않았습니다.

오하라는 하시모토와 양호한 관계에 있었고 그 의도를 충분히 이해하고 있었다. 또한, 오하라는 중국과에서 여러 명을 통해 번역 확인을 받았는데 '폐' 번역을 비롯하여 문제가 된 것은 없었다. 너무나 분주해서 "모두 동분서주하는 상황이었다"고 한다.

연설 번역문은 미리 중국 측에 전달했으며, 이를 중국 측이 타이핑하여 회의장에 배부한 상태였다. 중국 측은 '티엔러 마펀'이라는 번역을 사전에 알고 있던 셈이다. 저우언라이의 연설도 마찬가지로 일본어로 번역되어 회의장에 배부되었다.

당일 연설에 앞서 오하라는 다나카와 의견조율을 했는데 "모든 단락 별로 처음부터 이 부분에서 끊어 달라고 일일이 마크를 한 문서를 다나카 수상에게 건네 주었"다. 통역 편의상 일일이 단락을 구분한 연설 원고를 건네 준 것이다.

그리고 다나카가 단상에 오르고 오하라도 무대 한쪽에 섰다. 단상에는 조명 때문에 장내가 잘 보이지 않을 정도로 빛이 밝았다. 쏟아져 내리는 불빛 속에서 어쩔 수 없이 오하라의 긴장감은 고조되었다. 예정대로 다나카가 연설을 시작하자 오하라는 손에 든 원고를 눈으로 쫓으면서 통역을 시작했다.

연설하는 당사자가 말하지 않은 것을 말해서도 안 되고, 개중에는 애드리브를 말씀하시는 분도 있습니다. 애드리브가 잦은 사람도 〔있습니다〕. 다나카 수상의 경우는 완벽하게 있는 문장 대로 읽었습니다.

잘못된 통역이라는 비판에 대해 오하라는 "충실하게 〔통역〕 하는 것이 우리의 임무로서, 오히려 일본어문에 없는 사과 방식을 취하는 쪽이 크나큰 오역"이라고 말한다. "내가 통역한 용어가 자못 오역이었다는 식의 보도, 또는 평론 등이 나오는 바람에 정말 어이가 없었다."

그 반면에 오하라는 일말의 불안감도 느끼고 있었다.

교섭 과정에 그 표현이 아무런 문제 없이 그대로 지나가리라고는 생각되지 않았습니다. 〔하시모토에겐〕 나름대로 생각하는 바가 있어서 그런 표현을 사용했을 것이라는 의식은 당연히 갖고 있었습니다만. 상식적으로 보았을 때 그 표현이 그대로 정상화의 최종 문서에 사용되는 표현이 될 것으로는 생각하기 어려운 것이죠.

사죄 표현에 대해 오하라는 '폐'라는 용어 그대로 끝나지는 않을 것으로 내다본 것이다.[23] 좋지 않은 예감은 그 다음날 현실이 된다.

---

23 오하라 이쿠오 인터뷰(2009년 3월 18일). 다음도 참조. 栗山尚一, 『外交証言録 沖縄返還・日中国交正常化・日米「密約」』, p.130.

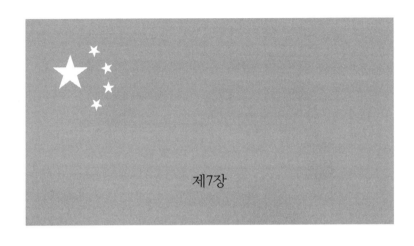

제7장

저우언라이의 '엄포', 오히라의 '복안'
: 제2일차 교섭 (9월 26일)

제1차 오히라 · 지펑페이 회담

9월 26일 오전 10시 20분, 오히라 마사요시 외상이 인민대회당
에 모습을 드러냈다. 이어 요시다 겐조 아시아국장, 다카시마 마
스오 조약국장, 기우치 아키타네 수상 비서관, 하시모토 히로시
중국과장, 구리야마 다카카즈 조약과장, 후지이 히로아키 외상
비서관이 오히라의 뒤를 따랐다. 제1차 외상회담에서는 일본 측
이 중일공동성명안을 설명해야 하는 상황이었다.

  중국 측은 지펑페이 외교부장을 비롯하여 한녠룽 부부장, 장샹
샨 외교부 고문, 루웨이자오 아시아국장, 왕샤오윈 아시아국 부국
장, 천캉 아시아국 처장, 가오어 아시아국 처장 등이 참석했다.

9월 26일 교섭

10:20~11:40 제1차 오히라 • 지펑페이 회담 (인민대회당)
14:00~16:30 제2차 다나카 • 저우언라이 회담 (영빈관)
17:10~18:20 제2차 오히라 • 지펑페이 회담 (영빈관)

출처: 石井明・朱建栄・添谷芳秀・林暁光線,『記録と考証 日中国交正常化・日中
平和友好条約締結交渉』(岩波書店, 2003年) 등을 참조로 작성.

오히라는 "일본정부가 생각하고 있는 공동성명 초안에 대해 중
국 측의 견해를 들려주시면 감사하겠습니다"라고 말한 다음 다카
시마 조약과장에게 설명하도록 지시했다.[01]

다카시마는 1941년 외교관 시험에 합격하여 외무성에 들어왔
으나 전쟁 통에 바로 육군에 소집된 쓰라린 경험을 갖고 있었다.
시베리아에서 억류되던 중 동상으로 발가락을 잃었지만 이후 조
약국장, 외무차관, 주소련대사를 역임했고, 그 후 최고재판소 판
사로 재직 중에 타계했다. 다카시마의 부하였던 구리야마는 "전쟁
전부터 외교관이었고 옛날의 사무라이 같은 타입의 어른이었죠"
라고 회고한다.[02]

---

01 石井明ほか偏,『記録と考証 日中国交正常化・日中平和友好条約締結交渉』, pp.83-84.
02 구리야마 다카카즈 인터뷰(2009년 3월 10일). 栗山尚一,『外交証言録 沖縄返還・日中
国交正常化・日米「密約」』, pp.50-51.

지펑페이

오히라의 설명하라는 지시를 받은 다카시마는 "일본국 정부와 중화인민공화국 정부는 일본국과 중국 사이의 전쟁상태 종료를 여기서 확인한다"라는 내용의 일본 측 공동성명안 제1항부터 설명하기 시작했다. "전쟁상태 종료 시기를 명시하는 일 없이, 종료 사실을 확인함으로써 중일 쌍방의 입장 사이에 양립을 꾀할 수 있다"고 다카시마는 주장했다.

다카시마에 의하면 일본이 대만과 맺은 일화평화조약은 유효한 것이며, 동 조약을 불법으로 간주하는 중국 측 입장은 수용할 수 없다는 말이었다. 다카시마는 더 나아가 "중일국교정상화에 즈음하여 일체의 비밀 양해 등과 같은 문서는 만들어 선 안 된다"면서 대만문제를 '묵약사항'으로 하자는 중국 측 제안을 물리쳤다. 대만조항에 관한 일본 측의 안은 다음과 같았다.

중화인민공화국 정부는 대만이 중화인민공화국 영토의 불가분의 일부라는 점을 재확인한다. 일본국 정부는 이러한 중화인민공화국 정부의 입장을 충분히 이해하며, 또한 이를 존중한다.

다카시마는 "대만문제는 어디까지나 평화적으로 해결되어야 한다는 것이 일본정부의 기본적인 견해"라고도 논했다. 중국 측의 배상청구 포기를 평가하면서도 "일본이 대만과 맺은 평화조약이 당초부터 무효였다는 것을 명백하게 의미하는 결과로 이어질 수 있는 표현이 공동성명 내용 안에 들어가는 것에는 동의할 수 없다"고 다카시마는 전했다.

완곡하게 에둘러 표현한 것이지만 대만이 일화평화조약 당시 배상청구를 포기한 이상, 중국이 배상청구권을 갖고 있지 않다는 것이 일본의 입장이었다. 앞에서 논한 바와 같이 대중설명요령을 작성한 것은 부하인 구라야마였다.

다카시마의 설명을 들은 지펑페이는 전쟁상태 종료나 '일본·대만조약' 처리방식에 난색을 표했다. "일본 측의 안으로는 중국 인민들을 납득시킬 수가 없습니다"는 것이었다.

중국 측 안은 "본 성명이 공표되는 날 중화인민공화국과 일본국 사이의 전쟁상태는 종료된다", "중화인민공화국 정부는 대만이 중화인민공화국 영토의 불가분의 일부라는 점을 거듭 표명한다. (일본국 정부는 카이로 선언에 근거하여 중국 정부의 이러한 입장에 찬동한다.)"는 등의 내용이 들어있었다.

전문에 "일본국 정부는 과거에 일본 군국주의가 중국 인민들에 대해 전쟁 피해를 입힌 점을 깊이 반성한다"는 내용이 들어있던 것도 중국 안의 특징이었다. 일본 측의 입장에서 보면 일본 내정을 자극할 수 있는 '일본 군국주의'라는 표현은 받아들이기 어려웠

다. 최대의 쟁점인 대만문제는 다나카·저우언라이 회담으로 넘겨졌다. [03]

외상회담이 끝난 후 오히라는 다카시마, 요시다, 구리야마, 하시모토 등 외무성 간부들을 소집하여 '전쟁 종결', '일본 군국주의', '대만의 영토권' 등의 문제에 대해 협의했다. [04]

제2차 다나카·저우언라이 회담 : 다카시마 조약국장에 대한 매도

오후 2시에는 영빈관에서 제2차 정상회담이 개최되었다. 저우언라이는 이 날 철저한 항전태세로 회담에 임했다. 먼저 저우언라이는 지난 밤의 '폐' 연설에 대해 불쾌감을 드러냈다.

"다나카 수상의 '중국 인민들에게 폐를 끼쳤다'고 한 발언은 중국인의 반감을 부른다. 중국에서 폐란 말은 사소한 일에나 사용되는 것이기 때문이다."[05]

하시모토는 당시 상황을 "(저우언라이 총리는) 정말로 화가 머리끝까지 치밀어 오른 것처럼 분노한 모습이었습니다. 오히라 상은 일

03 石井明ほか偏, 『記録と考証 日中国交正常化・日中平和友好条約締結交渉』, pp.85-86, pp.110-120.

04 「森田一日記」(1972年9月26日).

05 石井明ほか偏, 『記録と考証 日中国交正常化・日中平和友好条約締結交渉』, p.56.

순간 얼굴이 창백해 졌습니다"라고 회고한다.

저우언라이는 또한 일화평화조약에 대한 다카시마 조약국장의
설명에 대해서도 비판을 가했다.[06]

> 일화조약에 대해 명확히 해두고 싶다. 이것은 장제스의 문제다.
> 장제스가 배상을 포기했기 때문에 중국은 이를 포기할 필요가 없다
> 는 외무성의 말을 듣고 놀라움을 금할 수 없었다. 〔중략〕 전쟁 피해
> 는 대륙이 입은 것이다. 〔중략〕 우리 입장에서는 장제스가 포기했기
> 때문에 더 이상 문제가 될 게 없다는 식의 사고방식은 받아들일 수
> 없다.

저우언라이가 반발한 것은 대만이 배상을 포기한 이상 중국은
배상청구권을 갖지 못한다는 다카시마의 논리였다. 일본은 이 문
제를 법적 측면에서 생각하고 있었던 데 비해 중국의 입장에서 보
면 이는 다름 아닌 중국의 체면이 걸린 문제였다. 저우언라이는
"이는 우리에 대한 모욕이다"라는 말까지 하면서 격한 감정을 드
러냈다.

그렇다면 저우언라이는 단지 분노를 폭발시키기만 했던 것일
까? 그렇지 않다. 저우언라이는 다음처럼 말을 이었다.

"다나카 · 오히라 두 수뇌가 생각하는 바는 존중하지만, 일본 외

---

06 田畑光永, 「1972年 9月 25日 - 28日の北京」, pp.241-242.

무성의 발언은 두 수뇌의 생각에 배치되는 것이 아닌가."

다시 말하면, '다나카 · 오히라 두 수뇌'와 다카시마를 따로 떼어 놓음으로써 타협의 여지를 남겨 놓은 것이다.

더 나아가 저우언라이는 "미일안보조약에 대해 말하자면, 우리는 대만을 무력으로 해방시키려고 하지는 않을 것이다. 1969년의 닉슨 · 사토 공동성명은 당신들에게는 책임이 없다"며 유연한 자세를 보였다. "북방영토 문제에 대해, 마오쩌둥은 쿠릴열도([千島, Kuril Is] 러시아 사할린주에 속한 열도로 일본 홋카이도北海道 사이에 56개의 바위섬이 줄지어 분포한 곳-역자주) 전체가 일본 영토라고 말씀하셨다"는 외교적 언사도 잊지 않았다.

이에 대해 다나카는 "공동성명이라는 역사적 대업은 두 장관이 서로 얘기를 하면 반드시 결론에 도달할 수 있을 것으로 생각한다"고 언급하는데 그쳤다. 대만이라는 지난한 문제의 처리는 오히라에게 위임되었던 것이다. [07]

저우언라이가 다카시마를 매도한 진의가 무엇이었는지에 대해 동석한 하시모토는 다음처럼 분석한다.

일종의 블러프(엄포-역자주)였던 것 같다. 저우언라이는 분명히 자기 입으로 "그건 다카시마 개인의 생각으로, 나는 그것이 설마 다나카 · 오히라 두 수뇌의 생각은 아닐 것으로 본다"고 말했던 것이지

07 石井明ほか偏,『記録と考証 日中国交正常化 · 日中平和友好条約締結交渉』, pp.56-60.

(웃음). 다카시마 국장으로선 사전에 오히라 외상과 협의를 한 후에 외상을 대신해서 발언한 것이었어. 물론 다나카 수상도 이를 잘 알고 있었지. 다만, 오히라 상이 그 자리에서 "나도 다카시마와 생각이 같다"라고 말했다면 교섭은 거기서 결렬되었겠지.[08]

저우언라이가 다카시마를 희생양으로 삼은 것은 '엄포'이며, 저우언라이는 다나카나 오히라의 양보를 얻어내려 했다는 말이다. 일본 측의 중일공동성명안은 구리야마가 작성한 것으로, 다나카나 오히라는 사전에 다카시마의 설명을 들은 상태였다. 다나카, 오히라, 다카시마 이 세 사람 사이의 의견은 다르지 않았다. 저우언라이는 이를 잘 알고 있었을 것이다. 그럼에도 불구하고 저우언라이는 책임을 다카시마에게만 뒤집어 씌움으로써 교섭이 결렬되는 것을 막고자 했다.

저우언라이가 다카시마를 '법비'(法匪 : 법률을 절대시하여 다른 사람에게 손해를 끼치는 관리나 법률가-역자주)'로 매도했다고 전하는 문언도 있긴 하나 이는 사실이 아니다. 하시모토에 따르면 "저우언라이, 그리고 지펑페이를 포함해 중국 측은 지금까지, 공식적이든 또는 비공식적이든 다카시마 조약국장을 법비라고 부른 적은 한 번도 없

08 橋本恕, 「日中国交正常化交渉」(大平正芳記念財団編, 『去華就實 聞き書き大平正芳』大平正芳記念財団, 2000年), p.158.

었습니다. 그건 거짓말입니다"라고 말한다.[09]

다카시마는 후일 나카에 요스케 아시아국 외무참사관에게 "모든 사람이 그리 믿고 그리 말하는 것을 이제 와서 부정하려 해도 도리가 없으니 그냥 내버려두고 있는 것이지"라고 말했다.[10]

다나카의 반론

그렇다면 연설에 관한 혹평을 들은 다나카는 그에 응수하지 않았는가? 일본 외무성의 기록에는 나오지 않지만, 다나카는 저우언라이가 '폐' 발언을 비판하자 바로 그 자리에서 응수했다. 다나카 자신이 다음처럼 말했다고 기록했다.

> "폐를 끼쳤다고 하는 말은 그렇게 경솔한 내용을 담은 것은 아니었습니다. 일본어로 폐를 끼쳤다고 하는 의미는 여러분이 흔히 해석하는 '미안합니다'와 같은 정도의 표현은 아닙니다. 본인은, 본인이할 수 있는 한 성심성의를 담아 죄송하다는 심정을 그대로 표현했

---

09 하시모토 히로시 인터뷰(2008년 11월 8일). 다음도 참조. 栗山尚一『外交証言録 沖縄返還・日中国交正常化・日米「密約」』, p.128.
10 中江要介, 『らしくない大使のお話』, p.28.

습니다. 이는 아무런 가식 없이 자연스럽게 나온 일본인의 목소리입니다. 폐를 끼친 것은 우리들인 것입니다. 그렇기 때문에 사과를 하기 위해 찾아가는 것은 당연한 것으로 생각하여, 자민당 내부에 반대가 있었음에도 불구하고, 이렇게 본인이 베이징을 방문한 것입니다."

그러자 저우언라이 총리는 "으음"이라고 낮게 신음은 했지만 그 이상의 요구는 일체 하지 않았다. 그 뿐만 아니라 내가 계속해서 중국 방문의 의의를 설명하려고 하자, "알겠습니다. 말꼬리를 잡고 왈가왈부하는 것은 그만 두겠습니다. 말꼬리가 아닌 좀 더 중요한 문제가 있으니 어서 그 본론에 들어갑시다" 하면서 주제를 바꿨다.

다나카가 진의를 설명하자 저우언라이는 그에 납득한 것이다.[11] 다나카의 반론에 대해서는 동석한 지펑페이의 회상에서도 확인할 수 있다.

다나카는 "일본어로 '폐를 끼쳤다'는 말은 성심성의의 사죄이며, 앞으로는 똑같은 과오를 저지르지 않을 테니 용서해 주었으면 한다는 의미입니다. 보다 더 적절한 말이 있다면 여러분들이 사용하는 표현으로 고쳐도 좋습니다"라고 해명했다. 사죄 문제는 해결되었

11 田中角栄,「日中の課題は,『信義』と両国民の,『自由な往来』だ」, pp.78-79. 다음도 참조. 倪志敏,「田中内閣における中日国交正常化と大平正芳(その四)」, p.78.

다.[12]

지펑페이에 의하면 다나카가 진의를 전함으로써 "사죄 문제는 해결되었다"는 것이다.

장샹샨도 다나카가 다음처럼 언급했다고 말했다.

"폐를 끼쳤습니다"라는 말은 일본에서는 진심으로 사죄한다는 의미를 나타내는 것으로, 앞으로 두 번 다시 그러한 잘못을 범하지 않는다는 것을 보증하며, 용서를 구한다는 의미도 포함하고 있다.[13]

그 자리에 있었던 하시모토에게 확인해 본 결과, "'폐'발언에 대해서는 (다나카 자신이) 저우언라이가 발언한 직후에 제대로 했습니다"라는 것이었다.[14]

다나카는 곧바로 해명함으로써 중국 측의 의문을 해소하려 한 것이다. 지펑페이가 "사죄 문제는 해결되었다"고 회고한 점에 비추어 보면, '법비' 신화를 통해서도 알 수 있는 바와 같이, 미디어가 사실을 지나치게 과장하여 일을 크게 키운 것이라고 할 수 있다.

---

12 姬鵬飛, 「飲水不忘掘井人」(NHK採訪組 『周恩来的決断』), p.167 ; 同, 「飲水不忘掘井人」 (安建設偏, 『周恩来的最後歳月』), p.290.

13 張香山, 「回顧し、思考し、提言する」, 『人民中國』 第590号(2002年), p.23.

14 하시모토 히로시 인터뷰(2008년 11월 8일).

제2차 오히라·지펑페이 회담

오후 5시 10분, 제2차 오히라·지펑페이 회담이 영빈관 18호동에서 개최되었다. 참석한 사람은 오히라와 지펑페이 외에 하시모토, 장샹샨, 통역, 기록관으로 한정되었다. 쟁점은 전쟁상태 종료 선언과 대만 문제였다. 전쟁상태 종료에 대해 오히라는 두 개의 안을 제시했다.

제1안은 "중국인민공화국 정부는 중국과 일본국 사이의 전쟁 상태의 종료를 여기서 선언 한다"는 것으로, 승전국인 중국만이 일방적으로 전쟁상태 종료를 선언하는 것이었다.

제2안은 "일본국 정부 및 중화인민공화국 정부는 일본국과 중국 사이에 향후 전면적인 평화 관계가 존재한다는 것을 여기서 선언한다"고 하여 전쟁의 종료 시기를 명확하게 하지 않은 것이다.

이에 대해 지펑페이는 "전쟁상태 종료 문제에 대해 오늘 일본 측이 두 가지 안을 제시했으나, 중국 측으로서는 시기의 문제를 극히 중시한다"고 언급했다. 지펑페이는 "본 성명이 공표되는 날에" 전쟁상태가 종료된다고 하는 중국 측 안을 고집했다. 전쟁상태 종료 문제는 난항을 겪었다.

한편 대만 문제에 관해 오히라는 복안을 읽어내려 갔다.

"중화인민공화국 정부는 대만이 중화인민공화국 영토의 불가분의 일부인 점을 거듭 표명했다. 일본국 정부는 이러한 중화인민공화국 정부의 입장을 충분히 이해하며 포츠담 선언에 근거한 입장을 견지한다."

이 복안에 대해 지펑페이는 태도를 유보했다.[15]

당초의 일본 측 안은 "충분히 이해하며, 또한 이를 존중한다"는 것으로, 오히라의 복안에는 "포츠담 선언에 근거한 입장을 견지한다"가 추가된 것이다. 지펑페이가 즉답을 피한 것은 그 의미를 완전히 이해할 수 없었기 때문으로 보인다.

일본이 전쟁에 항복하면서 수락한 포츠담선언 제8항은 1943년 11월 카이로선언을 이행한다고 규정하고 있었다. 미·영·중이 발표한 카이로선언은 대만을 '중화민국'에 반환하는 것으로 되어 있었던 것이다.

유보적 자세를 취하던 중국 측이 마침내 오히라의 복안을 인정함으로써 중일공동성명 제3항은 다음과 같은 내용이 되었다.

> 중화인민공화국 정부는 대만이 중화인민공화국 영토의 불가분의 일부인 점을 거듭 표명한다. 일본국 정부는 이러한 중화인민공화국 정부의 입장을 충분히 이해하고 존중하며 포츠담선언 제8항에 근거한 입장을 견지한다.

단지 20자도 되지 않는 "포츠담선언 제8항에 근거한 입장을 견지한다"는 구절이 교섭이 결렬되는 것을 막고 중국으로 가는 길을

---

15 石井明ほか偏, 『記録と考証 日中国交正常化·日中平和友好条約締結交渉』, pp.86-91.

열어주었다.

구리야마가 마련해 둔 복안

오히라의 복안은 포츠담 선언을 언급하고 있다. 그렇다면 이는 대체 어떻게 나온 발상이었는가? 하시모토는 "이는 바로 구리야마가 쓴 것이다"라고 말한다.[16]

구리야마에 의하면 제2차 다나카·저우언라이 회담이 끝난 뒤 오히라는 쓴 웃음을 지으며 "이 일은 좀처럼 자네들이 말한 대로는 되지 않는군"라고 말하며 어깨를 축 늘어뜨렸다. 다카시마 조약국장도 입을 열려고 하지 않았다.

그 때 구리야마가 "그렇지 않습니다, 외상. 이건 눈치게임입니다"라면서 "상대편도 정상화를 바라고 있는 이상, 상대편도 필사적입니다"라고 진언했다.

오히라가 "음–" 하고 신음하자 구리야마는 "눈길을 먼저 피하는 쪽이 지는 것입니다. 그저 눈치게임이라 마음먹으시고 최선을 다하는 수 밖에는 도리가 없습니다"라며 용기를 북돋웠다.

이어 오히라가 "다른 좋은 생각은 없는가?"라고 묻자 구리야마

---

16 하시모토 히로시 인터뷰(2008년 11월 8일).

는 "좋은 생각이 없는 것은 아닙니다"라며 양복 윗주머니에서 복안을 꺼내들었다. 그 복안이야말로 "포츠담선언 제8항에 근거한 입장을 견지한다"는 것에 다름 아니었다. 오히라는 구리야마가 내놓은 복안을 가지고 지펑페이와의 회담에 임한 것이다.

즉, 오히라가 지펑페이에게 제시한 복안이라는 것은 구리야마가 조약국에서 준비한 복안 그 자체였다. 구리야마는 오히라에게 복안을 진언한 경위에 대해 다음과 같이 회상한다.

> 중국이 그것('"충분히 이해하며 또한 이를 존중한다"고 한 일본 측 원안)을 거부했을 경우 어떻게 할 것인가 라고 하는 대안, 다시 말하면 제2차안을 마련하지 않고 베이징에 가는 것은 매우 위험하다는 생각이 들었기 때문입니다. 복안이랄까 제2안이 필요할 것으로 생각되어 제가 "포츠담선언 제8항에 근거한 입장을 견지한다"'는 안을 준비한 것입니다. 〔중략〕 그야말로 문자 그대로의 복안으로서 정말로 양복 주머니에 넣어두고 그 누구에게도 보여주지 않았습니다. 〔중략〕 오히라 상은 순순히 이해해 주었습니다. 대만반환은 그 시점에서는 이루어지지 않더라도 일본은 장래의 일에 대해서는 이의를 제기하지 않겠다고 해석한 것입니다.

오히라는 구리야마의 복안을 그대로 수용한 것이다.

중일공동성명 제3항의 "충분히 이해하고 존중하며 포츠담선언 제8항에 근거한 입장을 견지한다"라고 하는 구리야마의 복안은 일본 측 원안에 있는 "충분히 이해하며, 또한 이를 존중한다"라는 표현과는 어떻게 다른가? 구리야마가 다음처럼 말한다.

"충분히 이해하며 존중한다"라는 말은 법률적으로는 아무런 의미도 없는 문구인 것입니다. (중략) 대만이 "독립하겠다"고 말을 꺼냈을 때 일본이 어떻게 할 것인가에 대해서도 "충분히 이해하며 존중한다"라는 표현은 그 어떠한 공약도 하지 않은 셈이지요. 그렇기에 저는 중국 측이 수용하지 않을 것으로 생각했습니다.

중국 측이 수용하지 않는다면 이건 색을 좀 칠할 필요가 있다고 생각해서 그 색을 어떻게 칠할 것인가에 대해 생각한 끝에 "포츠담선언 제8항에 근거한 입장을 견지한다"라는 문구를 고안해낸 것입니다. 그것이 무엇을 의미하는가 하면 카이로선언에서 대만은 중화민국에 반환되어야 한다는 내용이 적혀 있고 이를 포츠담선언이 계승한 것입니다. (중략) 그러한 의미에서 '하나의 중국'이라는 것에 일본은 관여했습니다라는 것이 "포츠담선언 제8항에 근거한 입장을 견지한다"가 가진 의미입니다. (중략) 일본이 대만독립을 지지하지 않을 것이라는 점과 관련하여 하나의 문서를 받음으로써 저우언라이는 이를 가지고 일본과는 타결 지어도 되겠다고 납득한 것입니다. (중략) 그런 의미에서 대만이 중국에 반환되는 것에 일본은 약속했습니다. (중략) 다만, 그 이면에서 중국 측이 매우 불만을 가졌지만 이해한 것은 대만이 1972년 9월 29일 시점에 중국에 반환되지 않았다고 일본은 생각하고 있던 점이었습니다. (중략) 닉슨은 상해

코뮈니케에서 인정acknowledge이란 표현을 사용했을 뿐, 승인recog-nize한 것은 아니라는 입장을 취하고 있었기 때문에 일본은 그 보다 더 앞서 나갈 수 없었던 셈입니다.

다시 말하면, 이 복안은 일본이 대만독립을 지지하지 않는다는 것을 의미하며, 중국이 복안을 용인한 것도 그 때문이었다고 구리야마는 분석한다.

동시에 "대만이 1972년 9월 29일 시점에 중국에 반환되지 않았다고 일본은 생각하고 있었던 것"이며, 대만을 중국의 일부라고 하는 제2원칙을 그대로 받아 들이지는 않았다.

일본은 중국이 대해 통일을 목적으로 대만에 무력행사를 할 경우 이를 인정 할 수 없다는 입장이었다. 구리야마에 의하면 통일이 평화적으로 이루어지지 않으면 안 되는 것은 자명한 일이라고 한다.

우리의 입장에서 보면 말이죠. 평화적인 수단이 아니면 안 된다고 하는 것은 사실은 말할 필요도 없이 당연한 일이라고 생각했습니다. 다시 말하면, 중국이 대외적으로 제시하는 법률론은, 대만은 중국의 일부이기 때문에 대만에 대한 무력행사는 국제법상의 전쟁은 아니라고 하는 것입니다. 〔중략〕

그렇다고는 하지만, 국제적으로 그러한 중국의 주장이 통할 것인가 하면 그건 아마도 통하기 어렵다는 점을 중국 또한 인식하고 있는 것입니다. 따라서, 통일이 평화적으로 이루어지지 않으면 안 된다는 점은 중국도 이해하고 있는 것입니다. 그러나 "그렇다고는 해도…" 라는 것이 중국의 최종적인 입장이었기 때문에, 예를 들어 대만이 "독립하겠다"고 했을 경우에 중국이 어떻게 할 것인지는 모릅니다. 모르기 때문에 그런 일은 하지 말라고 미국이 말하고, 일본도 계속 말해야 하는 것입니다.[17]

고뇌의 밤

1972년 9월 26일 밤으로 시간을 되돌려 보자. 지펑페이와 회담을 마친 뒤 오히라와 하시모토는 니카이도와 다카시마를 데리고 다나카가 묵고 있는 방으로 갔다. 하시모토와의 인터뷰, 그리고 하시모토가 쓴 수기 '영웅과 영웅의 대결'을 참고하여 당시 상황을 재현해 보기로 하자.

세 차례의 회의를 마친 오히라는 완전히 지쳐있었고 게다가 낙담까지 하는 상황이었다. 구리야마가 마련한 복안 덕분에 대만문

---

17 栗山尚一, 『外交証言録 沖縄返還・日中国交正常化・日米「密約」』, pp.129-51, pp.133-137. 다음도 참조. 同, 「日中国交正常化」, 『早稲田法学』第74巻 4-1号(1999年), p.55 ; 同, 「台湾問題についての日本の立場 : 日中共同声明第3項の 意味」, 『霞関会会報』第738号(2007年), pp.11-15 ; 東郷和彦 『歴史と外交 : 靖国・アジア・東京裁判 』(講談社現代新書, 2008年), pp.180-181.

제에 대한 해결의 실마리가 보이기 시작했다고는 하나 전쟁상태 종료라는 어려운 문제가 남아 있었다. 일화평화조약을 인정하지 않는 중국은 중일공동성명에 의해 전쟁상태를 종료시키는 점에 집착했다. 그 점이 오히라의 어깨를 강하게 짓눌렀다.

다나카의 방에 도착한 오히라는 퀭한 눈을 하고 있었다. 무엇보다도 저우언라이의 일갈이 귀에서 맴돌았다. 다나카, 오히라, 니카이도, 다카시마, 하시모토 등이 모이고 요리가 놓여도 오히라는 젓가락에 손을 대려고도 하지 않았다. 일본 대표단 일행은 모두 실의에 빠져있었다.

거기서 단 한 사람만 즐거운 듯이 행동하는 남자가 있었다. 바로 다나카 수상이었다. 다나카의 표정에는 왠지 모를 자신감이 가득 차 있었다. 오히라의 불안감에 대해선 아랑곳하지도 않으면서 호주가인 다나카는 마오타이를 들이키며 "어이, 이제 슬슬 식사를 시작하지"라면서 말을 건넸다.

그러나 술을 못하는 오히라의 머리 속에는 앞으로 해결해야 할 어려운 문제들 생각으로 가득 차있다. 구리야마가 복안을 마련한 대만문제와는 달리 전쟁상태 종료 문제에 대해서는 따로 마련해둔 복안이 없었다. 제2차 정상회담에서 저우언라이가 그렇게까지 격분하리라고는 전혀 예상치 못한 것이다. 여기서 묘안을 제시하지 못한다면 당장 내일이라도 교섭이 결렬될 수도 있는 것이다. 오히라는 궁지에 몰려 있었다.

하시모토는 오히라가 얼마나 위기의식을 느끼고 있었는지 충분히 헤아리고 있었다.

"눈 앞에 음식이 놓여져 있고 또 계속 음식이 나오는데도 오히라 상은 도무지 밥을 먹으려 하지 않아서 말이지, 오히라 상의 부하인 우리가 밥을 먹기도 그렇고. 다카시마 조약국장은 말이지, 왜 그렇게 되었느냐 하면, 자신의 발언 때문이라는 것을 잘 알고 있었으니까. 그도 이렇게 〔아래를 쳐다보고 있었던 거지〕."

이를 차마 볼 수 없었던 다나카가 쾌활한 목소리로 의기소침해하는 다카시마를 격려했다.

"다카시마 군, 수고가 많았네. 만약 저우언라이가 그 이상 말했다면 나도 강하게 반박할 작정이었네. 하지만 말이지, 우린 이곳에 온지도 얼마 안됐고 또 싸움하러 온 것도 아니니 말야. 뭐 어쨌든 밥이나 먹고나서 다시 생각해 보도록 하지."

거기서 고지식한 오히라가 반론을 폈다.

"그런 얘기를 한들 그럼 도대체 내일부터 하는 교섭은 어떻게 한단 말인가? 1945년에 일본이 무조건 항복을 한 이후에 1972년 현재까지 계속 전쟁을 하고 있었다는 말인가?"

다나카는 잔에 가득 찬 마오타이를 쭉 들이키고 "대학을 졸업한 녀석들은 이런 아수라장에선 잘하지 못하는군"이라고 말하며 웃음을 머금었다.

오히라가 "아수라장이든 뭐든, 내일부터 어떻게 해야 한다는 말이냐 말야, 이 교섭을"이라면서 그로서는 드물게 격한 감정을 드러냈다.

맹우의 반응을 예상한 다나카는 씩 하고 표정을 누그러뜨렸다.

"내일부터 어떻게 중국 측에 대안을 제시할까 라든가 그런 문제는 나에게 묻지 말게. 자네들은 모두 온전히 대학을 나왔지 않은가. 대학을 나온 놈들이 생각해 보게."

다나카가 하는 말을 듣고 모든 이의 얼굴이 풀어졌고 방안은 웃음소리로 가득 찼다. 다나카도 이렇다 할 전망은 가지고 있지 않았지만 수상까지 낙담해 버렸다면 분위기는 최악이었을 것이다. 배포를 가진 재상의 도량으로 오히라를 비롯한 일행의 마음은 순간 밝게 바뀌었다.[18]

'부자연스러운 상태'라는 묘안

겨우 식사를 때운 오히라는 하시모토에게만 눈짓을 보내고 자신의 방으로 돌아갔다. 뒤를 쫓은 하시모토가 오히라의 방에 들어서자 오히라는 "자 이제 어떻게 하지?"라며 하시모토에게 물었다.

열혈남아인 하시모토가 주저 없이 다음처럼 역설했다.

"전후 30년 가까이 중국은 일본과 단 한발의 총알도 쏘지 않았

---

18 하시모토 히로시 인터뷰(2008년 11월 8일). 다음도 참조. 橋本恕, 「英雄と英雄の対決」, pp.96-97.

습니다. 전쟁과 같은 일은 실제로는 없었습니다. 이를 과거의 전쟁상태라고 하든, 평화상태라고 하든, 그런 건 그다지 중요한 문제는 아니라고 생각합니다."

하시모토의 어투는 외교관 답지 않게 박력이 있었다. 고개를 끄덕이는 오히라에게 하시모토가 가까이 다가섰다.

"가장 중요한 것은 앞으로 양 국민들이 사이 좋은 이웃나라로서 선린우호관계를 쌓아 가는 것입니다. 이를 위해 국교정상화를 한다는 것이 큰 취지이며 그에 대해서는 중국 측도 당연히 알고 있을 것입니다. 그러니 무언가 과거의 해석에 관해 간단한 용어로 과거를 봉인하기 위해 '부자연스러운 상태'라는 말을 사용하는 건 어떻겠습니까?"

하시모토가 주장한 것처럼 이웃이면서도 인사도 하지 않는 상태는 분명히 부자연스럽다고 할 수 있다.

전쟁상태라는 말로는 서로 양보하기 힘들기 때문에 '부자연스러운 상태'로 표기하면 어떠냐고 하시모토가 제안한 것이다.

그 묘안에 귀를 기울이던 오히라는 "과연 그렇군, 그럼 그렇게 해보세"라면서 마음을 고쳐먹었다. 이 날 만큼 오히라가 부하에게 감사하는 마음을 가진 적은 없을 것이다.

하시모토의 제안을 받아들인 오히라는 그 다음날 지펑페이에게 "과거의 중일관계에 대해서는 '부자연스러운 상태'라고 하는 것은 어떻습니까?"라며 대안을 제시했다. 최종적으로는 '일본국과 중화인민공화국과의 사이의 지금까지의 비정상적인 상태는 이

공동성명이 발표되는 날에 종료된다"는 표현이 공동성명 제1항에 삽입되었다. [19]

되살아난 오히라가 중국이란 산을 막 넘으려 하고 있었다.

19 하시모토 히로시 인터뷰(2008년 11월 8일).

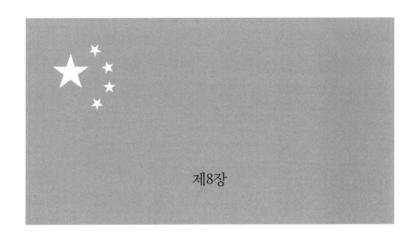

제8장

센카쿠열도와 다나카 · 마오쩌둥 회담
: 제3일차 교섭 (9월 27일)

비공식 외상회담

9월 28일 오전, 다나카 가쿠에이와 오히라 마사요시는 중국 측의 안내를 받으며 만리장성과 명나라 13능을 방문했다.[01] 다나카는 처음 접하는 경치를 보고 유쾌한 기분을 감추지 않았다. 여기서 주목할 만한 점은 오히라와 지펑페이 외교부장이 이 방문길을 왕복하면서 자동차 안에서 비공식 회담을 가진 일이었다. 차 내에서의 회담인지라 오히라와 지펑페이는 중일공동성명에 대해 서로의 솔직한 견해를 주고 받을 수 있었다.

지펑페이가 대사 교환 시기에 대해 "어떻게든 기한을 명시할 수 있도록 배려해 달라"고 요구하자 오히라는 " '신속하게' 라는 일본 측 표현을 받아들여 달라"고 대답했다.

---

01 『朝日新聞』(1972年9月27日/夕刊)(9月28日).

대사 교환 기한을 명시해 달라는 지펑페이의 요구와 관련하여 '신속하게'라는 문구에 그치려고 한 이유에 대해 오히라는 다음처럼 말했다.

> 먼저 대만에 거주하는 일본인 3,800명의 안전 문제가 있는데 대만 측이 어떻게 나올지 걱정이다. 그 다음에 도쿄주재 대만대사관이 곧바로 단교를 할 것인지, 아니면 앞으로도 계속 머물려고 할 것인지 상대방이 어떤 입장을 취할 것인지 전혀 알 수가 없다. 다만, 만약 상대방이 전혀 철수할 의사를 보이지 않는다고 한다면 단호한 조치를 취할 것이니 그 점을 이해해 주었으면 한다.

오히라는 대만에 거주하는 일본인의 안전 확보를 우선시한 것이다. 이후의 중일공동성명에서도 "가능한 한 신속하게 대사를 교환한다"로 표기되었다.

그 자리에서 오히라는 중국 측이 공동성명안에 있는 '일본 군국주의'라는 표현에 우려를 표명했다.

"금번 다나카 총리 방중은 일본국민 전체를 대표하여 과거에 대해 반성의 뜻을 표명하기 위한 것이다. 따라서 일본이 국가적 차원에서 전쟁을 반성하는 것이라 할 수 있다. 때문에 그런 의미를 가진 표현 방법을 취했으면 한다."

7장에서 언급한 바와 같이 중국은 공동성명 전문에 "일본국 정부는 과거 일본 군국주의가 중국 인민에 대해 전쟁 피해를 끼친 점을 깊이 반성한다"는 내용을 포함시키고자 했으나 오히라의 입장에서는 일본 보수파를 자극하는 듯한 용어는 피하고 싶었다.

이에 대해 지펑페이가 '일본 군국주의'라는 용어를 삽입하려는 의도를 다음처럼 설명했다.

"중국은 일본의 일부 군국주의 세력과 대다수 일반 일본국민을 구별해서 생각하고 있으며, 중국의 생각은 오히려 일본에 대해 호의적이다."

한발 더 나아가 지펑페이는 "공동성명을 오늘 밤, 내일 아침 중이라도 발표할 수 있도록 노력하겠다. 닉슨 방중 때처럼 상하이에서 발표하는 것과 같은 사태는 피했으면 한다"고 주장했다. 지펑페이는 교섭 타결을 서두르고 있었다.[02]

오히라가 오후 1시 25분에 영빈관에 돌아가자 다카시마 마스오 조약국장이 나타나 보고를 했다. 오전 중에 다카시마를 비롯한 몇명은 중국 측 사무당국과 의견조정을 거듭하고 있었는데 예를 들면 "대사 교환 기한을 설정할 것인지 말 것인지", "전쟁 종결에 대한 표현은 어떻게 할 것인지", "평화우호조약 체결 의도의 표명" 등으로 논점을 좁혀 가고 있었다.[03]

다카시마는 어제 저우언라이의 호된 질책을 받고 부끄럽기 짝이 없었지만 다나카, 오히라가 자리를 비운 가운데에서도 자신의

---

02 石井明ほか編, 『記録と考証 日中国交正常化・日中平和友好条約締結交渉』, pp.91-93.
03 「森田一日記」(1972年9月27日).

역할을 착실하게 수행하고 있었다.

제3차 다나카 · 저우언라이 회담 : 당돌한 센카쿠열도 발언

오후 4시 10분 인민대회당 푸졘청에서 제3차 다나카 · 저우언라이 회담이 개최되었다. 저우언라이의 모두 발언은 다음과 같았다.

"오히라 선생은 과거 역사에 종지부를 찍고, 중일 간 평화우호조약에서는 전향적인 중일관계의 발전을 꾀하고 싶다는 취지를 공동성명 안에 넣자는 말씀을 하셨다. 나는 그 의견에 찬성이다."

9월 27일 교섭

8:00~13:00	만리장성, 명나라 13능 견학.
	오히라 · 지펑페이 비공식회담(자동차 내)
16:10~18직후	제3차 다나카 · 저우언라이 회담(인민대회당)
20:30~21:30	다나카 · 마오쩌둥 회담(중난하이)
22:10~0:30	제3차 오히라 · 지펑페이 회담(영빈관)

출처 :『朝日新聞』(1972年9月27日/夕刊) ; 石井明 · 朱建栄 · 添谷芳秀 · 林暁光『記録と考証 日中国交正常化 · 日中平和友好条約締結交渉』(岩波書店, 2003年) 등을 참고로 작성.

오히라 · 지펑페이 회담의 계기로 저우언라이는 전날부터 태도를 호전시킨 것이다. 한편 저우언라이는 "과거의 역사로 인해 중국 측은 일본 군국주의를 걱정하고 있다"며 우려를 표명했다. 이에 대해 다나카가 "군국주의가 부활하는 일은 절대로 없을 것이다"라며 곧바로 부정했다.

저우언라이는 "소련은 핵전쟁 금지, 핵무력 사용 금지를 제창하고 있으나, 이는 사람을 속이기 위한 속임수이기 때문에 이를 파헤칠 필요가 있다"며 창 끝을 소련 쪽으로 돌렸다. 소련과의 대립은 중국으로 하여금 중일강화를 서두르게 한 주된 요인이었다. 또한 저우언라이가 "소련에 대해 경계심을 잃어버리면 소련에게 당한다"고까지 언급했다. 소련의 위협을 강조하면서 일본과는 타협하겠다는 것이 저우언라이의 본심이었을 것이다.

다나카는 "일본의 공업력, 과학기술 수준으로 핵무기를 제조할 수 있지만 만들지 않을 것이다. 또한 일체 보유하지 않을 것"이라고 응답했다.

이어서 다나카는 의외의 한마디를 내뱉었다.

"센카쿠열도(중국명 댜오위다오-역자주)에 대해서는 어떻게 생각하는가? 내 주변에 이런저런 얘기를 하는 사람들이 많다."

중국이 영유권을 주장하는 센카쿠열도에 대해 다나카가 갑자기 얘기를 꺼내든 것이다. 외무관료들의 입장에서 보면 예정되지 않은 발언이었다.

회의장에 긴장감이 감도는 가운데 저우언라이가 다나카를 부드럽게 제지했다.

"센카쿠열도 문제에 대해 이번 기회에는 이야기하고 싶지 않다. 지금 그 문제를 꺼내는 것은 좋지 않다. 석유가 나오기 때문에 이게 문제가 되었다. 석유가 나오지 않는다면 대만도 미국도 문제 삼지 않을 것이다."

그렇게 말한 다음 저우언라이는 "국교정상화 이후 몇 개월 후에 대사(觀)를 교환할 것인가?"라면서 화제를 돌렸다. 또한 저우언라이는 대만문제로 논점을 돌리면서 회담을 끝냈다.[04]

저우언라이가 구원해 준 다나카

다나카는 왜 여기서 당돌하게 센카쿠열도 문제를 꺼내 든 것일까? 다나카의 입장에서는 일본 국내의 반발을 누르기 위해서라도 중국 측으로부터 센카쿠열도 문제에 대한 언질을 얻어내고 싶었다. 중국이나 대만이 센카쿠열도 영유권을 주장하기 시작한 것은 1970년대에 들어선 이후였으며, 미일 양국 간에서도 오키나와 반환에 즈음하여 논의되고 있었다.[05]

04 石井明ほか編, 『記録と考証 日中国交正常化・日中平和友好条約締結交渉』, pp. 60-69. 다음도 참조. 張香山「張香山回想録(下)」『論座』(1998年1月号), p.207.

05 外務省アメリカ局北米第一課, 「沖縄返還問題(吉野・スナイダー会談)」1971年5月6日 (「地位協定・ＳＯＦＡ の 適用(ＳＴＧ-施設・区域(5)」B'.5.1.0.J / U24, CD-R H22-011, 外

자민당 외교조사회는 1972년 3월 28일, 센카쿠열도가 일본령이라는 점을 확인했다. 외교조사회에 따르면 무인도였던 센카쿠열도는 '국제법상 선점의 법리'에 근거하여 1895년(메이지 28년) 1월 각의 결정을 거쳐 일본에 편입되었으며, 같은 해 5월 시모노세키조약을 통해 할양을 받은 대만이나 펑후제도와는 별개였다고 한다.

센카쿠열도가 오키나와의 일부로서 미국이 그 시정권을 갖고 있던 점에 대해 중국은 이의를 제기하지 않았었다. 그 때문에 센카쿠열도는 오키나와 반환협정에 의해 일본령으로 복귀되었다는 것이다.[06]

그러나 백전노장 저우언라이가 이를 쉽사리 수긍할 리도 없었다. 그 뿐만 아니라 일본이 합법적으로 실효 지배하는 영토에 대한 발언은 공연히 발목을 잡힐 소지가 있었다. 외교적 상식으로 본다면 실효 지배하고 있는 영토와 관련하여 당사국 자신이 안건을 내놓는 것은 현명한 처사가 아니었다. 오히려 실책이라고 할 수 있다. 다나카가 센카쿠열도에 대해 언급한 것은 국내정치의 문맥에서 생각했기 때문으로 여겨진다.

따라서 다나카의 발언은 아마추어적인 처사라고 하지 않을 수

務省外交史料館所蔵) ; 北米第1課, 「沖縄返還問題(愛知大臣・マイヤー大使会談)」5月 11日(「沖縄関係 17」0600-2010-00029, CD-R H22-012, 外務省外交史料館所蔵) ; 中山賀博 駐仏大使から愛知揆一外相, 6月 9日(「沖縄関係17」).

06 大熊良一, 「尖閣諸島の歴史と領有権」自由民主党広報委員会出版局, 1972年 8月 (「三木武夫関係資料」4532).

없다. 저우언라이의 입장에서 보면 다나카의 발언을 역으로 이용하여 일본이 영토문제의 존재를 인정했다고 주장하는 것은 용이한 일이었을 것이다. 만약 저우언라이가 다나카 발언을 빌미로 삼았다고 한다면 다나카는 언질을 얻기는커녕 장래에 화근을 남겼을 가능성도 있었다.

하지만 저우언라이는 그리 하지 않았다. 저우언라이가 다나카 발언을 가볍게 받아넘긴 까닭은 센카쿠열도에 대해 논의하기 시작하면 수습하지 못할 것으로 그 순간 판단했기 때문일 것이다. 대 소련 전략을 중시하는 저우언라이는 중일공동성명 조인을 서둘렀다. 저우언라이는 두뇌 회전이 빠를 뿐만 아니라 그 후의 어떤 중국 정치인에 비해서도 스테이츠맨statesman이었다. 스테이츠맨이란 영어로는 뛰어난 정치인을 의미하며, 그 밖의 보통 정치인의 경우는 폴리티션politician으로 불린다. 외교에 서툴렀던 다나카가 저우언라이의 구원을 받았다고 할 수 있다.

바꿔 말하면 중국은 중일국교정상화에서 센카쿠열도에 대해 요구하지 않고, 일본 측의 문제 제기를 차단까지 한 셈이다. 한일 간 영토문제가 된 독도(원문 다케시마-역자주)는 한일국교정상화 과정에서 계속 얘기된 것으로 센카쿠열도와 동일한 차원에서 논의할 수는 없다. 중일 양국 사이에 영토문제는 존재하지 않는 것이다.

회담에 출석한 하시모토 히로시에 따르면 저우언라이는 "마음은 알겠지만 이 문제에 대해 논의하기 시작하면 몇 날 몇 일이 걸릴 것입니다"라며 다나카를 타일렀다고 하다. 하시모토는 다나카가 센카쿠열도 문제를 꺼낸 의도에 대해 다음처럼 추측한다.

> 만약 일본에 돌아갔을 때 주로 우익들이 "이게 뭔가, 센카쿠 문제
> 에 대해 아무 말도 하지 않고 돌아왔다는 말인가? 중국이 말하는 대
> 로 된 것인가"라는 비판을 받지 않기 위해 선수를 쳤다고 생각한다.
> 중국에 대해서는 물론이고 국내정치를 생각해서 말이지.[07]

하시모토가 센카쿠열도 문제를 제기하도록 진언한 적은 없으
며 어디까지나 다나카 자신이 판단해서 발언한 것이었다.[08]

---

07 하시모토 인터뷰(2008년 11월 8일).

08 하시모토가 필자에게 보낸 편지(2008年 12月 15日).

다나카 · 마오쩌둥 회담이라는 '교섭 타결식'

다나카, 오히라, 니카이도가 숙소인 영빈관에서 저녁식사를 하고 있을 무렵, 중국의 한슈 의전장이 하시모토를 찾아 왔다.

"마오쩌둥 주석께서 오늘 밤 다나카 총리와 만나 뵙고 싶다고 하십니다. 어떤 분과 함께 오시는지 미리 알려주시면 감사하겠습니다."

그 간 모습을 드러내지 않던 중국 최고지도자의 요청이었다.

하시모토가 다나카의 방으로 뛰어가 "오늘 밤 마오쩌둥 주석이 총리를 만나 뵙고 싶다고 합니다만 어느 분과 함께 가시겠습니까?" 라고 묻자 다나카는 "좋았어, 오히라와 함께 가지"라고 대답했다. 오히라가 "니카이도 상도" 라고 말해 다나카, 오히라, 그리고 니카이도가 마오쩌둥을 방문하게 되었다. 긴박한 공기가 흐르고 있었으나 마오쩌둥과의 회견은 교섭 타결을 암시하는 것이기도 했다.[09]

오후 8시 30분, 다나카 일행이 중난하이에 위치한 마오쩌둥의 서재를 방문하자 인민복을 입은 마오쩌둥, 저우언라이, 지펑페이, 랴오청즈가 기다리고 있었다. 외교부 고문 랴오청즈는 전쟁 전 와세다 대학에서 공부했으며 전후에는 다카사키 다쓰노스케와 LT 무역(1962년 양국 민간단체가 합의한 '중일 장기종합무역에 관한 각서'를 말함. 중국

---

09 하시모토 인터뷰(2008년 11월 8일).

측 대표인 랴오청즈와 일본 측 대표인 다카사키의 영문 두문자를 따서 LT무역이라 칭함-역자주)을 추진했었다.

다나카 등과 굳게 악수를 나눈 뒤 마오쩌둥은 널따란 서재로 일행을 안내했다. 서재는 붉은 융단이 전면에 깔려 있었고, 벽면에는 중국 고전들이 빼곡하게 차 있었다.

마오쩌둥이 일본 측에게 건넨 첫 번째 한 마디. "이제 저우언라이 총리와의 말싸움은 끝났습니까? 싸움을 해야 비로소 사이가 좋아지는 법이지요."[10]

그에 대해 다나카는 "아닙니다. 저희들의 회담은 아주 우호적인 것으로 싸움 같은 것은 없었습니다" 라고 답했다.

마오쩌둥은 "비가 내린 뒤 땅이 굳는다는 말이 있듯이 논쟁하는 편이 오히려 사이가 더 좋아지는 경우도 있지요" 라고 얼굴에 미소를 띄웠다.

마오쩌둥이 화제를 바꿔 "베이징 요리는 입에 맞으십니까?" 라고 묻자 다나카는 "이곳 요리는 아주 맛있어서 생각지도 않게 마오타이주도 과음했습니다" 라며 하얀 이를 드러냈다.

이어 마오쩌둥은 "여러분이 이렇게 베이징에 오시니 전세계가 전전긍긍하고 있습니다. 주로 소련과 미국이라는 두 대국입니다.

---

10 自由民主党広報委員会出版局編, 『秘録・戦後政治の実像』, p.354. 다음도 참조. 横堀克己, 「歴史の新たな1ページが開かれた夜：毛・田中会談を再現する」石井明ほか編, 『記録と考証 日中国交正常化・日中平和友好条約締結交渉』), pp.256~260.

마오쩌둥 서재에서 교섭타결식을 갖는 중·일 정상

그들의 내심은 더 이상 온화하지 못하며, 안 보이는 곳에서 소곤
소곤 무언가 못된 일을 꾸미고 있을 것으로 생각합니다" 라고 하
면서, "자민당의 주력이 하지 않으면 과연 어찌 중일 복교문제를
해결할 수가 있겠습니까" 라고 역설했다.

　마오쩌둥은 소련을 정면의 적으로 규정하면서 중일국교정상화
를 돌파구로 삼아 아직 국교가 정상화되지 않은 미국에 대해서도
관계 개선을 촉구하려 한 것이다.[11]

---

11 石井明ほか編,『記録と考証　日中国交正常化・日中平和友好条約締結交渉』,
　　pp.127-130. 원서로는 다음도 참조. 毛沢東,「解決中日復交問題・是靠自民党政府」
　　1972年 9月 27日(中華人民共和国外交部・中共中央文献研究室編『毛沢東外交文選』北京：中
　　央文献出版社, 1994年), pp.598-599；王泰平主編 / 張光佑・馬可錚副主編『新中国外
　　交50年』上巻 (北京：北京出版社, 1999年), pp.448-451；城山英已『中国共産党,「天皇工
　　作」秘録』(文春新書, 2009年), p.153.

그리고는 "그 폐 문제는 어찌 되었습니까?" 라고 마오쩌둥이 물었다. '폐 문제'란 다름 아닌 다나카의 '폐' 발언을 말한다.[12] 어조는 온화했지만 논쟁이 재연될 수도 있는 발언이었다. 다나카로서는 살아 있다는 기분이 들지 않았을 것이다.

오히라는 그 점을 알아차리고 "중국 측의 의견에 따라 고쳐서 해결했습니다" 라고 재치 있게 대답했다. 중일공동성명을 위해 오히라는 진일보한 사죄 표현을 사용하기로 마음먹고 있었던 것이다.[13] 다나카에 따르면 "(마오쩌둥 주석은) '폐' 용어는 다나카 수상의 해석이 더욱 나은 것 같더군요" 라고 말했다."[14]
마지막으로 마오쩌둥은 다나카에게 중국 고전 주석집 〈초사집주楚辞集注〉를 선물로 건넸다.

"여기에는 내가 다 읽을 수 없을 정도로 서책이 많습니다. 나는 매일 많은 책을 즐겁게 읽고 있습니다. 이 서책 세트(〈초사집주〉 6권을 가리키면서)를 다나카 수상에게 증정하겠습니다."

다나카가 "마오쩌둥 주석은 매우 박학다식하신 분이라고는 알고 있었습니다. 하지만 보이지 않는 곳에서 이러한 노력을 기울이고 계신지는 몰랐습니다" 라며 깊이 예를 표하면서 몇 번이나 고개를 숙였다. 마오쩌둥은 기존의 관례를 깨고 복도 도중까지 나와

---

12 「森田一日記」(1972年9月27日).

13 横堀克己, 「歴史の新たな1ページが開かれた夜」, pp.262-263.

14 時事通信社政治部編『日中復交』, p.201.

다나카 일행을 배웅했다.[15]

니카이도는 다나카·마오쩌둥 회담의 의미를 '교섭 타결식이었다'고 회상한다.

그 회담은 도대체 무엇을 위한 것이었는지에 대해 생각해 보았는데, 결국 '폐' 논쟁으로 시작된 문제를 해빙시켜 감정의 응어리를 없앤 다음에 비로소 교섭을 끝낸다고 하는 의미의 교섭 타결식이 아니었는가 라는 생각에 도달했다.[16]

마오쩌둥의 위광威光과 4인방

한편 마오쩌둥 주석이 다나카에게 〈초사집주〉를 증정한 이유는 무엇일까? 하시모토는 시를 지을 때 참고하라고 준 것이라고 해석한다.

---

15 玉泰平 / 青木麗子訳, 『大河奔流』 (奈良日日新聞社, 2002年), pp.174-175. 다음도 참조. 石井明ほか編, 『記録と考証 日中国交正常化・日中平和友好条約締結交渉』, p.127; 二階堂進「日中国交正常化」読売新聞政治部編, 『権力の中枢が語る自民党の30年』 (読売新聞社, 1985年), p.178.

16 二階堂進, 「日中国交秘話 中南海の一夜」 『正論』 (1992年10月号), p.70.

다나카 상은 말이지 업무는 외상이라든가 사무당국자에게 맡겼기 때문에 상대적으로 여유가 많았다. 베이징에서. 그는 얼마나 본심이었는지 모르지만 한시를 짓고 있었다. 중국 측은 누군가에게서 그러한 얘기를 전해 들었다. 그래서 다나카 상이 시를 짓거나 시를 공부한다면 이게 좋을 것이라고 하여, 다나카 상에게 시를 지을 때 참고하라는 의미에서 〈초사집주〉를 증정한 것이다. 〔중략〕

마오쩌둥은 기분이 매우 좋았다고 한다. 외국에서 온 손님을 마오쩌둥을 만나게 한다는 것은 중요한 이야기는 이미 전부 끝났다고 할 정도로 이번 회담은 성공이라고 하지 않으면 안되지 말이야. 회담이 끝내 결렬되어 싸우고 헤어진 경우에는 절대 마오쩌둥을 만나게 하지 않을 거야.

마오쩌둥은 교섭의 공식 무대에는 모습을 드러내지 않았지만 저우언라이의 뒤에서 절대적 권력을 행사하고 있었을 것이다. 당시 중국 정계에서는 문화대혁명 와중에 부상한 장칭, 왕훙원, 장춘차오, 야오원위안 4인방이 저우언라이와 대립하고 있었다.

그 속에서 마오쩌둥의 역할이란 과연 어떤 것이었을까? 하시모토는 다음처럼 분석한다.

마오쩌둥을 리더로 섬겼지만 정치 실무는 이른바 4인방이란 것이 있었습니다. 4인방이 실권을 틀어 쥐고 난리를 부리던 시절이었습니다. 문제가 발생하면 결국 저우언라이가 그 뒤처리를 하느라 애를

먹었죠. 저우언라이는 중일국교정상화를 추진함에 있어서 다나카를 초대하자고 제안한 것을 비롯하여 여러 문제에 대해서, 물론 배상문제도 포함하여, 시기를 잘 가늠하면서 마오쩌둥에게 정확하게 보고하고 승인을 얻어냈다. 이를 나에게 알려준 사람이 장샹샨.

하시모토에 의하면 저우언라이는 배상문제 등 중요한 문제가 나올 때마다 마오쩌둥의 승낙을 받았다. 저우언라이와 4인방은 어떤 관계였을까?

역시 국교정상화 문제의 시작부터 끝까지 저우언라이가 모든 일을 마오쩌둥에게 보고하고, 마오쩌둥의 OK를 받고, 마오쩌둥의 승인을 받으면서 일본 측과 교섭한 셈이다. 이를 가지고 4인방에게 들이댔다, 들이댔다는 표현은 좋지 않지만 말이지. 그 때문에 4인방도 본심으로는 이 공동성명에 대해 이러쿵저러쿵 말이 있었다. 그렇지만 말야, 이를 전부 봉인한 건, 마오쩌둥의 위광을 이용해서 말이지, 그 점이 역시 저우언라이지, 능수능란해, 정말이지 대단한 사람이야.

저우언라이는 '마오쩌둥의 위광'을 이용하여 4인방의 반발을 봉인한 것이다.[17]

_____

17 하시모토 인터뷰(2008년 11월 8일). 당시 통역을 맡은 저우빈에 따르면 마오쩌둥은 〈초사집주〉를 닉슨에게도 증정한 바 있으며 별다른 의도는 없었다고 한다. 久能靖

제 3차 오히라・저우언라이 회담 : "책임을 통감하며 깊이 반성한다"

늦은 밤이었음에도 오히라에겐 긴장을 늦출 수 없는 교섭이 남아 있었다. 당일 오후 사무당국 차원의 협의에 이어서 공동성명 문구를 수정하는 작업이었다. 오후 10시 10분, 오히라는 하시모토와 통역 만을 데리고 영빈관에서 지펑페이 외교부장 및 장샹샨 외교부 고문과의 회담에 임했다.

오히라가 "오늘의 이야기는 야간 업무가 되었습니다" 하고 말을 건네자 지펑페이는 "저는 야간 업무에 익숙한 편입니다" 라고 응답했다. 함께 차를 타고 만리장성에 다녀온 두 사람의 호흡은 잘 맞았다.

지펑페이는 논점으로 '일본 측의 반성 표명', '전쟁상태 종결에 관한 문제', '평화우호조약 체결' 등을 거론했다.

중국 측 원안은 '반성 표명'과 관련하여 '일본 군국주의'라는 표현을 사용하고 있었지만, 일본 측은 이를 인정하지 않았다. "전쟁으로 인해 초래된 고통과 피해에 대해 깊이 반성의 뜻을 표명한다" 라는 것이 일본 측의 원안이었다.

거기서 지펑페이가 "중대한 피해의 책임을 깊이 반성한다"라는 표현을 제안했다. '일본 군국주의'라는 용어를 삭제하는 대신 중국 측은 '책임'이란 용어를 삽입하려고 한 것이다. 오히라는 '책임'이

「角栄・周恩来会談 最後の証言」, p.365.

라는 용어를 받아들여 "중대한 피해를 입힌 점에 대해 책임을 통감하며 반성한다"는 표현으로 정리했다.

한편, 지펑페이는 '전쟁 상태 종결'을 전문에 넣으면서 제1항에 "극히 비정상적인 상태는 종료된다" 라는 문구를 사용하자고 제안했다. "전쟁 종결 시기에 대해 중일 쌍방이 각각 상이하게 해석을 할 수 있는 여지가 생긴다"는 점을 용인한 것이다.

오히라가 "일본 측의 의향을 담아 줘서 감사한다"고 말하며 "극히 비정상적인 상태"를 "그 동안의 비정상적인 상태"로 수정하도록 했다.

또한 지펑페이는 "교섭을 통하여 평화우호조약을 체결하기로 합의했다"라는 안을 제시했다.

이에 대해 오히라는 "이 문제는 국회에서 다루어야 할 사항"이므로 "국회가 이번 일에 대해 〔다나카 내각이〕(역자 삽입) 권한을 남용했다는 인상을 갖지 않도록 표현을 다듬는 것이 바람직하다"고 주장했다. 오히라는 "평화우호조약 체결을 목표로 교섭하기로 합의했다"는 내용으로 조문을 수정했다.

그 외에 오히라와 지펑페이는 국교회복 3원칙과 배상청구 포기, 각종 협정체결 관련 문안에 대해서도 마무리를 서둘렀다. 이것이 마지막 외상회담의 과제였다.[18]

사죄, 전쟁 종결, 평화우호조약과 같은 어려운 과제가 드디어

---

18 石井明ほか編,『記録と考証 日中国交正常化・日中平和友好条約締結交渉』, pp.94-109.

이 시점에 결착되었다. 사죄와 관련해서는 중국이 주장한 '일본 군국주의'라는 용어가 제외되고, "일본 측은 과거에 일본국이 전쟁을 통해 중국 국민에게 중대한 피해를 입힌 점에 대해 책임을 통감하며 깊이 반성한다"라는 내용이 중일공동성명 전문에 삽입되었다.

명확한 사죄 표현을 담기로 결단한 오히라가 당시 어떤 심경을 가졌는지에 대해 하시모토는 다음처럼 회고한다.

> 오히라 상이란 사람은 역시 중국에 대한 속죄 의식이 있어서, 진심으로 중국에게 폐를 끼쳤다고 생각하는 사람이므로, 오히라 상은 그러한 생각을 갖고 있었습니다. 중국에 대한 "책임을 통감하며 깊이 반성한다" 라는 표현은 오히라 상, 그리고 나도 "이 정도로 하지 않으면 중국 측이 납득하지 않겠지요" 라는 말을 한 기억이 있습니다. 우리 두 사람의 합작품이라고 하는 게 가장 정확하지 않을까요.[19]

그런 오히라가 '일본 군국주의'라는 표현을 사용하지 않으려 한 이유는 무엇일까? 외상 비서관을 지닌 모리타 하지메는 "강경파가 강력하게 반발할 가능성이 있는 용어는 가능한 한 사용하지 않는 것이 중요했습니다. 오히라는 '군국주의'와 관련된 문제에 있

---

19 하시모토 인터뷰(2008년 11월 8일).

어서는 매우 고민했습니다"라고 언급한다. 오히라는 귀국한 뒤에 사태가 어떻게 전개될 것인가를 예견하면서 행동한 것이다.[20]

오히라와 하시모토가 자리에서 일어났을 때 시계바늘은 심야 12시 30분을 가리키고 있었다. 또한 하시모토와 구리야마 등은 심야임에도 불구하고 차분하게 공동성명 문안을 다듬기 시작했다. 베이징의 3일째 밤은 한참 깊어지고 있었다.

---

20 森田一, 『心の一燈 回想の大平正芳』, p.119.

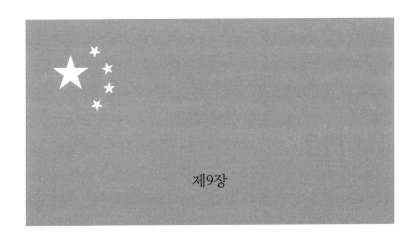

제9장

중일공동성명과 일본・대만 단교
: 제4일차~6일차 교섭 (9월 28일~30일)

제4차 다나카 · 저우언라이 회담

9월 28일, 교섭은 막바지에 접어 들었다. 그 다음 날은 상하이 방문이 예정되어 있었다. 일정 마지막인 제4차 다나카 · 저우언라이 회담에서 대만문제를 매듭지어야 하는 상황이다. 다나카 가쿠에이, 오히라 마사요시, 저우언라이 등은 오후 3시 영빈관 테이블에 착석했다.

저우언라이가 "오늘은 대만문제를 의제로 하고자 한다" 라고 말하자 오히라는 단도직입적으로 "드디어 내일부터 일본과 대만의 외교관계는 해소될 것"이라고 단언했다.

오히라는 그에 그치지 않고 미리 준비한 문서를 읽기 시작했다.

"대만과 우리나라(일본-역자주) 사이의 인적 왕래나 무역을 비롯한 각종 민간교류에 대해서는, 정부의 입장에서는, 이가 정상적인 중일관계를 해치지 않는 범위 내에서 이루어지는 한, 이를 억압할 수 없다."

9월 28일 교섭

15:00 ~ 16:50 제4차 다나카 · 저우언라이 회담 (영빈관)

18:30 ~ 　　　다나카 주최 답례 석식회 (인민대회당)

출처 : 石井明 · 朱建栄 · 添谷芳秀 · 林暁光編『記録と考証 日中国交正常化 · 日中平和
友好条約締結交渉』(岩波書店, 2003年) 등을 참조로 작성.

오히라는 일본과 대만 사이의 민간교류의 여지를 남겨두고자 '민간 차원 사무소' 설치에 대해 "중국 측의 이해를 구하고자 한다"고 주장했다.

하시모토 히로시에 따르면 곤란한 표정으로 오히라의 발언을 듣고 있던 저우언라이는 "다 알고 있으니 걱정하지 말라는 표정으로 고개를 끄덕였다." 저우언라이는 일본과 대만의 민간교류를 인정한 것이다.

저우언라이는 그 뿐만 아니라 "일본 측이 주도적으로 먼저 대만에 '사무소'를 내는 것이 좋지 않겠는가" 라고 촉구하면서 "다나카, 오히라 두 분 지도자의 신의에 감사드린다"고 평가했다.

저우언라이가 "앞으로는 중일 간에 새로운 관계를 수립해 나가고자 한다" 라고 말하자 다나카는 "우리는 범상치 않은 결심을 하고 중국에 왔다. 내일 오히라 외상 기자회견을 통해 대만문제에 대해 분명한 입장을 밝히겠다"고 응답했다.[01] 저녁 6시 30분부터는 인민대회당에서 다나카 수상이 주최하는 답례 적녁식사 모임이 열렸다.[02]

교섭이 타결되어 내일 조인식과 기자회견만을 남겨둔 상황에서 구리야마 다카카즈 조약과장이 도쿄의 외무성 본부에 전화를 걸었다. 중일공동성명 문안에 잘못된 점은 없는지 다시 한번 확인해 보기 위해서 였다. 그런데 전화상으로 기묘한 잡음이 들려왔다. 구리야마는 중국 측이 이를 도청하고 있었다고 언급한다.

우리 일행은 베이징 영빈관에 머물고 있었지요. 그렇기 때문에 상대방은 이미 완벽하게 자유자재로 도청할 수 있는 상황이었던 셈입니다. 마지막에 공동성명 초안이 확정되어, 이를 도쿄의 외무성 본부와 전화상으로 확인하는 일을 하고 있었습니다. 최종적으로 한 단어, 한 구절이라도 잘못된 것이 나오지 않도록. 그래서 담당관이 하나하나 맞춰보고 있는데 역시 잡음이 들려와 좀처럼 알아듣기가 힘들었습니다. "잘 안 들리는군", "잡음이 너무 많군"이라고 말하자 그제서야 잡음이 사라졌습니다.[03]

01　石井明ほか編,『記録と考証 日中国交正常化・日中平和友好条約締結交渉』, pp.69~74.

02　『朝日新聞』(1972年9月29日).

03　구리야마 인터뷰(2009년 10월 15일); 栗山尚一,『外交証言録 沖縄返還・日中国交正常化・日米「密約」』, p.91.

장제스 앞으로 보낸 다나카 친전

조인을 몇 시간 앞둔 9월 29일 이른 아침, 일본은 곧 중일공동성명이 발표될 것임을 대만 측에 사전 통보했다. 통보는 신중을 기하여 타이베이와 도쿄 두 곳에서 행해졌다. 타이베이에서는 우야마 아쓰시 대사가 대만 외교부를 방문하여 중일공동성명을 전달했고, 장제스 앞으로 보내는 다나카 수상의 친전(親電 / 수상 전보-역자주)도 전달했다. [04]

우야마가 통지한 다나카 친전은 다음과 같은 내용이었다.

> 오늘 일본국 정부와 중화인민공화국 정부 사이의 공동성명에 의해 양국 간에 외교관계가 수립되는 단계가 되었습니다만, 본인은 여기서 과거 20여년 간 장제스 총통이 우리나라(일본-역자주)와 우리 국민에게 보여주신 깊은 이해와 따뜻한 배려에 충심으로 감사의 뜻을 표명함과 동시에, 귀국민과 일본국민 사이에 오랜 세월에 걸쳐 가꾸어 온 우의 정신은 우리나라 국민이 각하에 대해 품고 있는 깊은 존경의 염원과 더불어, 향후 양국 국민을 이어주는 유대감으로서 앞으로도 변치 않을 것을 간절히 기원 드리는 바입니다.[05]

---

04 『朝日新聞』(1972年9月29日 / 夕刊) ; 林金莖, 『戦後の日華関係と国際法』(有斐閣, 1987년), p.116.

05 「田中首相より蔣総統へのメッセージ」(「田中内閣與匪勾搭(電報)」第2冊 11-EAP-00574, 005.22 / 0012, 中央研究院近代史研究所所蔵). 다음도 참조. 林金莖, 『戦後の

도쿄에서는 오전 9시 호겐 신사쿠 외무차관이 펑멍치 주일 대만대사를 호출했다. 호겐 차관은 중일공동성명의 내용을 통보함과 동시에 타이베이에서 우야마 대사가 다나카 친전을 전달하고 있다는 점도 통지했다. [06]

호겐 차관은 "이번 국교정상화로 인해 우리나라와 중화민국 사이의 외교관계를 계속 유지할 수는 없게 되었다"고 언급했다. 펑멍치 대사가 "외교관계 단절 통보인가?" 라고 묻자 호겐 차관은 "'단절'이란 용어는 사용하고 싶지 않지만 국교정상화의 당연한 귀결로서 일본과 대만 사이의 외교관계는 유지할 수 없게 되었다"고 답했다.

펑멍치 대사는 "공동성명은 일화평화조약에 대해 언급하고 있지 않다"며 물고 늘어졌다.

거기서 호겐 차관은 "공동성명 발표 직후에 예정되어 있는 외상담화의 일화평화조약 관련 부분"에 대해 설명했다. 중일공동성명 조인 후에 오히라가 일화평화조약의 종료를 선언한다는 것이었다.

또한 호겐은 "일본과 대만 사이의 외교관계는 사라지지만 양국간 실무관계에 대해서는 이를 앞으로도 계속 해 나가고자 한다," "국부 측에서도 재류 일본인의 생명, 재산 보호에 배려해 주길 바

『日華関係と国際法』, p.116 ; 『朝日新聞』(1972年9月29日 / 夕刊).

06 駐日台湾大使館から外交部, 1972年9月29日(「田中内閣與匪勾搭(電報)第2冊」) ; 黄自進訪問・簡佳慧紀録『林金莖先生訪問紀録』(台北 : 中央研究院近代史研究所, 2003年), pp.83-84.

란다"고 요청했다.

마지막으로 펑멍치가 "3년 남짓 일본에서 체류하는 동안 일본 정부, 외무성, 그리고 일본 지인들이 베풀어준 친절에 깊은 감사를 드린다. 특히 차관에게는 많은 신세를 졌다"고 말했다.

호겐은 "국가 간 관계의 여하에 관계없이 개인적인 우정은 변치 않을 것이다" 라며 끝맺었다.[07] 긴박한 응수가 끝나자 호겐과 펑멍치는 서로 조용히 미소를 지으면서 헤어졌다.

이처럼 일본은 중일공동성명을 대만 측에 대해 사전 통보함과 동시에, 다나카 수상의 친전을 장제스 앞으로 보냈다. 다나카가 베이징에 있었음에도 불구하고 다나카 친전이 마련된 것은 과연 어찌된 일인가?

---

07 나카소네 야스히로 외상대리가 우야마 앞으로 보낸 전보(1972년 9월 29일) (정보공개법에 의한 외무성 공개문서, 2010-271) ; 나카소네가 우야마 앞으로 보낸 전보(9월 28일) (정보공개법에 의한 외무성 공개문서, 2010-452). 다음도 참조.『朝日新聞』(1972年9月29日 / 夕刊).

9월 29일 교섭

> 이른 아침 우야마 주대만 대사가 중일공동성명을
> 대만 측에 사전 통보, 다나카 친전 전달

9:00	호겐 차관이 펑멍치 주일 대만대사에게 공동성명 사전통보
10:20	중일공동성명 조인
12시경	오히라 담화
14:30	다나카, 저우언라이 등이 특별기로 베이징 공항 출발
15:30	상하이 공항 도착, 마차오인민공사 견학
19:00	상하이시혁명위원회 주최 환영회

출처 : 『朝日新聞』(1972年9月29日／夕刊) 등을 참조로 작성.

당시 외무성 중국과 수석사무관을 지낸 오구라 가즈오에 의하면 다나카 방중 직전에 하시모토나 오구라가 중국과에서 다나카 친전을 준비했다고 한다. 이번에는 야스오카 마사히로의 도움을 받지 않았으며, 미리 타이베이에 있는 일본대사관에 다나카 친전을 보내 두었다. 중일국교정상화가 확실하게 되자 베이징에 있는 일본대표단의 확인을 받은 다음 타이베이에 있는 우야마 대사에게 친전을 전하도록 한 것이다.

친전의 의도에 대해, 오구라는 이렇게 말한다.

교섭이 종료되고 국교정상화가 성사되면 그 시점에 대만에게 통고하고 국교는 단절됩니다만, 앞으로는 거주하는 일본인 보호를 잘부탁한다는 점도 포함하여 인사를 하는 것은 당연한 것이라는 말이지요. 외교관계는 단절되더라도 무역이나 인적 왕래는 계속된다는 점이 친전 내용에 포함되어야 한다는 것이었습니다. 〔대만이〕 무역 관계를 완전히 단절한다든가, 일본인에게 위해를 가한다든가, 그런 일은 없을 것으로 생각했습니다. 다시 말하면 베이징과 타이베이의 관계가 역전된 셈이기 때문에. 역전되기 전까지 중국과 해왔던 일을 대만과 할 수 없지는 않을 것으로 생각했습니다. [08]

중일공동성명 조인식

타이베이에서 다나카 친전이 전달되고 있을 무렵 베이징 인민대회당 서대청西大庁에서는 조인식 준비가 진행되고 있었다.

붉은 양탄자가 깔린 회의장에는 샹들리에 불빛이 반짝이고 커다란 병풍 앞에는 긴 테이블이 놓여졌다. 테이블에는 녹색 테이블보가 펼쳐져 있었고 한 가운데에 중일 양국의 자그마한 국기가 장식되어 있었다. 그리고 자주색 의자가 네 개 놓여져 있었다.

테이블과 병풍 사이에는 다카시마 마스오, 요시다 겐조, 하시모토 히로시, 구리야마 다카카즈, 쑨핑화, 장샹산, 왕샤오윈를 비롯하여 치열한 교섭을 벌인 당사자들이 도열했다.

---

08 오구라 인터뷰(2010년 6월 1일).

일·중 양국수뇌 서명

오전 10시 20분, 다나카와 저우언라이가 모습을 나타냈고 오히라와 지펑페이가 그 뒤를 따랐다. 정면에서 다나카와 오히라는 테이블 왼쪽, 저우언라이와 지펑페이는 오른쪽에 착석했다. 대표단 및 보도진이 지켜보는 가운데 먼저 다나카와 저우언라이, 그 다음에 오히라와 지펑페이가 펜을 들었다.

다나카와 저우언라이가 붓으로 기명하는 모습은 대조적이었다. 한 일자 모양으로 입을 꽉 다문 다나카는 미끄러지듯 붓을 움직였지만 저우언라이는 오른손 손가락 전체를 이용하여 붓을 움켜쥐는 듯한 모습이었다. 중일전쟁 시기에 부상을 당한 저우언라이의 오른 팔이 천천히 이름을 새겨가면서 일본으로 가는 문을 밀어젖히려 하고 있었다.

서명을 마친 다나카와 저우언라이는 일어나서 공동성명 공식

일·중 양국수뇌 서명

문서를 교환했다. 이 두 지도자는 서로 손을 굳게 마주 잡은 채 한 동안 떼려 하지 않았다. 일본이 79번째 중국 승인국이 되는 순간 이었다. [09]

공동성명은 전문, 그리고 9개 항목으로 이루어졌다. 전쟁 종결 문제는 전문에 다음과 같은 내용으로 귀결되었다.

> 양국 국민은 그동안 양국 간에 존재하던 비정상적인 상태에 종지 부를 찍는 것을 간절히 바라고 있다. 전쟁상태 종결과 중일 국교의 정상화라고 하는 양국 국민의 소망을 실현시키는 것은 양국 관계의 역사에 새로운 한 페이지를 열게 될 것이다.

---

09 『朝日新聞』(1972年9月29日/夕刊).

사죄 표현도 전문에 명기되었다.

일본 측은 과거 일본국이 전쟁을 통해 중국 국민에게 크나큰 피해를 입힌 점에 대해 책임을 통감하며 깊이 반성한다. 또한 일본 측은 중화인민공화국 정부가 제기한 '국교회복 3원칙'을 충분히 이해하는 입장에 서서 국교정상화 실현을 도모한다는 견해를 재확인한다. 중국 측은 이를 환영한다.

본문의 9개 항목은 다음과 같다.

1. 일본국과 중화인민공화국 사이의 그 동안의 비정상적인 상태는 본 공동성명이 발표되는 날에 종료된다.
2. 일본국 정부는 중화인민공화국 정부가 중국 유일의 합법정부임을 승인한다.
3. 중화인민공화국 정부는 대만이 중화인민공화국 영토의 불가분의 일부인 점을 거듭 표명한다. 일본국 정부는 이러한 중화인민공화국 정부의 입장을 충분히 이해하고 존중하며 포츠담선언 제8항에 근거한 입장을 견지한다.
4. 일본국 정부 및 중화인민공화국 정부는 1972년 9월 29일부터 외교관계를 수립하기로 결정했다. 두 정부는 국제법 및 국제관행에 따라 각각의 수도에 상대방의 대사관 설치 및 그 업무 수행을 위해 필요한 모든 조치를 취하며, 또한 가능한 한 신속하

게 대사를 교환하기로 결정했다.

5. 중화인민공화국 정부는 중일 양국 국민의 우호를 위해 일본국에 대한 전쟁배상 청구를 포기할 것임을 선언한다.

6. 일본국 정부 및 중화인민공화국 정부는 주권 및 영토보전의 상호존중, 상호불가침, 내정에 대한 상호불간섭, 평등 및 호혜, 그리고 평화공존의 제반 원칙의 기초 위에서 양국 간의 항구적인 평화우호 관계를 확립하기로 합의한다. 양국 정부는 위 제반 원칙 및 국제연합헌장 원칙에 근거하여 일본국 및 중국이 상호관계에 있어서 모든 분쟁을 평화적 수단에 의해 해결하며 무력 또는 무력에 의한 위협에 호소하지 않을 것임을 확인한다.

7. 중일 양국 간의 국교정상화는 제3국에 대한 것은 아니다. 양국 모두 아시아 • 태평양 지역에 있어서 패권을 추구하지 않으며, 그러한 패권을 확립하려고 하는 그 외의 어떠한 국가 또는 국가 집단에 의한 시도에 대해서도 반대한다.

8. 일본국 정부 및 중화인민공화국 정부는 양국 간의 평화우 호관계를 강고히 하며 발전시키기 위해 평화우호조약 체결을 목적으로 교섭을 행하기로 합의했다.

9. 일본국 정부 및 중화인민공화국 정부는 양국 간 관계를 한층 발전시키고 인적 왕래를 확대하기 위해 필요에 응하여, 또한 기존 민간협정도 고려하면서 무역, 해운, 항공, 어업 등의 사항에 관

한 협정 체결을 목적으로 교섭을 행하기로 합의했다. [10]

오히라 담화 : 일화평화조약 종료 선언

조인식이 끝난 회의장에 샴페인이 나눠졌다. 저우언라이가 몸을 젖히면서 단번에 마셔 보이자 다나카도 지지 않으려는 듯 잔을 단숨에 비웠다.[11] 다나카는 거기서 자신의 임무를 마쳤지만 오히라는 중요한 책무를 남겨놓은 상태였다. 대만과의 단교 성명이었다.

오히라는 여운에 잠긴 인민대회당을 빠져 나가 니카이도와 함께 베이징민족문화궁 프레스센터로 직행했다. 오히라는 기자단에게 중일동성명의 내용을 설명하면서 결연한 어조로 다음처럼 말했다.

공동성명에는 언급되어 있지 않지만 중일관계 정상화의 결과로서 일화평화조약은 존속의 의미를 상실하여 종료된 것으로 인정된

10 일본국 정부와 중화인민공화국의 공동성명(1972년 9월 29일)(정보공개법에 의한 외무성 공개문서, 2009-258). 이는 다음과는 미묘하게 다르다. 霞山会, 『日中関係基本資料集 1949年 - 1997年』, pp.428-429.

11 『朝日新聞』(1972年9月29日 / 夕刊).

다는 것이 일본 정부의 견해다. [12]

즉, 오히라는 중일국교정상화에 의해 일화평화조약이 실효되었다고 한 것이다. 패전국이 일방적으로 조약을 파기하는 것은 극히 이례적인 일이라고 하지 않을 수 없다. 말하자면 조약의 종료 선언이다. 단교라는 용어는 사용하지 않았지만 분명히 오히라담화는 대만과의 외교 단절을 의미하고 있었다. 기자단 일행은 소란스러운 분위기에 휩싸였다. [13]

오히라담화와 관련하여 일본경제단체연합회 대표상임이사 사쿠라다 다케시는 오히라의 비서 이토 마사야에게 말했다. "오히라의 일화평화조약 파기는 전대미문의 사건이다. 패전국 국민이 승전국 국민과 맺은 조약을 일방적으로 파기하는 일은 일찍이 들어본 적이 없다." [14]

일화평화조약 처리 문제는 중일공동성명에 명기되는 일 없이 오히라담화에 의해 폐기되었다. 구리야마에 의하면 "오히라 외무대신의 일방적인 성명에 의해 일화평화조약 종료를 확인하는 점에 대해서는 사전에 중국 측에 내보內報를 했다. 이에 대해 상대방으로부터 어떠한 이의 제기도 없었다." 그 시점까지 일화평화조약

---

12 『朝日新聞』(1972年9月29日／夕刊).

13 阿部穆, 「中国の大平さん」木村貢, 『総理の品格』, p.117.

14 伊藤昌哉, 『自民党戦国史』上巻, p.105.

은 유효했던 것이 되며 중국도 암묵적으로 그러한 일본의 입장을 인정하고 있었다.

오히라담화는 외무성이 내각법제국과 검토를 거듭한 결과이기도 했다. 구리야마는 "정부 승인 변경에 따라 불가피하게 발생하는 수반적 효과에 의한 일화평화조약의 실체 규정 종료에 대해서는 중화민국정부와의 합의를 필요로 하지 않으며, 또한 국회의 승인도 필요로 하지 않는다"고 판단하고 있었다. [15]

저우언라이가 내건 국교회복 3원칙 중 제3원칙은 일화평화조약이 불법이며 파기되어야 한다는 내용이었다. 그럼에도 일본은 일화평화조약이 합법이었다는 주장을 굽히지 않은 것이다. 구리야마는 다음처럼 언급한다.

> 물론 중국은 3원칙을 내걸고 있었으므로 3원칙이 전제라고 주장하고는 있었지만, 최종적으로 완성된 공동성명을 보면 제2원칙과 제3원칙 모두 중국이 전제라고 했던 것과는 상이한 내용이 된 셈입니다.
>
> 중국 측이 양보했다고 할 수 있을지도 모르겠습니다만, 당초에 중국이 어떻게 생각하고 있었을까 라는 점에 대해 제 나름대로의 생각을 말씀드리고자 합니다. 기본적으로 명확한 점은 중국은 상당

---

15 栗山尚一, 「日中国交正常化」, pp.52-53. 다음 글에 의하면 "중국 측은 공동성명에서 '일화조약'에 대해 언급하지 않기로 동의했다"고 한다. 金冲及主編 / 劉俊南·譚佐強 訳『周恩来伝 1949年 - 1976年』下巻(岩波書店, 2000年), pp.240-241.

히 유연하게 3원칙을 다루어서라도 일본과 국교정상화를 하는 것이
넓은 의미에서 중국으로선 전략적 이익이 된다고 생각하고 있었다
는 것입니다.

언뜻 보면 중국 외교는 원칙을 중시하지만 대 소련 전략이라고
하는 커다란 국익을 위해 유연한 입장을 취한 것이다.

대만은 중국령의 불가분의 일부라고 하는 중국의 제2원칙에 대
해서는 어떠했는가? 중일공동성명 제3항에는 "중화인민공화국
정부는 대만이 중화인민공화국 영토의 불가분의 일부인 점을 거
듭 표명한다. 일본국 정부는 이러한 중화인민공화국 정부의 입장
을 충분히 이해하고 존중하며 포츠담 선언 제8항에 근거한 입장
을 견지한다"라고 기록되었다.

제3항에 집약된 대만문제에 관련해서도 구리야마의 설명은 권
위 있는 해석이 될 것으로 보인다.

저우언라이가 아주 분명히 이해하고 있었을 것으로 여겨지는 점
은 대만을 둘러싼 문제, 다시 말하면 안보 문제라든가 대만의 법적
지위 문제라든가 하는 것입니다만, 중일국교정상화를 하고자 한다
면 이러한 문제로 일본을 설득해 내기는 힘들다는 것입니다. 대만이
중화인민공화국의 불가분의 일부라는 중국 측의 주장을 일본이 받
아들이게 하는 것은 불가능하다, 안보와 관련 지어 설득시킬 수 없
다는 점을 저우언라이는 잘 알고 있었을 것으로 봅니다. 이는 미국

과 얘기하지 않으면 절대로 풀리지 않는 문제로, 미국이 응 하고 말

하지 않는 것을 일본이 응 하고 말할 리가 없다는 점을 저우언라이

는 아주 잘 인식하고 있었습니다.

현재 상황으로서 대만이 중국의 일부가 된 것으로는 간주되지

않았고 미일 양국은 대만이 미일안보조약의 적용 범위 내에 있는

것으로 해석하고 있었으며 저우언라이도 이를 인식하고 있었다는

말이다. 대만문제와 관련하여 일본은 "1969년 닉슨·사토 공동성

명에 쓰여져 있는 것과 같은 내용을 뒤집는 방식으로 중일국교정

상화를 하지 않겠습니다" 라고 하는 것이 대전제였다.[16]

일본 입장에서 보면 중국의 제2원칙, 제3원칙을 승인한 셈은 아

니었고 저우언라이도 그 점을 이해하고 있었다. 한편, 〈인민일보〉

는 국내에서는 중국이 주장해 온 국교회복 3원칙이 그대로 인정

되었다는 투의 사설을 실었다.[17] 중국이 대일 교섭과 국내 선전을

구분한 점 등으로 인해 대만 문제가 장래에 다시 불거질 가능성을

남겨둔 셈이다.

---

16 栗山尚一, 『外交証言録 沖縄返還·日中国交正常化·日米「密約」』, pp.131-133,
125. 다음도 참조. 栗山尚一, 「日中共同声明の解説」時事通信社政治部編, 『日中復
交』, pp.211-222.

17 『人民日報』(1972年9月30日).

상하이

다나카와 오히라는 교섭을 마치고 차에 올라탔다. 공항으로 향하는 차량 안에는 저우언라이의 모습도 있었다. 저우언라이는 다나카, 오히라와 함께 베이징 공항을 경유하여 상하이를 방문하려 하고 있었다.

그러자 연도에선 뜻밖의 광경이 기다리고 있었다. 지난 번엔 경찰 밖에 보이지 않았는데 이번엔 남녀노소 수많은 사람들이 몰려나와 다나카나 오히라가 탄 차량에 환호를 보내는 것이다. 중국 군중들은 불과 수시간 전에 조인된 공동성명에 대해 설명을 듣지 못한 채 정치적으로 동원되고 있었다.

그러한 모습을 본 일본 측 일행은 복잡한 심경으로 차창 밖을 바라보고 있었다. 구리야마가 다음처럼 회고한다.

> 중국이란 나라는 '대단한 나라'구나 하고 생각했죠. 좋지 않은 의미로 '대단한 나라'이긴 하지만요. 전체주의 국가의 시스템을 절실히 깨달은 것이죠. 〔중략〕 베이징 비행장에 이르는 연도에 수많은 군중들이 몰려 나와서, 그리고 깃발을 흔들고 있었습니다. 동승한 중국정부 관계자는 인민들이 정상화를 환영하며 축하한다는 뜻을 나타내고 있는 것이라고 설명하는 것입니다. 〔중략〕 바로 이것이 중국이구나 하고 느꼈습니다. 뭐라고 할까, 전쟁 전의 일본과 같은 느낌이었죠. 정부의 권력으로 이 정도로 국민들이 나오고 들어가게 할

수 있는 나라는 대단하군, 그런 나라가 되어서는 안 되겠다고 생각
한 것이 그 당시 중국의 이미지였던 것이죠.[18]

베이징 공항에 도착하자 양국 국가가 연주되고 또 행진곡이 울
려 퍼졌다. 게다가 초중생, 노동자, 농민들이 꽃과 손수건을 흔들
고, 북을 치고, 피리를 연주하고 있었다. 공항의 분위기는 4일 전
도착했을 때와는 판연히 달라져 있었다. 3천 명에 달하는 민중들
이 "환송, 환송, 열렬 환송"이란 구호를 외치자 다나카는 손을 높이
들어 그에 화답했다. 베이징에 주재하는 각국 대사들도 도열해 있
었다.[19]

기쁜 표정에 가득 찬 다나카와 저우언라이, 오히라가 걸음을 옮
기고 오색찬란한 의상을 입은 소녀들이 화려하게 춤을 추었다. 다
나카 일행은 오후 2시반 지나서 경쾌한 걸음으로 특별기 트랩에
올랐다.[20]

특별기의 행선지는 상하이였고, 게다가 저우언라이가 동승하고
있었다. 상하이행을 강력하게 희망한 것은 저우언라이였다. 상하
이는 4인방의 유력한 거점이었기 때문에 저우언라이는 그곳을 달
래고자 했다. 그런데 성급한 다나카는 바로 귀국하고 싶다는 말을

---

18 栗山尚一, 『外交証言録 沖縄返還・日中国交正常化・日米「密約」』, pp.143-144.

19 時事通信社政治部編, 『日中復交』, pp.53-54. 다음도 참조. 『朝日新聞』(1972年9月29
日)(夕刊 / 9月30日).

20 『朝日新聞』(1972年9月29日 / 夕刊).

꺼낸 것이다. "싫다"고 불평하는 다나카를 오히라가 설득하자 저우언라이가 동석해 준 것이다.[21]

중일 양국 정상들을 태운 특별기가 베이징 공항을 날아 오르자 과로한 기색의 다나카는 저우언라이 앞에서 잠들어 버렸다.[22] 초조한 니카이도가 "깨웁시다"라고 하자 저우언라이는 "니카이도 상, 그냥 자도록 두세요" 라면서 미소를 지었다.[23]

시선을 어디에 두어야할 지 난감한 분위기가 되었을 때 그러한 분위기를 바꾼 것은 오히라였다. 오히라가 자연스럽게 배려하여 저우언라이의 대화 상대가 되어준 것이다. 오히라가 더욱 빽빽한 일정을 보낸 셈이었는데도, "아버지는 어색해서 이것저것 신경을 썼다고 회고하시더군요" 라고 장녀 요시코는 말한다.[24] 다나카가 잠에서 깼을 때 특별기는 상하이에 착륙하고 있었다.

오후 3시 30분, 다나카와 저우언라이가 상하이 공항에 내려서자 베이징 공항을 능가하는 수많은 민중들이 기다리고 있었다.

수백개의 붉은 깃발이 죽 늘어섰고, 초중생들은 입을 모아 "열렬 환영, 일본손님"이란 노래를 부르면서 매스게임을 펼치고 있었

---

21 『日本経済新聞』(2010年4月8日 / 夕刊).

22 『環球時報』(2002年8月26日 / 夕刊). 다음도 참조. 阮虹, 『一個外交家的経歴 : 韓叙伝』 (北京 : 世界知識出版社, 2004年), p.148.

23 二階堂進, 「日中国交秘話 中南海の一夜」, p.71.

24 『日本経済新聞』(2010年4月8日 / 夕刊). 다음도 참조. 森田一, 『心の一燈 回想の大平正芳』, p.15.

다. 마중나온 장춘차오 상하이시혁명위원회 주임을 비롯한 관계자들과 악수를 나눈 다나카 일행은 상하이시 교외에 있는 마차오 인민공사 견학에 나섰다. 장춘차오는 4인방의 한 사람으로 상하이를 거점으로 하고 있었다. 저우언라이는 상하이에서 사태가 분규되지 않도록 노력했다.[25]

수상비서관 기우치 아키타네는 그런 저우언라이의 모습을 선명하게 기억한다.

> 저우언라이가 훌륭하다고 생각한 건, 4인방의 아성이었습니다, 장춘차오라는 거물이 있었고, 그 체면을 세워준 것이죠. 저우언라이가 다나카 상을 장춘차오에게 소개했고, 장춘차오가 상하이에서는 넘버1이고, 저우언라이는 그 뒤에서 수행하는 것처럼 따라 갔습니다. 저우언라이라는 사람은 국내 정치가로서도, 국제 정치가로서도 참으로 대단한 사람이라고 생각했습니다.[26]

저우언라이는 장춘차오에게 꽃다발을 안겨준 것이다.

밤이 되자 장춘차오가 이끄는 상하이시혁명위원회가 환영회를

---

25 「上海人民広播電台関于1972年田中一行随訪記者参観馬橋和市舞踏学校的具体安排」(B92-2-1594, 上海市档案館所蔵);「上海人民広播電台関于1972年接待田中弁公室各組名単及工作人員登記表」(B92-2-1596, 上海市档案館所蔵);時事通信社政治部編, 『日中復交』, p.54.

26 기우치 인터뷰(2010년 6월 19일).

열어 주었다. 연회석의 메인 테이블에서는 저우언라이가 마오타이를 일일이 따라 주고 있었다. 며칠 간의 피로가 한꺼번에 몰려와 드물게 취해 버린 다나카는 저우언라이에게 안겨 박수를 받으면서 자리를 떴다.[27] 오히라도 이 날만큼은 너무나도 기뻤던 나머지 하지 못하는 술을 몇 잔이나 들이켜 "호텔에 돌아가자 마자 와이셔츠 차림으로 쓰러져 잠들어 버렸다."[28]

대만 정부의 대응

다나카와 오히라가 상하이 숙소의 침실에 들 무렵인 오후 10시 30분 대만정부 외교부는 일본에 단교를 선언했다.

일본총리 다나카 가쿠에이와 중공 비적정권 두목은 '공동성명'을 발표하여 쌍방이 금년 9월 29일부터 외교관계를 수립한다고 선언하고, 일본 외무대신 오히라 마사요시는 일화평화조약과 일화 외교관계가 이로써 종료되었다고 표명했다.

---

27 時事通信社政治部編, 『日中復交』, p.54 ; 『朝日新聞』(1972年9月30日).

28 森田一, 『心の一燈 回想の大平正芳』, pp.15-16. 다음도 참조. 本田善彦 『日・中・台 視えざる絆』, pp.35-36.

이런 조약·의무를 저버린 일본정부의 배신·불의 행위를 고려하여 중화민국 정부는 일본정부와의 외교관계 단절을 선포하며, 그 전적인 책임은 일본정부에 있다는 점을 지적하는 바이다.

단교 선언은 이미 예상했던 것으로 타이베이의 일본 대사관은 선언의 마지막 부분에 주목했다.

중화민국 정부는 다나카 정부의 잘못된 정책으로 인해 일본국민의 장제스 총통의 후덕厚德에 대한 감사와 흠모하는 마음에 영향을 미치지 않을 것으로 굳게 믿고 있으며, 우리 정부는 일본의 모든 반공민주 인사들과 변치 않고 우의를 계속 유지해 나갈 것이다.[29]

대만정부는 단교 이후에도 일본 민간과 "우의를 계속 유지할 것이다"라는 것이다. 주시하고 있던 이토 히로노리 공사는 심야였음에도 도쿄로 전화를 걸어 나카에 요스케 아시아국 외무참사관에게 그 사실을 전했다. 나카에는 다음처럼 회상한다.

중일국교정상화에 즈음하여 최종적으로 대만이 어떻게 나올 것인가가 주요한 포인트였습니다. 일본이 정상화를 했을 때 그에 대해

---

29 「日匪建交資料」(11-EAP-00570, 005.22 / 0008, 中央研究院近代史研究所所藏) ;『中央日報』(1972年9月30日). 다음도 참조.『朝日新聞』(1972年9月30日) ; 霞山会, 『日中関係基本資料集 1949年-1997年』, pp.434-435.

대만이 어떤 코멘트를 할지, 어떤 조치를 취할지 걱정되었습니다.

아마 일본에 대해 단교를 선언한다 할지라도 그에 그치지 않고 일

본선박을 격침시키거나 일본인 재산을 압류하거나 일본인을 억류

하거나 하는 그런 사태가 발생할 가능성도 있을지 몰라 적지 않게

걱정하고 있었습니다. 그리 생각하여 가슴을 졸이며 지켜보고 있던

중에 이토 상이 전화로 그 같은 말씀을 전해 준 덕분에 마음 속으로

이젠 살았다고 생각했습니다.[30]

대만에 거주하는 일본인들은 외출을 자제하면서 숨을 죽이고
있었는데 보복 행위 같은 일은 없었다.[31]

귀국

9월 30일 이른 아침, 다나카와 저우언라이가 탄 차량이 상하이
공항에 모습을 드러내자 약 5000명에 달하는 군중들이 노래와
춤, 징, 북을 울리며 이별을 아쉬워했다. 크고 작은 등불이 흔들
리는 가운데 다나카는 몸치장한 아이들, 민족 의상을 한 여성들

30　中江要介,『アジア外交 動と静』, p.156.

31　林金莖,『梅と桜』, p.308.

을 향해 오른손을 흔들었다. 공항은 열광적인 환송 풍경에 물들고 있었다.

이별을 고할 즈음 저우언라이가 "귀국하시면 천황폐하께 안부를 전해 주십시오"라고 말하자 다나카는 "반드시 전하겠습니다. 정말로 고맙습니다"라며 약속했다.[32]

특별기 트랩에 오른 다나카와 오히라는 몇 번이나 군중들에게 손을 흔들고 저우언라이에게 머리를 숙인 다음 기내로 들어갔다. 특별기는 "중일 양국 인민 우의 만세"라고 쓰인 붉은 횡단막의 환송을 받으며 9시 30분 활주로를 출발했다.[33]

오후 1시 직전 다나카 일행이 귀국하자 하네다 공항에는 미키 다케오 부총리, 시이나 에쓰사부로 부총재 등이 영접을 나와 있었다. 공항에선 나리타 도모미 사회당 위원장, 다케이리 요시카쓰 공명당 위원장, 가스가 잇코 민사당 위원장도 다나카에게 악수를 청했다. 영접을 나온 초당파 요인들은 800명이 넘었으며, 공항이 내려다보이는 데크에는 "다나카총리 만세"라는 문구가 춤추고 있었다.[34]

마이크로 향한 다나카는 운집한 군중들에게 인사를 했다.

지금 막 중국 방문을 마치고 돌아온 길입니다. 저는 오히라 외무

---

32 『読売新聞』(1972年9月30日 / 夕刊). 다음도 참조.『朝日新聞』(1972年10月2日).

33 『朝日新聞』(1972年9月30日 / 夕刊).

34 『読売新聞』(1972年9月30日 / 夕刊). 다음도 참조.『朝日新聞』(1972年9月30日)(夕刊).

대신, 니카이도 관방장관과 함께 중일국교정상화를 위하여, 국익을 고려하여, 미력이나마 최선을 다하고 돌아왔습니다. 이 중대한 사명을 달성할 수 있었던 것은 전적으로, 국민 각층이 지원해 주신 덕분으로 믿고 있습니다.[35]

다나카의 눈가가 살며시 촉촉해 졌다. "만세" 함성을 들은 다나카 일행은 곧바로 차에 탑승하여 왕궁에서 열리는 귀국 기장記帳으로 향했다[36]

자민당 양원 의원총회

다나카와 오히라는 수상관저에서 기자회견을 마친 후[37] 오후 4시 20분 자민당 본부 양원(중의원·참의원-역자주) 의원총회에 임했다.[38] 다나카는 "귀국 즉시 당본부로 갈테니 의원들을 집결시켜 놓도록" 하고 연락해 둔 상태였다.

---

35 霞山会, 『日中関係基本資料集 1949年-1997年』, p.436. 다음도 참조. 『朝日新聞』(1972年9月30日 / 夕刊).

36 『朝日新聞』(1972年9月30日 / 夕刊).

37 霞山会, 『日中関係基本資料集 1949年-1997年』, pp.437-446.

38 『朝日新聞』(1972年10月1日).

자민당 의원들이 9층 강당에 모이자 거기에 다나카와 오히라가 당당한 모습으로 나타났다. 특별기로 하네다 공항에 도착한 지 3시간이 지난 후였다.[39] 다나카는 이들에게 호소했다.

> 국교는 어제 날짜로 열렸다. 앞으로는 당과 정부가 일체가 되어 사후조치 등을 취해야 한다. 지금부터 유구한 평화를 위해 많은 일을 해야한다. 이를 위해 당과 정부가 함께, 국민 여러분과 합심해야 한다. 양해를 얻고자 한다.

오히라는 중일공동성명를 설명하면서 대만에 관련된 제3항에 대해 논했다.

> 제3항은 대만의 영토권 문제로서 중국 측은 "중화인민공화국 영토의 불가분의 일부"라고 주장했으나, 일본 측은 이를 "이해하며 존중한다"고 주장하여 승인하는 입장을 취하지 않았다. 다시 말하면 기존 자민당 정부의 자세를 그대로 서술한 셈으로 양국이 영구히 일치될 수 없다는 입장을 나타냈다.

늘 그렇지만 논리적으로 설명하는 것은 오히라 몫이었다. 대만에 대해 오히라는 "외교관계가 단절되어도 그 실무관계는 존중해

---

39 羽田孜, 『志』, pp.80-82.

나가야 한다고 생각한다"라고도 말했다.

그러자 후지오 마사유키가 비판 발언을 개시했다.

중화인민공화국과의 국교를 맺은 대신 대만과의 단절이 초래되어 그 동안의 비정상적인 상태에 필적하는 긴장을 발생시켰다. 외신에 따르면 동남아시아, 태평양 국가들은 이가 미칠 파장에 대해 불안을 느끼고 있다고 한다.

와타나베 미치오도 대만과 단교한 점을 문제 삼았다.

일화평화조약을 폐기하는 문제는 먼저 자민당 내부의 합의를 거쳐 승인을 받아야 한다. 또한 조약은 국회에서 비준한 것으로, 이를 폐기하는 것은 국회 승인이 필요할 것으로 본다. 외상 발언으로 조약을 폐기할 수 있다고 하면 미일안보조약이라 할지라도 언제든 폐기할 수 있다는 말이 된다.

이에 대해 오히라는 "일화평화조약에 대해서는 중일국교정상화의 결과 효력의 여지가 없어졌다. 아무리 생각해도 그 기반이 상실되었다고 볼 수밖에 없는 것이 나의 솔직한 생각이다"라고 반론했다.

그럼에도 뒤를 이어 다마키 가즈오가 대만문제를 추궁하고 하마다 고이치, 나카야마 마사아키 등이 일화평화조약 폐기는 헌법

위반이라며 몰아 부치자 오히라는 다음처럼 단언하면서 회의를 마쳤다.

나의 말 한마디로 조약의 효력이 유지된다든가 상실된다든가 내게 그리 말할 수 있는 권한이 없다. 나는 "중일국교정상화의 결과 일화조약의 효력 여지가 없어졌다"고 말하고 있는 것이다. 헌법 98조는 효력이 있는 조약(체결된 조약 및 확립된 국제법규)을 충실히 지켜야 한다고 규정하고 있다. 이에 대해 국회에서 반드시 판단을 해야 한다고는 생각지 않는다. [40]

오히라가 그 같이 설득할 수 있었던 것도 그 배경에는 다나카의 위엄이 있었기 때문이다. 수상비서관 기우치는 다나카, 오히라와 대만파 의원들 사이의 공방을 다음처럼 묘사한다.

우파 의원들의 압력으로 책상을 뒤집어지는 듯한 분위기 속에서 고성이 난무했던 것이죠. "무슨 짓을 했는가" 라는. 일본의 대만파 의원들의 입장에서 보면 벼랑에서 떠밀려 떨어지는 듯한 상황이었기에 그들이 흥분한 것도 이해는 갑니다. 나는 뒷자리에서 보고 있었습니다만 그러한 상황에서 [다나카와 오히라는] 정말 잘 참으면서

---

40 時事通信社政治部編, 『日中復交』, pp.198-210. 다음도 참조. 林金莖, 『梅と桜』, pp.321-323 ; 『朝日新聞』(1972年10月1日).

맞섰습니다. 국회 난투극이라기 보다는 훨씬 더 곤란한 지경이었습니다. 그런 일은 역시 오히라 상 혼자로는 무리였던 것 같습니다. 다나카 상이라는 버팀목이 없었더라면 그 정도까지 버티지는 못했을 것입니다.[41]

예정된 시간을 훨씬 초과한 양원 의원총회가 종지부를 찍자 다나카와 오히라는 밤 11시 무렵까지 텔레비전에 출연했다.[42]

'기본적으로는 중국의 국내문제'

오래간 만에 사무실로 돌아온 다나카는 "저우언라이는 세계에서 으뜸가는 정치인이야"라면서 여행 중에 겪었던 이야기로 시간 가는 줄 몰랐다. 다나카는 중국 방문 전부터 "중국 다음은 소련이다, 소련이야"라고 말하고 있었다.[43]

다나카는 10월 18일 잉거솔Robert Stephen Ingersoll 주일 미국대사 부부 등이 참석 한 미일협회에서 연설을 하면서 다시금 대미 기축

41 기우치 인터뷰(2010년 6월 19일).

42 「森田一日記」(1972年9月30日).

43 佐藤昭子, 『決定版 私の田中角栄日記』, p.123, 125.

을 강조했다.

본인은 보름 전 오히라 외무대신과 함께 베이징을 방문하여 중일 국교정상화를 실현시켰습니다. 우리는 이에 앞서 하와이에서 닉슨 대통령을 비롯한 미국 정부지도자들과 중국문제에 관해 솔직하게 의견을 교환하고 상호 간의 이해를 심화시켰습니다. 중일국교정상 화는 미일 간 우정의 유대를 바탕으로 진행된 것입니다. 본인은 이 자리를 빌어 미일 우호관계를 견지하는 것이 여전히 일본외교의 기 축이며, 앞으로 이와 양립하는 방식으로 중일 간의 관계를 전개시켜 나갈 것이라는 점을 밝혀 두고자 합니다.[44]

한편 오히라는 10월 6일 내외정세조사회에서 행한 중일국교정 상화에 관한 연설에서 "샌프란시스코체제를 고려하면서 한 것"이 라고 강조했다. "이 〔샌프란시스코〕체제는 그대로 견지할 것이라는 점, 그 점에 대해 아무런 의문점을 갖지 않고, 후환을 두려워하지 않으면서 중일 화해에 전념할 수 있었다"고 역설한 것이다.[45]

중일국교정상화는 초당파적인 지지를 받고 있었다. 그럼에도 야당 사이에는 11월 2일 중의원 예산위원회에서 이시바시 마사시

---

44 미일협회에서 행한 다나카 연설(1972년 10월 18일)(「日中国交正常化 / 国会関係」SA.1.2.2, 要公開準備制度2010-6241, 外務省外交史料館所蔵).

45 時事通信社政治部編, 『日中復交』, pp.195-196.

사회당 서기장이 언급한 바와 같이 미일안보조약 극동조항과 중일공동성명의 관계에 대해 의문을 갖는 목소리도 있었다.[46]

미일안보에 있어서 극동의 범위가 어디까지냐는 질문을 받은 다나카는 "필리핀 이북, 일본을 중심으로 한 주변지역을 말하는 것으로 〔중략〕 극동의 범위에 대한 정부의 상식적 해석은 종전과 마찬가지라는 점에 틀림이 없다", "대만은 극동의 범위에 들어갑니다"라며 이시바시의 질문에 답했다.[47]

또한 오히라는 11월 8일 중의원 예산위원회에서 대만문제에 대해 다음처럼 답변했다.

> 우리나라(일본-역자주)는 대만이 중화인민공화국 영토의 불가분의 일부라고 하는 중화인민공화국 정부의 입장을 충분히 이해하며 존중한다는 입장을 취하고 있습니다. 따라서, 중화인민공화국 정부와 대만 간의 대립 문제는 기본적으로는 중국의 국내문제라고 생각합니다. 우리나라로서는 이 문제가 당사자들 사이에서 평화적으로 해결되기를 희망하며, 또한 이 문제가 무력분쟁으로 발전할 현실적 가능성은 없을 것으로 생각하고 있습니다.[48]

---

46 石橋政嗣, 「日中国交正常化問題」 1972年11月2日(「石橋政嗣関係文書」 37、国立国会図書館憲政資料室所蔵). 일본공산당 이외의 야당에 의한 공항에서의 다나카 귀국 환영에 대해서는 다음 참조. 『朝日新聞』(1972年9月30日, 9月30日 / 夕刊).

47 「第70回国会衆議院予算委員会議録」 第2号(1972年11月2日).

48 「第70回国会衆議院予算委員会議録」 第5号(1972年11月8日).

오히라가 "기본적으로는 중국의 국내문제"라고 말한 점에 대해 구리야마는 다음처럼 논한다.

당사자들 사이에서 이야기한 결과 대만과 중화인민공화국이 통일하는 것이라면 당연히 일본정부는 이를 받아 들일 것이며(이가 공동성명이 가진 의미다), 평화적으로 서로 대화하는 한 이는 중국의 국내문제라는 것이다. 그러나 만약에라도 중국이 무력을 사용하여 대만을 통일하는, 이른바 무력해방이라는 수단에 호소할 경우, 이는 더 이상 국내문제라고 할 수는 없다는 것이 이 '기본적으로는'이라고 하는 용어의 의미다.[49]

다시 말하면 무력에 의한 통일까지는 용인하지 않겠다는 것이 "기본적으로는"이란 용어가 가진 함의라는 것이다.

오히라는 10월 10일부터 25까지 호주, 뉴질랜드, 미국, 소련을 역방했다. 닉슨 대통령은 중일국교정상화에 대한 일본 측 설명을 받아 들였지만,[50] 소련은 중일공동성명 제7항에 있는 '반패권'이 반소 조항이라면서 비판했다. 이 때문에 소련에서 오히라는 브레즈네프Brezhnev, Leonid Ilyich 서기장과 만날 수가 없었다.[51]

---

49 栗山尚一, 「日中国交正常化」, pp.49-50.
50 鹿島平和研究所編, 『日本外交主要文書・年表』 第3巻, p.74, 76 ; 大河原良雄 『オーラルヒストリー 日米外交』(ジャパンタイムズ, 2006年), p.239.
51 森田一, 『心の一燈 回想の大平正芳』, pp.121-122, 126.

오히라의 역방 이후 호주와 뉴질랜드는 12월 중국과 국교를 수립했고 말레이시아와 태국이 그 뒤를 이었다. 한국이 제창한 반공적 경향이 강한 아시아·태평양협의회, 즉 ASPAC (Asian and Pacific Council)은 자연스럽게 소멸되었다.[52] 중일국교정상화는 아시아·태평양 지역에 긴장완화를 가져왔으며, 오히라는 그 후의 중일 항공협정 체결에서도 중요한 역할을 담당한다.

마찬가지로 아이치 기이치 전 외상이 태국, 말레이시아, 인도네시아, 싱가포르, 필리핀을 방문하여 중일국교정상화에 대한 이해를 구했다. 아오키 마사히사 외무정무차관은 캄보디아, 남베트남, 라오스를 방문했고, 전 관방장관인 기무라 도시오 중의원 의원은 한국을 방문하여 사정을 설명했다.[53]

저우언라이의 국내 설득

일본 국내 여론이 중일국교정상화를 압도적으로 환영한 것에 비해 중국 국내의 반응은 복잡했다. 중국에서는 다나카가 방중 전

---

52 永野信利, 『外務省研究』, p.76 ; 大庭三枝, 『アジア太平洋地域形成への道程 : 境界国家日豪のアイデンティティ模索と地域主義』(ミネルヴァ書房, 2004年), p.200.

53 鹿島平和研究所編, 『日本外交主要文書・年表』第3巻, p.74.

부터 각지에서 집회가 열렸다. 집회를 열어 설득하지 않으면 안 될 만큼 중국의 대일 감정은 엄중했던 것이다.

게다가 중국은 배상청구를 포기하였기에 그에 대한 민중들의 불만은 당연히 적지 않았을 것이다. 특히, 상하이에서는 14만 명에 이르는 간부 직원들이 선전교육을 받고 있었다. 거기서 펑궈주 상하이시혁명위원회 부주임은 "일본 군국주의와 일본 국민들을 구별해야 한다"고 역설했다.[54]

일본 인민들도 피해자라는 양분론은 배상청구 포기에 즈음하여 제시된 논리이기도 하나 중국의 민심에 석연치 않은 감정을 남겼다.

아시아국 외무참사관이던 나카에는 "저우언라이는 아주 고생이 많았는데, 내가 들은 바에 의하면 전국 곳곳에 사람을 파견하거나, 처지가 비슷한 노동자・농민들로부터 배상을 받아내는 것은 사회주의 중국의 입장에서 해서는 안 된다 라고 하는 아름다운 표현을 써서 설득했던 것 같습니다"라고 말한다.[55]

중국 측 당사자에게 들은 바에 의하면 저우언라이는 다나카 방중 전후 국내 설득에 진력하였고, 당 중앙이나 외교부에서도 수

---

54 NHK取材班, 『周恩来の決断』, pp.133-136. 다음도 참조. 『朝日新聞』(1997年8月27日);
　　川島真・毛理和子『グローバル中国への道程: 外交150年』(岩波書店, 2009年), p.125.

55 中江要介, 「胡耀邦が支えた日中友好」, p.27.

차례나 강연했다고 한다. 베이징, 상하이, 톈진과 같은 대도시, 더 나아가 동북지방 등지에서는 당 간부대회를 열어 마오쩌둥과 저우언라이의 지시를 전달했다.

마오쩌둥의 언급 중에는 소련 '사회제국주의' 반대가 가장 인상적이었는데, 그는 일본과도 손을 잡아야 한다고 주장했다고 한다. 중일국교정상화는 대만 해방 투쟁에 있어서도 유리하다는 것이다.

저우언라이는 이를 부연하여 배상청구 포기 이유에 대해 다음 세 가지를 내걸었다. 첫째, 중국의 사회주의 건설은 자력갱생이며, 어떤 외국으로부터도 자금을 필요로 하지 않는다. 둘째, 장제스가 이끄는 대만이 배상청구를 포기했다. 셋째, 배상금은 일본국민에게 부담이 되며〔배상금을 받는다면-역자 삽입〕영원히 중일 우호를 달성할 수 없게 될 것이다. 이 가운데 세 번째가 가장 설득력이 있었다.

중국 민중들 사이엔 배상청구 포기에 대해 저항감이 있었지만, 마오쩌둥과 저우언라이가 결론을 내린 이상 중일공동성명을 받아들이는 수밖에 없었다.

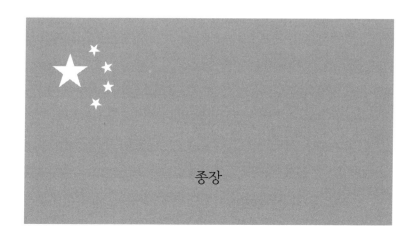

종장

중일 강화의 정신

일본식 전략

중일공동성명이 발표됨으로써 '1972년체제'가 성립되었다는 설이 있다. 대만문제나 역사문제에 관한 원칙이 확립되어 현대 중일관계의 기반이 되었다는 의미일 것이다.[01] 1972년이 획기적인 해였다는 점은 틀림 없다 하더라도 이를 체제라고 부른다면 다소 과장된 표현이 아닐까 한다.

---

01 金熙德, 『中日関係：復交30周年的思考』(世界知識出版社, 2002年), pp.87-128；金熙德・董宏・鄭成・須藤健太郎訳, 『21世紀の日中関係：戦争・友好から地域統合のパートナーへ』(日本僑報社, 2004年), pp.83-123；毛里和子, 『日中関係』, pp.90-94. 일본과 대만의 '실무관계', 중화민국의 대만화의 외부환경이라는 의미에서의 '(19)72년체제'에 대해서는 다음을 참조. 松田康博, 「台湾問題の新展開」家近亮子・松田康博・段瑞聡編著, 『岐路に立つ日中関係：過去との対話・未来への模索』(晃洋書房, 2007年), p.217；若林正丈, 『台湾の政治：中華民国台湾化の戦後史』(東京大学出版会, 2008年), p.118, pp.367-368, p.425.

일본 입장에서 보면 샌프란시스코체제 존속이 중일국교정상화의 전제로 중일공동성명에 의해 대미기축이나 미일안보체제를 바꾼 셈은 아니었다. 샌프란시스코체제가 중일관계 보다 우선한다는 점은 다나카 가쿠에이, 오히라 마사요시, 그리고 외무 당국에 공통된 인식이었다.

일본으로서는 미일안보체제에 대해 언급하지 않고 안보조약 제6조의 극동조항에서 대만을 제외하지 않는다는 것이 중일국교정상화의 조건이었다. 지금까지 일본정부가 극동조항에서 대만이 제외된다고 표명한 적은 없었다.[02] 일본 입장에서 중일국교정상화는 기존에 유지해 온 대미기축을 다시 한번 확인하는 작업이기도 했다.

제7장에서 언급한 것처럼 저우언라이도 "미일안보조약에 대해 말하자면, 우리는 대만을 무력으로 해방시키려 하지는 않을 것이다. 1969년 닉슨·사토 공동성명은 당신들에게는 책임이 없다"고 말했다. 중국이 미일안보체제를 후퇴시키도록 강요하지 않았기 때문에 중일국교정상화는 용이하게 진행되었다.

일본 외무성 내에는 미일관계보다도 중일관계를 더욱 중시하는 베이징파도 있었으나 이들은 정책과정에서 배제되었다. 중일국교정상화는 샌프란시스코체제 틀 안에서 처리되어야만 했다. 외교 방침을 크게 변경하지 않은 만큼 수수한 것이었지만 일본식

---

02 栗山尚一,『外交証言録 沖縄返還·日中国交正常化·日米 「密約」』, pp.117-118, p.125, p.136.

전략이라고 할 수 있을 것이다. 만약 중일국교정상화를 계기로 샌프란시스코체제를 이탈했다고 한다면 일본 외교는 표류했을 것이다. 이러한 사태는 당사자인 중국도 원치 않았다.

대 소련 전략이라는 큰 방침을 내건 중국에 비해 일본이 커다란 세계전략을 그리는 일은 없었다. 그렇다고는 하더라도 중일국교정상화로 인해 일본이 불리한 입장에 처한 것도 아니었다. 중국의 국교회복 3원칙 가운데 중국이 확실히 손에 넣은 것은 제1원칙 뿐으로 제2원칙, 제3원칙은 모두 중국 뜻대로는 되지 않았다.

이 점에 대해서는 제7장 및 제9장에서도 언급했기 때문에 여기서 다시 논하지는 않겠다. 미일안보체제와 중일국교정상화가 양립할 수 있게 한 것이 다나카와 오히라의 정치적 리더십이었다는 점은 틀림 없는 사실이다.

그렇다고는 하더라도 이러한 점들에 대해 현재 중국 측이 얼마나 이해하고 있는가 하는 것은 별개 문제다. 중국 국내에서는 조인 직후부터 일본이 국교회복 3원칙을 모두 인정한 것처럼 보도했다. 이따금 중국 측이 1972년의 원점으로 되돌아가라고 주장을 하는데 이는 일본이 국교회복 3원칙을 그대로 받아들였다는 오해에 근거한 것이다.

1997년 신가이드라인, 즉 미일방위협력을 위한 지침을 둘러싼 미국, 중국, 일본 사이의 관계가 보여주는 바와 같이 지금도 대만 문제를 둘러싼 상극이 다시 표면화될 가능성이 있다.

다나카의 정치적 리더십

자민당 장기정권 하에서는 대개 새로운 내각이 성립되어도 외교에 커다란 변화는 없었다. 파벌 역학이 대외 구상을 정확하게 반영하는 것은 아니었으며, 새로운 수상이 취임하더라도 외교에서는 기존 방침을 계속하는 것이 중시되었다. 다나카 내각은 대 중국 정책의 전환을 꾀했지만 대미기축을 견지하기 위해 노심초사했다. 미일협조를 대신하여 새로운 전략을 강구해서는 안 된다는 점은 자명했다.

그렇다고 한다면 다나카가 주창한 '결단과 실행'은 중일국교정상화에서 어떤 식으로 발현되었는가? 당시 조약과장 구리야마 다카카즈가 언급한 바와 같이 다나카의 주장은 간단 명료했다.

> 다나카 상이 이루고 싶었던 것은 첫 번째는 국교정상화 그 자체였습니다만, 나머지 두 가지가 무엇이었는가 하면 하나는 안보를 건드리지 않는 것, 그리고 세 번째는 대만과의 실무관계를 유지한다는 것이었습니다.[03]

다나카는 미일안보체제를 유지하고 대만과의 민간교류 계속을 기본 방침으로 하면서 그 세부사항은 오히라와 외무 관료들에게

---

03 앞의 글, p.132.

일임한 것이다.

금권정치(정치권력과 자본의 유착되어 이루어지는 정치-역자주) 인상이 강한 다나카였지만 전직 관료들은 어떻게 생각했을까? 그런 다나카에 대해 구리야마는 다음처럼 말한다.

> 가쿠에이 상이라는 분은 일본정치에 여러 가지 부정적 영향을 미쳤다는 생각은 들지만, 관료들을 능수능란하게 다루면서 자신이 원하는 일을 해나간다는 의미에 있어서는 역시 카리스마가 있는 분이었고, 결단력도 있었으며, 관료들을 잘 다루는 도량을 갖고 있었습니다. 그런 의미에서는 역시 상당히 걸출한 총리대신이었다고 생각합니다.[04]

구리야마는 남다른 결단력이 있었고 관료들을 능란하게 다룬 다나카의 수완을 평가한다. 중국과장을 지낸 하시모토 히로시의 견해도 마찬가지다.

> 역시 매우 뛰어난 인물이기는 했지. 가쿠에이 상이 어떤 나쁜 짓을 했는지는 나도 모른다. 그런 것은 어찌되었건 상관없고 일만 잘해주면 되지 않는가. 저우언라이를 처음 만났을 때도 그래. 가쿠에

---

04 앞의 글, p.128.

이 상을 처음 만났을 때와 같은, 바로 그런 부분 말이야.[05]

다나카의 리더십에 대해서는 통산상 비서관, 수상 비서관을 지내고 후에 통산차관을 역임한 고나가 게이치가 명쾌하게 분석한다.

가히 천재적인 정치가였다는 생각이 드는군요. 정치가의 리더십에 대해 분석해 보면, 첫째는 기획구상력, 둘째는 실행력, 셋째는 결단력, 그리고 넷째가 인간적 포용력이라고 생각합니다. 다나카 상의 일대기를 쭉 돌아보면 이 네 가지 모두 탁월한 능력을 갖고 계셨던 것이죠.

기획구상력이란 점에 대해 말하자면, 유류세 도입을 사례로 들면 이는 지금도 악마의 교활한 계략과 같은 느낌이 들지만 일본의 도로사정이 나빠 포장율이 20%인가 하던 시절에 고속도로에 유류세를 도입한다. 국회의원 2학년 정도밖에 안 되는 사람이 일본에 하루빨리 유류세를 도입하자고 한 것이죠. 이를 의원입법으로 추진했습니다.

이는 그의 기획구상력을 가장 두드러지게 보여준 것이 아닐까 하는 느낌이 들었습니다. 〈열도개조론〉도 그 같은 기획구상력을 보여주는 포인트라고 생각합니다.

실행력에 있어서는 섬유교섭과 같은 사례가 그 실행력의 가장 두

---

05 하시모토 인터뷰(2008년 11월 1일).

드러진 부분이었다고 생각합니다.

그리고 결단력이라는 것은 중일국교정상화에 관련된 이야기입니다. 가장 권력이 강할 때 가장 어려운 과제에 도전한다는 이야기. 그리고 상대 파트너의 형편이 가장 가깝게 되었을 때 하는 것이 좋다는 것이었죠.

인간적인 포용력이라는 것은 그 사람 자신이 농가 장남으로 태어나 빈곤 속에서 자란 경험도 있어서 상대방의 기분을 잘 참작해서 행동한다는 점에 있어서는 권력자가 된 이후에도 상당히 신경을 썼습니다.

그렇기 때문에 관저에서 근무할 때에도 관저의 전화교환수라든가 관저 경비원 등의 업무가 과중하지 않도록 특별히 없무가 없을 때는 저녁 5시 이전에 관저를 나와 자신의 사무실로 가곤 했죠. 그러면 관저는 교환수도 경비원도 업무를 줄여 야간근무 태세가 되는 것입니다. 그런 일까지 세심하게 배려하는 사람이었습니다.[06]

리더십의 요소에는 기획구상력, 실행력, 결단력, 포용력이 있는데 다나카는 이들 모두를 갖추고 있었다는 말이다.

---

06 고나가 인터뷰(2010년 6월 11일).

오히라의 정치적 리더십

한편, 다나카의 맹우 오히라는 어떠한가? 구리야마는 이렇게 말한다.

> 오히라 상은 상당한 인텔리intellectual였지요. 잘 아시는 바와 같이 크리스찬입니다. 그 부분은 정말 다나카 가쿠에이 상과는 대조적인데 독서가이기도 해서 아주 대단한 인텔리였습니다. 하지만 인텔리가 가진 약점 또한 있었습니다. 생각하는 대로 좀처럼 되지않을 때는 고민이 많아졌습니다. 〔중략〕 그러나 외무성 사무당국에 대해서는 상당히 신뢰감을 갖고 있었습니다.[07]

오히라의 정치적 리더십은 사려가 깊었으며 꼼꼼한 준비와 조정을 중시했다. 니카이도 스스무는 "중일국교정상화 추진을 한 몸에 짊어진 오히라 외상의 수완은 참으로 주도 면밀한 것이었다"고 평가한다.[08] 다나카가 결단-실행형 리더십이라고 한다면 오히라는 말하자면 심사숙고-조정형 리더십이었다고 할 수 있다.

다나카와 오히라가 서로 다른 형태의 리더십을 행사할 수 있었던 것은 수상, 외상이라고 하는 직위에 의한 부분도 있지만, 그 이

---

07 栗山尚一, 『外交証言録 沖縄返還・日中国交正常化・日米「密約」』, p.129.
08 二階堂進, 「日中国交秘話 中南海の一夜」, p.66.

상으로 두 사람의 개성에 의한 바가 컸다. 본분에 맞은 지위를 얻음으로써 각자의 개성이 발휘될 수 있었던 것이다. 다나카의 경우를 보면 자신이 갖고 있지 않은 자질을 고려하여 오히라를 외상에 앉힌 부분에 인사의 묘수가 있었다.

오히라에게 대 중국 정책을 진언했던 후루이 요시미는 두 명의 관계를 다음처럼 말한다.

> 다나카 총리와 오히라 외상이란 조합은 전례가 없는 명콤비였다. 오히라는 그야말로 신중하고 치밀한 성격이다. 다나카는 "나는 외교는 잘 모르네, 오히라군, 자네에게 맡기겠네. 하지만 책임은 모두 내가 지겠네"라고 말했다. 모르는 것에 대해 아는 척하거나 책임을 피하려는 것이 범부의 모습이다. 다나카 수상은 통령(統領)의 그릇을 갖고 있었으며 걸출한 인물이었다고 본다. 게다가 실제로는, 내가 아는 범위에 있어서는, 큰 결단은 모두 다나카 총리가 내렸다고 생각한다. 물론 준비를 잘 해놓은 오히라 외상의 수완과 역량도 훌륭한 것이었다.[09]

우정으로 뒷받침된 두 사람의 리더십은 서로의 결점을 장점으로 바꾸었다. 일찍이 일본·소련 국교정상화 당시 하토야마 이치

---

09 古井喜実, 「日中国交正常化の秘話」, p.147. 다음도 참조. 中江要介, 「歴史認識問題をめぐって」, 『外交フォーラム 臨時増刊 中国』(1997年), p.121.

로 수상과 시게미쓰 마모루 외상이 서로 이반된 것과는 좋은 대조를 이룬다.

　다나카와 오히라의 관계는 마오쩌둥과 저우언라이의 관계와 똑같지는 않다. 저우언라이는 중대한 국면에서 반드시 마오쩌둥의 양해를 구했던데 비해, 다나카는 큰 방침만을 제시하고 오히라에게 전권을 일임했다. 전폭적인 신뢰를 받은 오히라는 수많은 역경을 타개했다. 다나카에게 결단을 촉구한 것도 오히라였는데 그의 역할은 결정적인 것이었다.

　다나카와 오히라가 훌륭한 리더십을 발휘했다고는 하더라도 이들은 많은 부분을 외무관료들에게 의존했다. 모든 일을 수뇌가 결정할 수 있을 정도로 현대 외교가 단순한 것도 아니며, 최종적인 마무리 작업은 관료들에게 의존하지 않을 수 없다. 중일공동성명의 내용 대부분을 쓴 것은 외무관료들이었다.

　다나카와 오히라는 관료들을 능수능란하게 다루었으며, 중일국교정상화에 있어서는 수상과 외상이 외무관료들과 긴밀한 관계를 맺고 있었다. 구리야먀가 다음처럼 기억을 더듬는다.

　　윗사람이 아랫사람을 신뢰하고, 또한 아랫사람이 윗사람을 신뢰하면서 일을 하여, 한 가지 목적을 향해 일을 하여 이가 결실을 맺었다. 전후 외교 가운데 이 중일국교정상화는 아주 성공적인 사례였다고 생각하며, 음 우리들도 나름대로는 그 일에 함께 했었다고. 좋은

추억이었다는 느낌이 드는군요.[10]

다나카와 오히라의 리더십이 없었다면 과연 언제 중국과 국교정 상화를 할 수 있었을까 하는 의문이 든다. 두 가지 리더십이 공 진하면서 관료들을 잘 다룬 결과 드디어 국교가 수립된 것이다.

저우언라이의 유언

한편, 중국외교는 어떻게 평가할 수 있는가? 마오쩌둥 및 저우언 라이가 이끄는 중국은 국교회복 3원칙을 내걸면서도, 대 소련 전 략이라는 보다 높은 차원에서 현실적으로 대응했다. 암 투병 중 인 저우언라이는 자신의 여생이 얼마 남지 않은 것을 알고 있었 다. 저우언라이는 다나카가 일본을 방문해 달라고 하자 "내가 살 아있는 동안 두 번 다시 일본을 방문할 수는 없을 것 같습니다" 라고 대답했다.[11]

하시모토에 따르면 중국 측은 대 소련 전략이나 저우언라이의

---

10 栗山尚一, 『外交証言録 沖縄返還・日中国交正常化・日米「密約」』, p.213.

11 吉田重信, 『「中国への長い旅」元外交官の備忘録』, p.64. 다음도 참조. 天児慧, 『巨龍 の胎動 毛沢東 VS 鄧小平』(講談社, 2004年), p.220.

건강 상태 등을 의식하여 정상화를 서둘렀다고 해석한다.

> 어떻게 해서든 미국, 일본과 관계를 개선시킬 생각입니다. 소련
> 의 위협에 대항해서 말이죠. 그래서 닉슨 방중도 실현시켰고 다나카
> 방중도 실현시킨 것입니다. 이는 역시 중국의 세계전략, 대 소련 전
> 략이란 차원에서죠.[12]

요시다 겐죠 아시아국장에 의하면 "당시 내가 받은 인상으로는
중국도 국교정상화를 서두르는 느낌이었고, 저우언라이 상 자신
은 린뱌오의 숙청이 가장 큰 동기였다고 술회했습니다" 라고 말한
다.[13]

중일국교정상화가 단기간에 이루어졌던 만큼 문제점이 없었던
것은 아니었다. 다카시마의 발언에 대해 저우언라이가 강력하게
반발한 일 등은 실무차원에서 미리 조정해 두었다면 완화시킬 수
있었을 것이다.

그렇다고는 해도 정상회담에서 일거에 진행시키지 않았다면
교섭은 틀림 없이 오랫동안 지체되었을 것이다. 만약 그랬다면 중
국이 센카쿠열도(중국명 댜오위다오-역자주) 영유권을 주장하는 등 일
본에 대해 강력하게 요구를 하여 국교정상화는 암초에 걸려 좌초

---

12 하시모토 인터뷰(2008년 11월 8일).
13 吉田健三, 「対中経済協力の幕開け」『外交フォーラム 臨時増刊 中国』(1997年), p.125.

되었을지도 모른다. 거기서 양국의 복잡한 국민 감정이나 국내 사정이 분출되고, 마오쩌둥과 저우언라이가 세상을 떠나버렸다면 국교를 수립할 수 없었을지도 모른다.

이를 피하기 위해서는 우선 정상회담을 실행하여 국교정상화를 기성사실로 만든 다음에 양국 국민들이나 반대 세력들의 이해를 구하는 수밖에는 없었다. 성급했다는 느낌도 부정할 수 없지만, 마오쩌둥이나 저우언라이가 아직 건재하고 다나카가 권력과 인기의 정점을 누리던 1972년 9월은 절호의 시기였다. 다나카는 이를 의식하고 있었고 3원칙을 제시한 저우언라이도 유연한 입장을 취하며 교섭을 진행시켰던 것이다.

저우언라이는 1976년 1월 세상을 떠나는데 그 반년 전 베이징의 한 병원에서 후지야마 아이치로 전 외상과 만남을 가졌다. 병실에서 천천히 나타난 저우언라이는 혈색이 없어 얼굴이 창백했으며 인민복을 입고 있었는데 몸이 여윈 아주 쇠약한 상태였다. 당시 가장 큰 논점은 교섭 중이던 중일평화우호조약 문제였다. 저우언라이는 병든 몸을 일으키며 다음처럼 역설했다.

> 과거사 문제는 배상이든 피해 청구권이든 양국이 국교를 회복했을 때 나와 다나카 총리가 중일공동성명에 서명함으로써 모두 청산되었다. 앞으로는 중국과 일본이 어떻게 해서 오래도록 사이 좋게 수교관계를 유지해 나갈 것인가, 조약은 그러한 점을 규정해야 할 것이다.

병든 몸을 일으키며 열변을 토하는 저우언라이에게서 지난날 모든 일을 좌지우지하던 시절의 모습이 되살아 나는 듯 했다. 무언가가 자신의 등을 앞으로 떠미는 듯 그는 거침없고 논리 정연하게 중일관계에 대해 1시간 반 동안이나 언급했다. 저우언라이는 일본인들에게 남길 유언을 의식하고 있었던 것이다. [14]

중일 강화의 정신이란?

국교정상화 과정에 방치된 것은 미증유의 전쟁 피해를 강요당한 중국인들의 감정일 것이다. 이는 중국의 권위주의적 정치체제에 기인한 바가 크다고는 하나 단기간에 걸쳐 일거에 교섭을 타결시킨 부정적 유산이기도 했다.

일찍이 청일전쟁 패배로 고액의 배상금을 치뤄야 했던 경험도 있고, 이루 다 말할 수 없는 피해를 입은 국민감정을 고려하면 일본에게 천문학적인 규모의 배상금을 요구하더라도 마음이 다 차지 않았을 것이다. 그럼에도 불구하고 마오쩌둥과 저우언라이는 상명하달 방식으로 배상 청구를 포기했다.

억눌린 중국인들의 민심은 마오쩌둥이나 저우언라이라고 하는

---

14 藤山愛一郎, 『政治 わが道 藤山愛一郎回想録』, pp.224-225.

카리스마를 가진 지도자들이 세상을 떠나면 다시 수면 위로 부상할 것이다. 일본 지도자들은 그 점을 자각하고 있었다. 이후 오히라가 수상에 취임한 뒤 대 중국 엔차관 공여에 착수 했을 때 거기에는 분명히 배상을 대신하여 엔차관을 제공한다는 의식이 존재했다. 중국의 배상 청구 포기와 대 중국 엔차관은 "어디까지나 오히라의 마음 속에서는 서로 이어져 있었다."[15]

그런 오히라와 다나카는 지금은 살아있지 않다. 저우언라이, 마오쩌둥, 오히라, 다나카가 세상을 이미 떠나고 중일국교정상화로부터 40년의 세월이 흐른 지금 그 내막에 대해 말할 수 있는 정치인이나 외교관은 그다지 많지 않다.

하지만 일본인들은 과거의 전쟁을 잊지 않고 있으며 이를 전제로 중국인들은 관용의 마음을 갖고 일본과 마주한다. 그리고 중일 양국은 서로 선린우호 관계를 만들어 간다. 이것이 바로 중일 강화의 정신이라고 할 수 있다. 중일국교정상화의 성립은 지극히 현재적인 교훈을 남겨주고 있다. 재삼 재고해야 할 역사가 여기에 존재한다.

15 森田一, 『心の一燈 回想の大平正芳』, p.205.

1972년 중일국교정상화 후 40년이 경과되었다. 현대 중일관계의 원형인 중일공동선언이 가진 무게감에 대해서는 지금 새삼 많은 말이 필요 없을 것이다. 본서에서는 그 주인공인 다나카 가쿠에이와 오히라 마사요시를 주역으로 설정하고 외무 관료들의 역할에 초점을 맞추었다.

당시, 중소 대립이나 닉슨 쇼크와 같은 국제정세 흐름은 일본과 중국을 접근시키는 것이었으며 중일국교정상화를 위한 환경이 조성되는 상황이었다. 그렇다고는 해도 결국 중국과의 국교 수립을 이끈 것은 다나카, 오히라, 관료들의 도전이었다.

나는 그 동안 근대를 중심으로 이미 역사가 된 시대를 연구해 왔다. 결정판이 될 수 있는 역사연구를 지향하는 것이 연구자의 역할이라고 생각했기 때문이다. 그 점은 지금도 변치 않지만 외교사 연구는 사회적 요청에 응해야 하는 사명도 있다.

본서에서는 현재적 의의를 중시하여 굳이 최근의 과거에 대해 다루었다. 정부문서를 조사하고 당사자들의 육성에 귀를 기울이면서, 가능하면 중일강화의 정신을 양국 국민들의 공유재산으로 할 수는 없을까 하는 생각을 거듭했다.

신서新書라는 매체를 선택한 것도 중일관계에 대해 많은 독자들과 함께 생각하고 싶었기 때문이다. 실증 수준을 높게 유지하고 광범위한 독자층을 의식하면서 여러 차례 손질했다. 그런 의미에서는 사전에 독자층을 상정할 수 있는 학술서 이상으로 긴장감이 계속되는 작업이었다.

　중일국교정상화에 조명을 비추면서 정치적 리더십에 대해 분석을 시도해 보고자 했다. 미국의 패권에 그늘이 보이기 시작하는 가운데 아시아에서는 중국과 인도가 눈부시게 대두하는 상황 속에서 일본의 존재감은 갈수록 퇴색되고 있다. 일찍이 일류로 불리던 경제까지 정체되고 있는 일본에서는 단명으로 끝나는 정권들이 이어지고 있다. 정치적 리더십의 수법을 과거에서 배우지 않는다면 일본은 미국과 중국 사이에서 묻혀질 가능성도 있다.

　이를 고려하여 본서에서는 외교교섭의 족적을 더듬는 것과 동시에 다나카 및 오히라의 인물상을 규명하고자 노력했다. 다나카와 오히라의 개성이 서로 공명하는 모습을 그리면서 가능한 정치적 리더십의 본 모습을 탐구하려 했다. 리더십을 고찰한다는 것은 인간에 대해 서술하는 일이다. 특히, 다나카는 금권정치 이미지가 따라다니기 때문에 그러한 정치적 리더십이 제대로 논해지지 않았는지도 모른다.

　정치적 리더십의 본 모습은 관료들을 다루는 방식을 통해 적지 않게 표출되는 법이다. 국교정상화를 두 사람에게만 환원시키는 것이 아니라, 관료들과 어우러진 상호작용을 거쳐 공동성명이 새겨지는 과정을 추적했다.

　이름이 없는 관료들이 수행한 역할에 대해서도 인터뷰를 통해 정당하게 평가하고자 했다. 최근, 정치인들이 관료들과의 대결을 표방하는 경향도 보이는데, 적어도 외교에 한해서 말하자면 이는 미숙한 방법이라 하지 않을 수 없다.

　그 만큼 인터뷰에 응해주신 여러분들께 진심으로 감사 말씀을 드리고자 한다. 당시 30~40대였던 관료들은 이제 70~80대가 되었다. 지금 이야기를 듣지 않으면 귀중한 증언들이 잊혀질 수 있다. 정보공개 청구를 통해 사료를 볼 수 있게 된 점도 집필에 탄력이 되었다. 원 문서를 입수할 수 있었고, 또한 당사자들에게 이야기를 들을 수 있는 아슬아슬한 시점이었다.

　외무성 기록을 들여다 보면서 여러 차례 당사자와 만나 사실관계를 확인했고, 그들의 표정을 떠올리면서 녹음을 반복해 듣는 나날이 계속되었다. 그 핵심적인 부분을 원고로 집필하는 작업을 거듭하는 와중에 그들의 육성이 그대로 원고로 옮겨지는 듯한 착각에 사로잡히기도 했다. 주저로는 5권째이지만 마치 첫번째 저서인 것 같은 심경이었다. 그럴 때는 너무 집중한 나머지 몇 시간동안이나 책상에서 꼼짝할 수도 없었다.

　인터뷰는 필자 혼자서 하기도 했지만 대부분은 훌륭한 연구자들과 함께 작업했다는 점을 분명히 밝혀두고자 한다. 특히 이노우에 마사야 선생은 인터뷰 및 사료와 관련하여 도움을 주었을 뿐 아니라 본서 원고에 대해 코멘트를 아끼지 않았다. 후쿠나가 후미오 선생, 스기우라 야스유키 선생, 다케우치 가쓰라 선생, 후쿠다 마도카 선생은 귀중한 사료 등을 제공해 주었다. 이 자리를 빌어 깊은 감사를 드린다.

쥬오코론신사의 시라토 나오토 상은 2008년 『히로타 고키広田弘毅』를 간행한 이후 도움을 주고 있다. 그의 적절한 조언과 탁월한 편집 능력에 대해 항상 감복한다. 저서 『히로타 고키』에서 중일전쟁 및 도쿄재판에 대해 다루었던 점을 고려하여 동일한 출판사를 통해 중일국교정상화에 대한 글을 간행하고자 하는 생각이 줄곧 들었다.

지금 여기서 펜을 놓는 것으로 그러한 중압감에서 일단 해방되었다고는 하더라도 개인적으로 감개무량함을 느끼는 것과 본서의 가치는 완전히 별개라는 점은 말할 나위 없다. 중일국교정상화는 여러 번에 걸쳐서라도 깊이 생각해 봐야 할 역사로서 앞으로도 계속 논의될 것으로 생각된다.

독자 여러분들의 질타를 바라는 바이다.

2011년 5월

저자 핫토리 류지

참고문헌

외무성 외교사료관 소장문서

「田中総理訪米(ハワイ会談)関係(1972・8)会談関係」A'.1.5.2.24-1, CD-R A'-435

「地位協定・SOFAの適用(STG:施設：区域)(5)」B'.5.1.0.J / U24, CD-R H22-011

「本邦対中共貿易関係 民間貿易協定関係 高碕・廖覚書交換(1972年)」E'.2.5.2.2-1-2,
REEL E'-0212「沖縄関係17年」0600-2010-00029, CD-R H22-012

「日中国交正常化 / 国会関係」SA.1.2.2, 要公開準備制度 2010-6241

「椎名特派大使一行名簿」정보공개법에 의한 외무성 공개문서, 01-1933-2

宇山厚駐台大使から大平正芳外相宛て電報,1972年9月21日, 정보공개법에 의한 외무
성 공개문서, 01-1933-16.

牛場信彦駐米大使から福田赳夫外相宛て電報,1971年7月15日, 정보공개법에 의한 외
무성 공개문서, 02-1234-1.

정보공개법에 의한 외무성 공개문서

外務省アメリカ局北米第1課,「田中総理大臣の米国訪問(ハワイ会談)」1972年9月(2008-645)

「日米首脳会談(第1回会談)」1972年8月31日, 第1回合同会談」8月31日,「日米首脳会談
(第2会談)」9月1日(2008-645)

外務省アジア局中国課,「佐々木議員の大臣に対する訪中報告」1972年7月24日(2008-647)

外務省アジア局中国課総理訪中先遣隊について」年月日不明(2008-647)

「自民党日中国交正常化協議会における賀屋興宣先生の質問に対する回答」1972年8
月15日(2008-647)

宇山から大平宛て電報,1972年9月15, 18, 21日(2008-715)

「大平外相彰大使会談録」1972年7月25日(2008-1045)

「日本国政府と中華人民共和国政府の共同声明」1972年9月29日(2009-258)

「田中総理の蒋介石総統宛親書(案)」年月日不明(2010-267)

中曽根康弘外相代理から宇山宛て電報, 1972年9月29日(2010-271)

伊藤博教駐台臨時大使から大平宛て一電報, 1972年9月6日(2010-438)

中曽根から宇山宛て電報, 1972年9月28日(2010-452)

「中国問題対策協議会第1回会議要録」8月2日,「中国問題対策協議会第2回会議要録」
　　　8月4日,「中国問題対策協議会第3回会議要録」8月9日,「中国問題対策協議会
　　　第4回会議要録」8月12日,「中国問題対策協議会第5回会議要録」8月16日(2010-
　　　472)

水野清・張群会談(不存在),1972年9月12日(2010-613)

중앙연구원 근대사연구소 소장문서

「日本人士反対日匪建交」11-EAP-00289,000.7/0001

「日匪勾搭前後」11-EAP-00567,005.22/0005

「日匪勾搭資料」11-EAP-00568,005.22/0006

「日匪建交資料」11-EAP-00570,005.22/0008

「田中内閣與匪勾搭(電報)」第1冊, 11-EAP-00573,005.22/0011

「田中内閣與匪勾搭(電報)」第2冊, 11-EAP-00574,005.22/0012

「日本議員野良恭一, 高見三郎, 灘尾弘吉, 玉置和郎訪華」11-EAP-01049,012.22/0059

「椎名悦三郎訪華」, 11-EAP-01075,012.22/0088

「椎名特使訪華」第3冊, 11-EAP-01084,012.22/89033

국사관 소장문서

「蔣経図総統文物」

중화인민공화국 외교부 당안관 소장문서

「廖承志関于接待高碕達之助及其随行人員的請示, 来訪人物材料和言論」105-01151-01

「国務院外弁外事簡報：日本自由民主党国会議員田川誠一致廖承志函」105-01657-05

「国務院外弁外事簡報：日本社会党佐佐木更三給廖承志的信」105-01657-11

「国務院外弁外事簡報：日本佐佐木更三致函廖承志提出三項要求」105-01759-28

「毛沢東主席接見佐佐木更三, 黒田田寿男, 細迫兼光等日本社会党中, 左派人士談話記録」105-01897-01

「周恩来総理接見日本社会党人談話：関于日本"南千島"問題部」105-01897-04

상해시 당안관 소장문서

「上海人民広播電台関于1972年 田中一行随訪記者参観馬橋和市舞踏学校的具体安排」B92-2-1594

「上海人民広揺電台関于1972年 接待田中弁公室各組名単及工作人員登記表」B92-2-1596

개인문서

「石橋政嗣関係文書」国立国会図書館憲政資料室所蔵

「岡崎嘉平太関係文書」岡崎嘉平太記念館所蔵

「賀屋興宣談話速記録」国立国会図書館憲政資料室所蔵

「椎名悦三郎関係文書」国立国会図書館憲政資料室所蔵

「高碕達之助文書」東洋食品研究所所蔵 橋本恕から筆者宛て書簡, 2008年12月15日,
　　　2009年2月26日, 4月2日
「三木武夫関係資料」明治大学史資料センター所蔵
「森田一日記」

국회의사록

「第46回国会衆議院外務委員会議録」第2号, 1964年2月12日
「第68回国会衆議院予算委員会第4分科会議録」第4号, 1972年3月23日
「第70回国会衆議院予算委員会議録」第2, 5号, 1972年11月11日, 11月8日
「第71回国会参議院予算委員会第2分科会会議録」第4号, 1973年4月9日

인터뷰 (괄호 안은 1972년 9월경의 직함)

小倉和夫(外務省アジア局中国課首席事務官)2010年6月1日
小原育夫(香港総領事館員)2009年3月18日
木内昭胤(首相秘書官〈外務省〉)2010年6月19日
栗山尚一(外務省条約局条約課長)2008年9月4日, 9月17日, 2009年3月10日, 10月15日,
　　　2010年4月8日
小長啓一(首相秘書官<通産省>)2010年6月11日
中江要介(外務省アジア局外務参事官)2009年1月14日, 2月21日, 3月21日
中曽根康弘(通商産業大臣, 外務大臣代理)2009年8月6日
野田毅(大蔵官僚, 이후 衆議院議員)2010年9月28日
橋本恕(外務省アジア局中国課長)2008年11月1日, 11月8日
水野清(衆議院議員)2010年11月30日
森田一(外務大臣秘書官〈大蔵省〉)2009年9月5日, 9月19日, 10月3日, 10月14日
若山喬一(外務省研修所事務官)2010年8月3日

渡邉幸治(外務省経済局国際機関第2課長)2009年4月18日

匿名外交官, 2010年4月1日

신문·기관지

『朝日新聞』

『サンケイ』

『日本経済新聞』

『毎日新聞』

『読売新聞』

New York Times

Washington Post

『参考消息』

『環球時報』

『人民日報』

『中央日報』

사료집

石井明・朱建栄・添谷芳秀・林暁光編『記録と考証 日中国交正常化・日中平和友好
　　　条約締結交渉』(岩波書店, 2003年)

石井修監修『ニクソン大統領文書: 田中角栄・ニクソン会談関係文書ほか』第2巻(柏
　　　書房, 2009年)

霞山会,『日中関係基本資料集 1949年‐1997年』(霞山会, 1998年)

鹿島平和研究所編『日本外交主要文書・年表』第3巻(原書房, 1985年)

日中国交回復促進議員連盟編『日中国交回復：関係資料集』(日中国交資料委員会, 1972年)

細谷千博・有賀貞・石井修・佐々木卓也編,『日米関係資料集 1945‐97』(東京大学出版

　　会, 1999年)

田桓主編『戦後中日関係文献集：1945〜1970』(北京：中国社会科学出版社, 1996年)

田桓主編『戦後中日関係文献集：1971〜1995』(北京：中国社会科学出版社, 1997年)

회고록・일기 등

朝賀昭,「人間・田中角栄の実像」『新潮45』(2010年7月号)

阿部穆,「中国の大平さん」木村貢『総理の品格：官邸秘書官が見た歴代宰相の素顔』
　　(徳間書店, 2006年)

石橋政嗣,『石橋政嗣回想録：「55年体制」内側からの証一言』(田畑書店, 1999年)

伊藤武雄・岡崎嘉平・太松本重治 / 阪谷芳直・戴国煇編,『われらの生涯のなかの中
　　国：60年の回顧』(みすず書房, 1983年)

伊藤昌哉,『自民党戦国史』上巻(ちくま文庫, 2009年)

牛場信彦 / 聞き手・山本正,『牛場信彦 経済外交への証言』(タイヤモンド社, 1984年)

大河原良雄,『オーラルヒストリー 日米外交』(ジャパンタイムズ, 2006年)

大平正芳,『私の履歴書』(日本経済新聞社, 1978年)

大平正芳回想録刊行会一編『永遠の今』(大平事務所, 1980年)

大平正芳回想録刊行会編,『大平正芳回想録：伝記編』(大平正芳回想録刊行会, 1982年)

大平正芳回想録刊行会編,『大平正芳回怒録：資料編』(大平正芳回想録刊行会, 1982年)

岡崎嘉平太,「私の履歴書」日本経済新聞社編,『私の履歴書』第32集(日本経済新聞
　　社,1968年)

岡崎嘉平太,『中国問題への道』(春秋社, 1971年)

岡崎嘉平太,『私の記録』(東方書店, 1979年)

岡崎嘉平太,『終りなき日中の旅』(原書房, 1984年)

岡崎嘉平太,「日中関係の今後」,『紀要 第2号 岡崎嘉平太 講演集2』(2005年)

岡崎嘉平太,「これからの日中問題」,『紀要 第3号 岡崎嘉平太 講演集3』(2006年)

岡崎嘉平太伝刊行会,『岡崎嘉平太伝：信はたて糸愛はよこ糸』(ぎょうせい, 1992年)

岡田晃,『水鳥外交秘話：ある外交官の証言』(中央公論社, 1983年)

小川平四郎,『北京の4年』(サイマル出版会, 1977年)

大倉平夫,「分かれの外交のドラマ：日中国交正常化時の対台湾外交といわゆる,『田中親書』をめぐって」石井明・朱建栄・添谷芳秀・林暁光編,『記録と考証 日中国交正常化・日中平和友好条約締結交渉』(岩波書店,2003年)

海部俊樹,「三たび交えた私が感じるどうしょうもない小沢の性癖」,『新潮45別冊「小沢一郎」研究』(2010年4月号)

唐澤俊二郎,『唐澤俊二郎オーラルヒストリーそろそろ全部話しましょう』(文藝春秋企画出版部, 2009年)

木内昭胤,「田中角栄氏の外交手腕」田中角栄記念館編,『私の中の田中角栄』(田中角栄記念館, 2005年)

岸本弘一,『一誠の道：保利茂と戦後政治』(毎日新聞社, 1981年)

木村貢,『総理の品格：官邸秘書官が見た歴代宰相の素顔』(徳間書店, 2006年)

近代日本史料研究会編,「松本彧彦オーラルヒストリー」(近代日本史料研究会, 2008年)

栗山尚一,「日中共同声明の解説」時事通信社政治部編,『日中復交』(時事通信社, 1972年)

栗山尚一,「日中間交正常化」,『早稲田法学』第74巻四4-1号(1999年)

栗山尚一,「台湾問題についての日本の立場：日中共同声明第3項の意味」,『霞関会会報』第738号(2007年)

栗山尚一 / 中島琢磨・服部龍二・江藤名保子編,『外交証言録 沖縄返還・日中国交正常化・日米,「密約」』(岩波書店, 2010年)

『月刊・自由民主』編集部,『自民党政権の30年 日本の進路を決めた男たち』(太陽企画出版, 1986年)

小坂善太郎,『中国見たまま』(鹿島研究所出版会, 1967年)

小坂善太郎,『あれからこれから：体験的戦後政治史』(牧羊社, 1981年)

小坂善太郎,「日中国交正常化協議会の会長として」自由民主党編,『自由民主党党史』(証言・写真編, 自由民主党, 1987年)

後藤田正晴／御厨貴監修『情と理：カミソリ後藤田回顧録』上巻(講談社+α文庫, 2006年)

後藤田正晴,「私の履歴書」岸信介・河野一郎・福田赳夫・後藤田正晴・田中角栄・中曽根康弘『私の履歴書保守政権の担い手』(日経ビジネス文庫, 2007年)

小長啓一,「日本列島改造論とりまとめと田中内閣の軌跡」総合研究開発機構,『戦後

　　国土政策の検証』(下巻, 総合研究開発機構, 1996年)

小長啓一,「日米繊維交渉：電光石火の裁き」田中角栄記念館編,『私の中の田中角
　　栄』(田中角栄記念館, 2005年)

「佐々木更三の歩み」編集委員会・総合政経研究会・佐々木更三連合後援会編,『大
　　衆政治家 佐々木更三の歩み』(総評資料頒布会, 1980年)

佐藤昭子,『決定版 私の田中角栄日記』(新潮文庫, 2001年)

佐藤昭子,『田中角栄』(経済界, 2005年)

佐藤榮作 / 伊藤隆監修,『佐藤栄作日記』第3,4,5巻(朝日新聞社, 1997-1998年)

椎名悦三郎,「私の履歴書」日本経済新聞社編,『私の履歴書』(第41集, 日本経済新聞社, 1970年)

椎名悦三郎追悼録刊行会,『記録 椎名悦三郎』下巻(椎名悦三郎追悼録刊行会, 1982年)

時事通信社政治部編,『日中復交』(時事通信社, 1972年)

自由民主党編,『自由民主党党史』(自由民主党, 1987年)

自由民主党編,『自由民主党50年史』上巻(自由民主党, 2006年)

自由民主党広報委員会出版局編,『秘録戦後政治の実像』(自由民主党広報委員会出版局,
　　1976年)

蕭向前 / 竹内実訳,『永遠の隣国として』(サイマル出版会, 1997年)

政策研究大学院大学C・O・EHオーラル・政策研究プロジェクト「田川誠一オーラ
　　ルヒストリー」上巻(政策研究大学院大学, 2001年)

政策研究大学院大学C・O・EHオーラル・政策研究プロジェクト,「栗山尚一(元駐米
　　大使)オーラルヒストリー:転換期の日米関係」(政策研究大学院大学, 2005年)

政策研究大学院大学C・O・EHオーラル・政策研究プロジェクト,「股野景親(元駐ス
　　ウェーデン大使)オーラルヒストリー」(政策研究大学院大学, 2005年)

孫平化 / 安藤彦太郎訳,『日本との30年：中日友好随想録』(講談社, 1987年)

孫平化,『中国と日本に橋を架けた男』(日本経済新聞社, 1998年)

孫子化・森住和弘,「日中国交回復の扉はこうして開けられた(続)」『中央公論』(1992年8月号)

田川誠一,『日中交渉秘録 田川日記：14年の証言』(毎日新聞社, 1973年)

竹入義勝,「歴史の歯車が回った 流れ決めた周首相の判断：『特使もどき』で悲壮な決

　　意の橋渡し」石井明・朱建栄・添谷芳一芳・林暁光編『記録と考証 日中国交
　　正常化・日中平和友好条約締結交渉』(岩波書店, 2003年)

竹下登,『証言保守政権』(読売新聞社, 1991年)

竹下登・政策研究大学院大学政策情報プロジェクトCOEオーラル・政策研究プロ
　　ジェクト監修,『政治とは何か：竹下登回顧録』(講談社, 2001年)

田中角栄,『大臣日記』(新潟日報事業社, 1972年)

田中角栄,『日本列島改造論』(日刊工業新聞社, 1972年)

田中角栄,『わたくしの少年待代』(講談社, 1973年)

田中角栄,「日中の課題は『信義』と両図民の『自由な往来』だ：いま初めて明かす日中
　　国交回復の秘話」,『宝石』第12巻第11号(1984年)

田中角栄,「わが戦後秘史」,『現代』(1994年2月号)

田中角栄,「私の履歴書」岸信介・河野一郎・福田赳夫・後藤田正晴・田中角栄・中
　　曽根康弘,『私の履歴書保守政権の担い手』(日経ビジネス人文庫, 2007年)

田中角栄記念館編,『私の中の田中角栄』(田中角栄記念館, 2005年)

田畑光永,「1972年 9月 15日-18日の北京」石井明・朱建栄・添谷芳秀・林暁光編,
　　『記録と考証 日中国交正常化・日中平和友好条約締結交渉』(岩波書店, 2003年)

玉置和郎,「青嵐会の将来と日本：日本に道義を取りもどそう」中川一郎代表,『青嵐
　　会：血判と憂国の論理』(浪曼, 1973年)

玉置和郎記録集編纂委員会編,『政党政治家 玉置和郎』(学習研究社,1988年)

越安博,「私の一高時代」人民中国雑誌社編,『わが青春の日本：中国知識人の日本回
　　想』(東万書店, 1982年)

張群 / 古屋奎二訳,『日華・風雲の70年』(サンケイ出版, 1980年)

張香山,「張香山回想録(中)(下)」,『論座』(1997年12月, 1998年1月号)

張香山,「回顧し, 思考し, 提言する」,『人民中国』第590号, (2002年)

辻和子,『熱情：田中角栄をとりこにした芸者』(講談社, 2004年)

唐家璇,「田中角栄から小泉,小沢まで：日本語通訳から始まった対日工作の責任者が
　　語った48年」,『文藝春秋』(2010年4月号)

東郷和彦,『歴史と外交：靖国・アジア・東京裁判』(講談社現代新書, 2008年)

東郷文彦,『日米外交30年』(中公文庫, 1989年)

内閣総理大臣官房監修,『大平内閣総理大臣演説集』(日本広報協会, 1980年)

中江要介,『残された社会主義大国 中国の行方』(KKベストセラーズ, 1991年)

中江要介,「生卵をぶつけられた日台断交使節団」,『現代』(1992年11月号)

中江要介,『らしくない大使のお話』(読売新聞社, 1993年)

中江要介,「歴史認識問題をめぐって」,『外交フォーラム臨時増刊 中国』(1997年)

中江要介,「胡耀邦が支えた日中友好」,『東亜』第422号(2002年)

中江要介,「椎名悦三郎・蒋経国会談記録:『中江メモ』」,『社会科学研究』24第巻第1号(2003年)

中江要介,「日中正常化と台湾」,『社会科学研究』第24巻第1号(2003年)

中江要介,『日中外交の証言』(蒼天社出版, 2008年)

中江要介 / 若月秀和・神田豊隆・楠綾子・中島琢磨・昇亜美子・服部龍二編,『アジア外交 動と静一元中国大使中江要介オーラルヒストリー』(蒼天社出版, 2010年)

中川一郎代表,『青嵐会:血判と憂国の論理』(浪曼, 1973年)

中曽根康弘,『自省録:歴史法廷の被告として』(新潮社, 2004年)

中曽根康弘 / 中島琢磨・服部龍二・昇亜美子・若月秀和・道下徳成・楠綾子・瀬川高央編,『中曽根康弘が語る戦後日本外交史(仮)』(新潮社, 2011年 刊行予定)灘尾弘吉先生追悼集編集委員会編,『私の履歴書灘尾弘吉』(灘尾弘吉先生追悼集編集委員会, 1996年)

二階堂進,「日中国交正常化」読売新聞政治部編,『権力の中枢が語る自民党の30年』(読売新聞社, 1985年)

二階堂進,「日中国交秘話 中南海の一夜」,『正論』(1992年10月号)

橋本恕,「日中国交正常化交渉」大平正芳記念財団編,『去華就實 聞き書き大平正芳』(大平正芳記念財団, 2000年)

橋本恕,「英雄と英雄の対決」田中角栄記念館編,『私の中の田中角栄』(田中角栄記念館, 2005年)

羽田孜,『志』(朝日新聞社, 1996年)

羽田孜,『小説 田中学校』(光文社, 1996年)

甲坂茂三,『政治家田中角栄』(中央公論社, 1987年)

甲坂茂三,『甲坂茂三の「田中角栄」回想録』(小学館, 1987年)

早坂茂三,『オヤジとわたし』(集英社文庫, 1993年)

早坂茂三,『オヤジの遺言』(集英社インタナショナル, 2004年)

福川伸次,「角さんと大平さんのすき焼き」田中角栄記念館編,『私の中の田中角栄』
　　　(田中角栄記念館, 2005年)

福田赳夫,『回顧90年』(岩波新書, 1995年)

福本邦雄,『表舞台：福本邦雄回顧録』(講談社, 2007)

藤尾正行,「"放言大臣"再び吠える」,『文藝春秋』(1986年11月号)

藤山愛一郎,『政治 わが道 藤山愛一郎回想録』(朝日新聞社, 1976年)

古井喜実,「日中国交正常化の秘話」,『中央公論』(1972年12月号)

古井喜実,『日中18年：一政治家の軌跡と展望』(牧野出版, 1978年)

古井喜美,『山陰生れ：一政治家の人生』(牧野出版, 1979年)

古井喜実・井出一太郎・田林政吉編,「訪中所見」(1959年12月)

保利茂,『戦後政治の覚書』(毎日新聞社, 1975年)

マイヤ, アーミン・H／浅尾道子訳,『東京回想』(朝日新聞社, 1976年)

松尾尊兊編,『古井喜實遺文集：一政治家の直言』(日中友好会館, 1997年)

松本彧彦,『台湾海峡の懸け橋に：いま明かす日台断交秘話』(見聞ごブックス, 1996年)

松本彧彦,「中華民国(台北)見聞記」松本彧彦・邱榮金・小枝義人・丹羽文生,『日台関
　　　係の新たな設計図：実務外交と草の根交流』(青山社, 2010年)

水野清,「佐藤栄作に『国交回復』を迫った日々」『現代』(19932年11月号)

村田良平,『村田良平回想録：戦いに敗れし固に仕えて』上巻(ミネルヴァ書房, 2008年)

森回一／服部龍二・昇亜美子・中島琢磨編,『心の一燈回想の大平正芳：その人と外
　　　交』(第1法規, 2010年)

安川壮,『忘れ得ぬ思い出とこれからの日米外交: パールハーバーから半世紀』(世界の
　　　動き社, 1991年)

吉田健三,「対中経済協刀の幕開け」,『外交フォーラム臨時増刊 中国』(1997年)

吉田重信,『「中国への長い旅」元外交官の備忘録』(田畑書店, 2010年)

劉徳有／王雅丹訳,『時は流れて：日中関係秘史50年』上下巻(藤原書店, 2002年)

「摩承志文集」編輯弁公室一編／安藤彦太郎監訳文集』下巻(徳間書店, 1993年)

林金莖,『梅と桜：戦後の日華関係』(サンケイ出版, 1984年)

林金莖,『戦後の日華関係と国際法』(有斐閣, 1987年)

黄白進訪問・簡佳慧紀録,『林金莖先生訪問紀録』(台北:中央研究院近代史研究所, 2003年)

娘鵬飛,「飲水不忘掘井人」NHK採訪組 / 肖紅訳『周恩来的決断：日中邦交正常化的来竜去除』(北京: 中国青年出版社, 1994年)

姫鵬飛,「飲水不忘掘井人：中日建交紀実」安建設編,『周恩来的最後歳月 1966-1976)』(北京：中央文献出版社, 1995年)

孫平化,『中日友好随想録』(北京：世界知識出版社, 1986年)

孫平化,「中日復交談判回顧」,『日本学刊』(1998年 第1期)

張群『我與(日本70年)』(台北：日中関係研究会, 1980年)

中共中央文献研究室編,『周恩来年譜』下巻(北京：中央文献出版社, 1997年)

中共中央文献研究室編,『建国以来毛沢東文稿』第13冊 (北京：中央文献出版社, 1998年)

中華人民共和国外交部・中共中央文献研究室編,『毛沢東外交文選』(北京: 中央文献出版社, 1994年)

연구자 및 저널리스트 저작

朝日新聞取材班,『歴史は生きている：東アジアの近現代がわかる10のテーマ』(朝日新聞出版, 2008年)

天児慧,『巨龍の胎動 毛沢東vs鄧小平』(講談社, 2004年)

池田直隆,『日米関係と「二つの中国」：池田・佐藤・田中内閣期』(木鐸社, 2004年)

石井明,「日台断交時の『田中親書』をめぐって」『社会科学紀要』第50輯(2001年)

石井修,「ニクソンの,『チャイナ・イニシアティヴ』」『一橋法学』第8巻 第3号(2009年)

石井修,「第2次日米繊維紛争 (1969年-1971年)：迷走の1000日(1)(2)」,『一橋法学』第8巻第2号, 第9巻第1号(2009-2010年)

井上正也,『日中国交正常化の政治史』(名古屋大学出版会, 2010年)

井上正也,「日中国交正常化交渉における台湾問題 1971〜72年」小林道彦・中西寛編著,『歴史の桎梏を越えて：20世紀日中関係への新視点』(千倉書房, 2010年)

居安正,『ある保守政治家：吉井喜實の軌跡』(御茶の水書房, 1987年)

段燕軍,『日中講和の研究：戦後日中関係の原点』(柏書房, 2007年)

NHK取材班,『周恩来の決断：日中国交正常化はこうして実現した』(日本放送出版協会, 1993年)

王泰平 / 青木麗子訳,『大河奔流』(奈良日日新聞社, 2002年)

大庭三枝,『アジア太平洋地域形成への道程：境界国家日豪のアイデンティティ模索
と地域主義』(ミネルヴァ書房, 2004年)

緒方貞子 / 添谷芳秀訳,『戦後日中・米中関係』(東京文学出版会, 1992年)

加藤聖文,「台湾引揚と戦後日本人の台湾観」台湾史研究部会編,『台湾の近代と日
本』(中京大学社会科学研究所, 2003年)

川島真・毛里和子『グローバル中国への道程：外交150年』(岩波書店, 2009年)

菅英輝,「米中和解と日米関係：ニクソン政権の東アジ ア秩序再編イニシアティブ」
菅英輝編著,『冷戦史の再検討：変容する秩序と冷戦の終焉』(法政大学出版局,
2010年)

金照徳 / 董宏・鄭成・須藤健太郎訳,『21世紀の日中関係：戦争・友好から地域統合
のパートナーへ』(日本僑報社, 2004年)

金沖及主編 / 劉俊南・譚佐強訳,『周恩来伝 1949-1976』下巻(岩波書店, 2000年)

久能靖,「角栄・周恩来会談 最後の証言」『文藝春秋』(2007年12月号)

倪志敏,「田中内閣における中日国交正常化と大平正芳(その1)(その2)(その3)(その4)」,
『龍谷大学経済学論集』第45巻第5号, 第46巻第5号, 第47巻第3号, 第48巻, 第3,
4号, 2006-2009年)

小池聖一,「『大平外交』の形成：日中国交正常化をめぐる日太外交の相克」『国際協
力研究誌』第14巻 第2号(2008年)

高坂正堯,「中国問題とは何か」,『自由』(1964年4月号)高坂正堯著作集刊行会編,『高坂
正堯著作集第1巻 海洋国家日本の構想』(都市出版, 1998年)

胡鳴,「日中国交正常化における中国の対日外交戦略」,『国際公共政策研究』第11巻
第2号(2007年)

佐道明広,「大平正芳：『保守本流』の使命感」佐道明広・小宮一夫・服部龍二編,『人
物で読む現代日本外交：近衛文麿から小泉純一郎まで』(吉川弘文館, 2008年)

佐橋亮,「米中和解プロセスの開始と台湾問題：アメリカによる信頼性と安定の均衡
の追求」,『日本台湾学会報』第12号(2010年)

清水麗,「日華断交と72年体制の形成 1972-78年」川島真・清水麗・松田康博・楊永明編,『日台関係史 1945-2008』(東京大学出版会, 2009年)

朱建栄,「中国はなぜ賠償を放棄したか：政策決定過程と国民への説得」,『外交フォーラム』(1992年10月号)

城山英巳,『中国共産党「天皇工作」秘録』(文春新書, 2009年)

添谷芳秀『日本外交と中国 1945-1972』(慶應義塾大学出版会, 1995年)

高橋政陽・若山樹一郎,「当事者が明らかにした30年目の新事実『日中』か『日台』かで揺れた日本外交」,『中央公論』(2003年4月号)

田中明彦,『日中関係 1945-1990』(東京大学出版会, 1991年)

田村重信・豊島典雄・小枝義人,『日華断交と日中国交正常化』(南窓社, 2000年)

中嶋嶺雄,「『保利書簡』の想い出」保利茂伝刊行委員会編,『追想 保利茂』(保利茂伝刊行委員会, 1985年)

中嶋嶺雄,『「日中友好」という幻想』(PHP新書, 2002年)

中野士朗,『田中政権・886日』(行政問題研究所, 1982年)

永野慎一郎・近藤正臣編,『日本の戦後賠償：アジア経済協力の出発』(勁草書房, 1999年)

永野信利,『外務省研究』(サイマル出版会, 1975年)

服部龍二,『日中歴史認識：「田中上奏文」をめぐる相剋 1927-2010』(東京大学出版会, 2010年)

服部龍二,「田中首相・ニクソン大統領会談記録 1972年 8月 31日,9月 1日」,『人文研紀要』第68号(2010)

檜山幸夫,「日中国交回復に伴う日華国交断絶における椎名悦三郎・蔣経国会談記録について：外務省参事官中江要介の会談記録,『中江メモ』の史料論」,『社会科学研究』第24巻第1号(2003年)

福永文夫,『大玉正芳「戦後保守」とは何か』(中公新書, 2008年)

別枝行夫,「日中国交正常化の政治過程：政策決定者とその行動の背景」,『国際政治』第66号(1980年)

本田善彦,『日・中・台 視えざる絆：中国首脳通訳のみた外交秘録』(日本経済新聞社, 2006年)

増田弘編著,『ニクソン訪中と冷戦構造の変容：米中接近の衝撃と周辺諸国』(慶應義塾

　　大学出版会, 2006年)

松田康博,「台湾問題の新展開」家近亮子・松田康博・段瑞聡編著『岐路に立つ日中
　　関係：過去との対話・未来への模索』(晃洋書房, 2007年)

村松玄太,「三木武夫の政治的発話とその推敲過程」,『大学史紀要』第14号(2010年)

毛里和子,『日中関係：戦後から新時代へ』(岩波新書, 2006年)

柳田邦男,『日本は燃えているか』(講談社, 1983年)

矢吹晋,「依然解消されない日中,『歴史認識』のモヤモヤ」,『世界週報』(2002年10月29日号)

矢吹晋,『激辛書評で知る 中国の政治・経済の虚実』(日経BP社, 2007年)

楊志輝,「戦争賠償問題から戦後補償問題へ」劉傑・三谷博・楊大慶編『国境を越え
　　る歴史認識：日中対話の試み』(東京大学出版会, 2006年)

横堀克己,「歴史の新たな1ページが開かれた夜：毛・田中会談を再現する」石井明・
　　朱建栄・添谷芳秀・林暁光編,『記録と考証 日中国交正常化・日中平和友好
　　条約締結交渉』(岩波書店, 2003年)

読売新聞政治部編,『権力の中枢が語る自民党の30年』(読売新聞社, 1985年)

鹿雪瑩,「古井喜実と1968年の日中LT貿易交渉」,『史林』第91巻第5号(2008年)

鹿雪瑩,「古井喜実と1968年の日中LT貿易交渉『20世紀研究』第9号(2008年)

鹿雪瑩,「古井喜実と1968年の日中L・MT貿易の延長線から見る日中国交正常化」,
　　『史林』第93巻第2号(2010年)

若月秀和,『「全方位外交」の時代: 冷戦変容期の日本とアジア・1971～80年』(日本経済
　　評論社, 2006年)

若月秀和,「田中角栄：『自主外交』の追求とその限界」佐道明広・小宮一夫・服部龍
　　二編,『人物で読む現代日本外交史：近衛文麿から小泉純一郎まで』(古川弘文
　　館, 2008年)

若林正丈,『台湾の政治：中華民国台湾化の戦後史』(東京大学出版会, 2008年)

Haruhiro Fukui, "Tanaka Goes to Peking：A Case Study in Foreign Policymaking," in T.J.
　　Pempel, ed., *Policymaking in Contemporary Japan* (Ithaca：Cornell University
　　Press, 1977)

金照徳,『中日関系: 復交30周年的思考』(世界知識出版社, 2002年)

羅平漢,『中国対日政策与中日邦交正常化：1949-1972年中国対日政策研究』(北京：時

事出版社, 2000年)

阮虹, 『一個外交家的経歴 : 韓叙伝』(北京 : 世界知識出版社, 2004年)

王泰平主編, 『中華人民共和国外交史』第3巻(北京 : 世界知識出版社, 1999年)

王泰平主編 / 張光佑・馬可錚副主編, 『新中国外交50年』上巻(北京 : 北京出版社, 1999年)

중일국교정상화 관련 연표	
년 월 일	사건
1945년 8월15일	종전
1946년 7월	중국 국공내전 시작
1949년 10월1일	중화인민공화국 성립
1951년 9월4일	샌프란시스코강화회의(~8일)
1952년 4월28일	중화민국정부(대만)과 일화평화조약을 체결
1955년 8월16일	중국 외교부가 성명으로 배상 청구권 주장
1962년 11월8일	자오안보 중국공산당 중앙외사공작부 비서장이 방중한 다카사키 다쓰노스케 중의원 의원 및 오카자키 가헤이타 전일본항공 사장 등에게 배상청구 포기 의향 내시
11월9일	다카사키와 랴오청즈가 중일 무역각서 교환(LT무역)
30일	다나카 가쿠에이 대장상과 오히라 마사요시 외상이 워싱턴 제2회 미일무역경제합동위원회 참가
1964년 1월27일	프랑스가 중국승인 발표
2월10일	대만이 프랑스와 단교
2월12일	오히라 외상이 중의원 외무위원회에서, 중국이 '세계의 축복' 속에서 UN에 가맹하면 일본도 중국과의 국교정상화를 검토한다고 연설
1965년 5월31일	자오안보가 방중한 우쓰노미야 도쿠마 중의원 의원에게 배상청구 포기 시사

년월일		사건
1971년	여름 무렵	다나카 자민당 간사장이 중국 문제 스터디 시작
	7월15일	닉슨 대통령, 베이징 방문 발표(닉슨 쇼크)
	9월1일	오히라가 하코네에서 '일본 신세기 개막-조수의 흐름을 바꾸자'는 제목으로 연설
	9월2일	가와사키 슈지를 단장으로 하는 자민당 방중 의원단이 베이징 방문
	9월16일	중일국교회복촉진의원 연맹 회장 후지야마 아이치로 전 외상 등이 제3차 방중
	10월25일	UN총회가 중국의 UN가맹 결정, 대만은 UN탈퇴 표명
	11월10일	저우언라이 국무원 총리가 방중한 미노베 료키치 도지사와 회견, 호리 서간을 비판
1972년	1월	하시모토 히로시 중국과장이 대중 관계에 대한 리포트를 다나카에게 제출
	2월21일	닉슨Richard Nixon 미 대통령 방중
	3월22일	전 외상 후지야마 아이치로가 제4차 방중
	3월23일	다나카 통산성이 중의원 예산위원회에서 중국에 '큰 폐를 끼쳤다'고 답변
	4월21일	미키 다케오가 베이징에서 저우언라이와 회견
	7월2일	다나카, 오히라, 미키가 3자 회담을 실시해 '정책 협정'에 합의
	7월5일	자민당 임시당대회 총재선거에서 다나카 압승

년월일	사건
1972년 7월7일	다나카 내각 성립, 오히라는 8년만에 2번째 외상 취임. 오히라 외상이 외무성에 첫 등청, 하시모토에게 중일국교정상화 준비 지시
7월10일	상하이 무용극단 방일, 중일우호협회 부비서장 쑨핑화가 단장 (~8월 16일)
7월16일	사회당 전 위원장 사사키 고조가 베이징에서 저우언라이와 회담
7월20일	일중국교회복촉진의원연맹 회장 후지야마 아이치로가 쑨핑화와 샤오샹첸의 환영회 개최
7월22일	오히라가 쑨핑화, 샤오샹첸과 회담
7월24일	자민당 총재 직속기관 일중국교정상화협의회가 첫 총회 (회장 고사카 젠타로)
7월25일	오히라가 펑멍치 주일 대만대사와의 회견에서 '중대한 결의' 표명
7월27일	다케이리 요시카쓰 공명당 위원장이 저우언라이와 베이징에서 회담(~29일)
8월2일	오히라가 외무성에서 중국문제대책협의회를 개최(8월 4, 9, 12, 16일에도)
8월4일	다케이리가 다나카와 오히라에게 귀국 보고

년월일	사건
1972년 8월10일	다마키 가즈오 참의원 의원이 대만방문, 장췬 총통부자정, 장징궈 행정원장, 천창환 외교부장, 장바오슈 국민당 중앙위원회 비서장 등과 회담
8월15일	다나카가 쑨핑화, 샤오샹첸과 회담. 외무성이 가야 오키노리 중의원 의원의 질문서에 회답
8월23일	다나카가 시이나 에쓰사부로 자민당 부총재를 대만방문 특사로 임명
8월31일	하시모토 등 외무성 직원이 선발대로 방중. 다나카와 오히라가 하와이에서 닉슨, 키신저Henry Kissinger 대통령 보좌관, 로저스William Rogers 국무장관과 회담
9월1일	미일공동 발표
9월4일	다마오키 가즈오 참의원 의원이 대만방문, 시이나 특사의 수락을 요청
9월8일	일중국교정상화협의회 총회에서 중일국교정상화 기본방침 책정
9월9일	자민당 의원 후루이 요시미, 다가와 세이치, 마츠모토 슌이치가 전후 첫 직항 편으로 베이징 방문
9월12일	미즈노 기요시 중의원 의원, 마쓰모토 아야히코 자민당본부 직원이 장췬과 면담, 시이나 특사 수락을 요청

년월일	사건
1972년 9월13일	장제스 앞으로 다나카 친서 전달
9월14일	고사카를 단장으로 하는 자민당 방중단 23명 저우언라이 등과 회담
9월17일	시이나 에쓰사부로 등이 타이베이의 쑹산 공항에서 반일 데모와 조우
9월18일	시이나 등이 천창환 외교부장, 옌자간 부총통, 허잉친 장군과 회담
9월19일	시이나 · 장징궈 회담
9월20일	시이나가 다나카, 오히라를 방문해 대만에서 종래의 관계 유지에는 '외교 관계를 포함한다.'고 설명했다고 보고. 중일각서무역 사무소 대표 오카자키 가헤이타가 방중
9월25일	다나카, 오히라 방중. 제1차 다나카 · 저우언라이 회담. 인민 대회당 연회에서 다나카가 '폐' 발언
9월26일	제1차 오히라 · 지펑페이 회담. 제2차 다나카 · 저우언라이 회담. 제2차 오히라 · 지펑페이 회담.
9월27일	비공식 외상회담, 제3차 다나카 · 저우언라이 회담. 다나카 · 마오쩌둥 회담. 제3차 오히라 · 지펑페이 회담
9월28일	제4차 다나카 · 저우언라이 회담.

년월일	사건
1972년 9월29일	타이베이에서 우야마 아쓰시 대사가 중일공동성명을 사전 통보하고 장제스 앞으로 다나카 친전을 전달. 베이징에서 중일공동성명 조인식. 오히라가 기자회견에서 대만과의 단교성명(오히라 담화). 다나카, 오히라, 저우언라이가 상하이를 방문하여 장춘차오 상해시혁명위원회 주임과 회견. 대만이 대일 단교를 선언
9월30일	다나카와 오히라가 귀국하여 자민당 본부의 양원의원총회에서 보고
10월6일	오히라가 내외정세조사회에서 중일국교정화에 대해서 연설
10월18일	오히라가 오스트레일리아, 뉴질랜드, 미국, 소련을 역방(~25일)
10월18일	다나카가 잉거솔Robert Stephen Ingersoll 주일 미국대사 부부가 참석한 미일협회에서 연설
11월2일	다나카가 중의원 예산위원회에서 답변
11월8일	오히라가 중의원 예산위원회에서 답변

지은이

핫토리 류지服部龍二

1968년 도쿄 출생. 1992년 교토대학 법학부 졸업. 1997년 고베대학 대학원 법학연구과 수료(정치학 박사). 현재 쥬오대학 종합정책학부 교수. 전공분야는 일본외교사·동아시아 국제정치사.

저서

『東アジア国際環境の変動と日本外交 1918-1931』(有斐閣, 2001年. 2001년 요시다 시게루상수상),『幣原喜重郎と20世紀の日本―外交と民主主義』(有斐閣, 2006年),『広田弘毅―「悲劇の宰相」の実像』(中公新書, 2008年),『日中歴史認識―「田中上奏文」をめぐる相剋1927-2010』(東京大学出版会, 2010年),『大平正芳 理念と外交』(岩波現代全書, 2014年),『外交ドキュメント 歴史認識』(岩波新書, 2015年),『中曽根康弘―「大統領的首相」の軌跡』(中公新書, 2015年),『田中角栄―昭和の光と闇』(講談社現代新書, 2017年)

옮긴이

서승원

고려대학교 일어일문학과 교수, 글로벌일본연구원 원장. 전공분야는 일본 정치·외교 및 동아시아 국제관계. 저서로는『북풍과 태양 : 일본의 경제외교와 중국 1945-2005』(고려대학교출판부, 2012),『일본은 지금 무엇을 생각하는가?』(삼성경제연구소, 2013), Japanese and Korean Politics : Alone and Apart from Each Other(Palgrave Macmillan, 2015)(공저) 외

황수영

고려대학교 중일어문학과 박사과정 수료. 저서로는『JLPT 합격비법노트 N3』(다락원, 2016)(공저),『JLPT 합격비법노트 N4·5』(다락원, 2016)(공저)

BK21 Plus 중일언어문화교육연구단 학술총서 02

중국과 일본의 악수: 1972년 국교정상화의 진실

(원제 日中國交正常化 : 田中角栄, 大平正芳, 官僚たちの挑戦)

초판 발행 2017년 8월 16일

지 은 이   핫토리 류지(服部龍二)
옮 긴 이   서승원 황수영
펴 낸 이   이대현
책임편집   이태곤
편   집   권분옥 홍혜정 박윤정 문선희
디 자 인   안혜진 최기윤 홍성권
마 케 팅   박태훈 안현진 이승혜

펴 낸 곳   도서출판 역락

주   소   서울시 서초구 동광로 46길 6-6 문창빌딩 2층(우06589)
전   화   02-3409-2058(영업부), 2060(편집부)
팩   스   02-3409-2059
전 자 메 일   youkrack@hanmail.net
역락블로그   http://blog.naver.com/youkrack3888
등 록 번 호   1999년 4월 19일 제303-2002-000014호

정가는 뒤표지에 있습니다.

ISBN 979-11-5686-931-3
ISBN 979-11-5686-812-5 94080 (세트)

*이 도서의 국립중앙도서관 출판예정도서목록(CIP)은 서지정보유통지원시스템 홈페이지(http://seoji.nl.go.kr)와 국가자료공동목록시스템(http://www.nl.go.kr/kolisnet)에서 이용하실 수 있습니다.(CIP제어번호: CIP2017016209)